# 融合·博爱·共享：
# 中山市特教中心的探索

汤剑文　林开仪　著

编写团队：（以撰写章节为序）

张国涛　覃薇薇　袁玉芬

林沁苑　王丽维　杨　萍

李岱蔚

重庆大学出版社

**图书在版编目（CIP）数据**

融合·博爱·共享：中山市特教中心的探索／汤剑文，
林开仪著.—重庆：重庆大学出版社，2022.1（2025.5重印）
特殊儿童教育康复学术专著
ISBN 978-7-5689-3081-9

Ⅰ.①融…　Ⅱ.①汤…②林…　Ⅲ.①儿童教育—特殊
教育—研究　Ⅳ.①G76

中国版本图书馆CIP数据核字（2021）第266912号

**融合·博爱·共享：中山市特教中心的探索**

汤剑文　林开仪　著

责任编辑：陈　曦　　版式设计：张　晗
责任校对：王　倩　　责任印制：张　策

\*

重庆大学出版社出版发行

出版人：陈晓阳

社址：重庆市沙坪坝区大学城西路21号

邮编：401331

电话：（023）88617190　88617185（中小学）

传真：（023）88617186　88617166

网址：http://www.cqup.com.cn

邮箱：fxk@cqup.com.cn（营销中心）

全国新华书店经销

重庆市圣立印刷有限公司印刷

\*

开本：787mm×1092mm　1/16　印张：15　字数：297千
2022年1月第1版　　2025年5月第2次印刷
ISBN 978-7-5689-3081-9　　定价：68.00元

## 序　言

中山是个神奇的地方！我与她有着深沉悠远、令人回味的缘分。早在童年的时候，我就经常听父亲讲他与母亲二十世纪五十年代在石岐（中山的旧称）工作的经历。在新中国刚建立不久的火红的时代里，他老人家作为南下干部支援地方土改，在那里洒下了青春的汗水。当我第一次踏上中山的土地时，就忽然有了穿越时间的交错感，好像看到父母在那摇曳着长长枝条的榕树前向我诉说，在盛开着鲜花的树木下向我微笑。这种感觉无法用语言来形容，只会在我的生命历程中留下深刻而温暖的痕迹。这一缘分我从未告诉过别人，只是在中山市特殊教育学校 30 周年庆典的学术讨论会上，才说起喜欢来中山的这个缘由。与中山的缘分当然不限于此。2007年初识汤剑文校长，开始彼此都比较生分，后来经过另外一位教授的隆重介绍方才熟识。然后，更多的缘分接踵而至。我的很多学生在中山市特殊教育学校实习、就业、安家、成长。每每看到他们在学校里忙碌的身影，我都感到欣慰与欣喜。

中山真是一个美丽的地方！她是伟人的故里，自由、博爱、平等凝聚的城市精神，历久弥新，沉淀在这个城市的每个角落，构筑这个城市特有的人文氛围，为特殊教育、融合教育的生根发芽、茁壮成长提供了肥沃的土壤。2008 年，中山特校开始了培智教育校本课程——和谐课程的建设工作，我作为指导专家参与其中，与老师们一起研课、说课、反思；苦在其中，乐在其中。在中山特校教师团队的努力下，学校出版了一系列的校本教材，逐步建立了培智教育校本课程资源；同时，为了满足学生的个别需求，他们又在探索差异教学的各种形式，提出了"五化"教学模式；近年来学校继续推进新一轮的教育教学改革，通过课程建设和实施，学校办学质量得以显著的提升，先进、专业的特殊教育实践方式得以在学校落地生根。中山特校的自身发展，为推动中山市融合教育工作的推进奠定了坚实的基础。

在当今融合教育发展的趋势之下，任何一个特殊学校都不可能只是关起校门来埋头做自己的事情，而是要在练好内功、提升质量的同时，走向社区，走向融合。从世界范围来看，融合教育的推进，离不开系统而专业的支持体系。特殊教育资源中心就是各国推进融合教育的重要支撑点。我国则是当今世界上唯一一个持续大量建设特殊教育学校，并且在特殊教育学校大量设置融合教育指导中心的国家，同时也是唯一一个将特殊教育学校作为融合教育发展基础的国家。然而，特殊教育指导中心如何建？人员如何配备？体制如何理顺？功能如何发挥？管理运作方式和巡回指导机制为何？这一系列问题没有既定的答案，需要我国特殊教育工作者锐意改革，蹚出一条路来。

在这一大背景下，中山特校又一次走在探索的前沿。2011年底，依托中山特校成立的中山市随班就读工作指导中心，推动了中山市随班就读工作的起步与发展。2016年底，中山市特殊教育指导中心成立更是标志着中山市的特殊教育、融合教育发展进入了新的阶段。2017年，在中山市特殊教育指导中心组建专职团队之后，我再次作为指导专家，指导这一团队开展特教中心运作和融合教育示范学校项目的实践研究。中山市特殊教育指导中心的团队从建立规章制度入手，完善中心运作机制，构建了具有中山特色的特教中心建设与运作模式，充分发挥了中山特校的专业支撑作用和中山市特殊教育指导中心的专业主导作用，充分发挥了巡回指导和多专业人员的普特融合团队的专业支持作用，充分发挥了评估和宣导的专业引领作用，从而有效提升了中山市融合教育工作的质量。具体内容在书中有详细的阐述，我就不再赘述。

2020年，教育部颁发了《关于加强残疾儿童少年义务教育阶段随班就读工作的指导意见》，明确要求"发挥资源中心作用，各地要加快建设并实现省、市、县特殊教育资源中心全覆盖，逐步完善工作机制"。新一期的特殊教育提升计划更是明确要求大力推进国家、省、市、县、校五级特殊教育资源中心建设，强化其对融合教育的支持政策。可以预见，特殊教育资源中心必将在建设具有中国特色的融合教育发展实践模式中发挥着越来越重要的作用。纵观国内，目前各类型、各级别的特教中心纷纷挂牌成立，部分特殊教育资源中心在区域的融合教育工作中发挥着越来越重要的作用。但特殊教育资源中心挂牌成立后，该如何建设与运作以有效发挥其职能？这一方面系统的梳理并不多，因此，我相信这本书的出版，将为众多特教中心的建设与运作提供借鉴意义。

显然，中山市特殊教育指导中心已经先行一步，积累了充分的经验，探索出了一条可行的路径。该中心从内部的规范管理与外部的巡回指导这两个方面着手，解决了指导中心建设与功能发挥的问题。内部管理重视明确功能定位、健全规章制度、建立专业资源，巡回指导则强调建立及时响应的专业指导体制、强化指导的专业性、健全沟通协同机制。经过几年的努力，该中心不仅培养了以指导中心人员为龙头，各个乡镇及村属学校资源教师、随班就读教师为主体的融合教育专业实践队伍，而且使得该中心真正成为中山市融合教育指导与推广的综合的、专业的服务平台。祝贺中山市特殊教育指导中心，也期待着更多的特教中心能够在探索具有中国特色的融合教育实践模式的道路上取得更多、更丰硕的成果，共同走出中国融合教育的康庄大道。

2021 年 8 月 20 日

**前　言**

当前，融合教育在全球范围内已成为特殊教育发展的主要趋势。融合教育也在众多国际条约及各国的教育法规与政策中得到了广泛的提倡。为了保障和推进融合教育，各国根据不同的国情在实践中采取了不同的策略，其中特殊教育资源中心成为各国推进融合教育的重要支撑点。在西方国家，伴随着特殊教育范式的变迁及融合教育的发展，这些国家的特殊教育学校逐渐走向消亡或转型为融合教育资源中心。而中国是当今世界上唯一一个持续大量建设特殊教育学校，并且在特殊教育学校大量设置融合教育指导中心的国家，同时也是唯一一个将特殊教育学校作为融合教育发展基础的国家[1]。在我国，特殊教育资源中心（或特殊教育指导中心，本书简称特教中心）是地方教育行政部门为协助办理特殊教育相关事务所设立的专门机构，一般将功能定位于管理、研究、资源、指导和服务等方面，负责为区域内融合教育学校教师、特殊教育需要学生及其家长提供专业支持与服务，如专业咨询、评估、培训、巡回指导等。

办好特殊教育，是党的十九大对新时代我国特殊教育发展提出的新目标和新任务，也是习近平新时代中国特色社会主义发展提出的新要求[2]。办好特殊教育，意味着需要推动特殊教育的现代化发展、需要推动特殊教育逐步走向融合而有质量的发展。特殊教育资源中心是构建融合教育支持保障体系的重要组成部分，在区域推进融合教育和提升特教质量中发挥着无可替代的专业作用，特别是在推动构建融合教育支持保障体系中起枢纽作用。近年来，在理论研究、政策要求及地区需求的共同推动下，国内各地纷纷成立特教中心，并根据本地区的情况进行了多样化的探索，但目前国内关于特教中心建设与运作实践的系统梳理仍然较少。中山市特殊教育指导中心于 2016 年 11 月成立后，在北京师范大学教育学部融合教育研究中心邓猛教授（现调任华东师范大学特殊教育学

---

1　邓猛，杜林 . 西方特殊教育范式的变迁及我国特殊教育学校功能转型的思考 [J]. 中国特殊教育，2019（03）：8.

2　丁勇 . 办好特殊教育：新时代特殊教育发展的主题、战略及对策 [J]. 现代特殊教育，2019(04)：3-11.

系工作）等专家的指导下，围绕融合教育示范学校建设和特教中心运作开展课题研究，有效发挥了特教中心在提升区域特教工作质量、推动区域融合教育工作发展中的核心作用。为进一步提升中山市特殊教育指导中心的运作水平、丰富国内关于特殊教育资源中心建设与运作的实践与理论研究成果，在邓猛教授及其团队的指导下，我们对中山市特殊教育指导中心建设和运作经验及不足进行了梳理，希望能够得到各位特教专家及同人的进一步指正。

在实践中，中山市特殊教育指导中心根据中山市融合教育发展的需求及成立文件中的职能要求，以推进融合、提升质量为工作目标，以"多元、融合、共享"为指导理念，做好自身定位，梳理出管理与指导、培训与教研、服务与资源三大职能、八个项目、二十个具体工作。在此基础上，本书梳理了各项主要工作并介绍了各项工作的运作机制及相关案例，以此形成了本书的主要内容。

本书各章节的撰写者分别是：前言、第一章及展望，林开仪；第二章，张国涛；第三章，覃薇薇；第四章，袁玉芬；第五章，林沁苑；第六章，王丽维；第七章，杨萍；第八章，陈肖影；附录部分由李岱蔚整理；汤剑文负责全书的审定。第一章、第三章、第四章围绕中山市特教指导中心的管理与指导职能展开论述，讨论了中山市特殊教育指导中心在特教中心的管理、运作及巡回指导、IEP指导方面的工作；第五章和第六章围绕中心的培训与教研职能，梳理了中心融合教育师资培训及教研工作；第二章和第七章围绕中心的服务与资源职能，介绍了中心的教育评估、特殊教育宣导方面的工作；第八章从融合学校、融合班级两个维度，梳理了中山市融合教育学校的实践经验；展望部分对中山市特殊教育指导中心的发展做了反思与展望；附录部分整理了中心各项主要工作制度。

本书的撰写得益于各位作者的付出和努力，他们利用假期和工作间隙撰写并不断打磨修订，力求让内容更加完善。从全书的谋篇布局，到各章节的具体架构，再到具体的撰写体例，邓猛教授及其北京师范大学教育学部特殊教育系的研究生团队都给予了精心、细致、专业的指导，让本书从经验总结上升到了对实践模式的反思和梳理。出版社的各位编辑不辞辛劳、加班加点的工作让本书得以付梓。借此机会，一并致谢。

水平所限，本书难免有错漏之处，还请各位专家、同行不吝批评指正。

编者

2021 年 6 月 30 日

目　录

# 第一章　特教中心的发展

## 第一节　国内外特教中心的发展

### 一、国外特教中心的发展

融合教育思想是 W. Stainback 和 S. Stainback 等学者在正常化、回归主流和一体化运动等思想的基础上提出的[1]。20 世纪 80 年代末期以来，融合教育成为西方国家特殊教育发展的新趋势，其目的就是为了使特殊教育与普通教育真正融为一体。1994 年，联合国教科文组织在西班牙召开了世界特殊教育需要会议，并颁布《萨拉曼卡宣言》以呼吁各国在平等的基础上发展融合教育。这一行动纲领的颁布为各国制定融合教育目标、政策改革以及师资培训的落实提供了依据和动力[2]。

融合教育者认为残疾儿童有权在普通教室接受高质量的、适合他们自己特点的、平等的教育与服务。学校应成为每一个儿童获得成功的地方，不能因为学生的残疾与差别而进行排斥与歧视；学校应该尊重日趋多样的学生群体与学习需求；多元化带给学校的不应该是压力，应该是资源。融合教育试图通过残疾儿童教育这一杠杆撬动教育体制的整体变革与社会文化的积极改变，其目的就是要彻底告别隔离的、等级制教育体系的影响，使特殊教育与普通教育真正融合成为统一的教育体系。融合教育理论远远超出了教育的范畴，成为了与所有公民相关的事情，是挑战不公正与歧视的利器，与各国社会文明发展水平、人权保护，以及社会公平与正义目标的实现紧密相关。今天，即使在最为贫穷、资源缺乏的国家，融合

---

1　StainbackW, Stainback S.A rationale for the merger of special and regular education. Exceptional Children, 1984, 51(2)：102- 111 Stainback W, Stainback S. A rationale for the merger of special and regular education[J]. Exceptional children, 1984, 51(2)：102-111.

2　邓猛，潘剑芳 . 关于全纳教育思想的几点理论回顾及其对我们的启示 [J]. 中国特殊教育，2003(04)：2-8.

教育至少也应成为使更多处境不利儿童享有学校教育机会的政治宣示或者现实举措[1]。

随着融合教育的深入发展，特殊班、资源教室逐渐退出历史的中心舞台，完全融合成为最主流的趋势。部分特殊教育学校转变其功能与角色，成为融合教育的支持中心或者资源中心。直接招收残障学生实施教育教学不再是特殊教育学校的主要任务，为融合教育提供专业咨询、评估、培训、巡回指导等工作成为其主要职责。一些特殊教育学校甚至直接重组成为地区特殊教育支援中心，为地区融合教育发展提供支持与服务，不再具备学校的定位与功能[2]，如法国、比利时、丹麦等国的特殊教育学校已转型为融合教育的支持中心或者资源中心[3]。

在美国，随着《残疾人教育法》《康复法》和《美国残疾人法》三部被认为是最重要且直接影响美国特殊教育发展的法律的颁布，美国的绝大多数残疾儿童进入普通学校就读。以帕金斯盲校为代表的特殊学校，依照 IDEA 规定遵循"最少受限制环境"原则，开始对自身进行改革，以不同的形式，为0—22岁视力残疾、盲兼有其他残疾人（包括盲聋人）及其家庭和相关公立学校以及在普通学校就读的视力残疾学生提供教育服务，从而从传统的盲校发展成为辐射当地、全美乃至全球范围的特殊教育资源中心[4]。

澳大利亚融合教育起步较早，联邦政府自20世纪70年代就开始推行一体化教育政策，在实践中逐渐摸索形成了较有特色的融合教育经验与模式，在保障措施中将特殊教育支持服务和特殊教育专业团队建设作为其融合教育政策的核心环节之一[5]。以维多利亚州为例，该州通过"中心校"（"学校圈"）的模式和"校中校"模式来建设多渠道的特殊教育资源共享模式。一是"中心校"的模式，以一个资源较为丰富，专业能力较强的特殊学校为中心，联合几所普通学校形成学校合作圈，合作圈内有特殊教育需要的学生可以根据各自的课程需求和社会需要在不同学校间流动，这种合作方式使得学校的可用资源与学生的需求得到最大程度的契合。二是"校中校"模式，如在普通学校中设立聋人资源中心和特殊教育卫星班，这种位于普通学校中的特殊教育单位由双方学校共同管理，共同承担责任，并且在建设融合的环境、课程和校园文化等方面互相学习，使双方学生都能

1　王雁.专题：融合教育质量提升及支持体系建设 [J].教育学报，2013，9(06)：58.
2　邓猛，杜林.西方特殊教育范式的变迁及我国特殊教育学校功能转型的思考 [J].中国特殊教育，2019(03)：3-10.
3　邓猛，肖非.全纳教育的哲学基础：批判与反思 [J].教育研究与实验，2008(05)：18-22.
4　黄汝倩.美国帕金斯盲校特殊教育资源中心建设及其启示 [J].现代特殊教育，2017(12)：51-55.
5　李拉.澳大利亚融合教育政策解析 [J].中国特殊教育，2018(11)：9-14.

从中获益。通过这两种模式有效发挥了特殊教育学校在当地融合教育工作中的资源中心作用[1]。

日本特殊教育在战后民主化改革过程中获得了极大发展。进入 21 世纪后，伴随残疾儿童障碍类型日益复杂化的趋势、一系列教育问题的出现以及融合教育理念的影响，日本提出并实施特别支援教育，调整教育理念、扩大特殊教育的服务对象及内容。同时，将传统的特殊教育学校发展为具有协调功能的特别支援学校，发挥其资源整合中心的功能，向普通中小学和家长提供必要的指导和支持，承担区域内特别支援教育的核心机构作用[2]。

韩国于 2001 年开始，在各教育行政机关、特殊教育学校、附设特殊教育班级的小学和中学，以及相关地方公共机构等处就近设立特殊教育支援中心，至 2013 年共设置了 201 个特殊教育支援中心，使得特殊教育支援中心成为韩国特殊教育支持体系的重要组成部分。韩国的特殊教育支援中心呈现如下特点：一是在政府主导下建立、其设立受到国家法律制度的制约和保障；二是迎合了特殊教育发展的需要、是特殊教育发展到一定阶段的必然产物；三是中心功能定位于对特殊教育的支持与服务且功能集中在特殊儿童早期筛查与鉴别评估、随班就读巡回指导、特殊儿童早期干预等方面；四是设置场所趋于多样化；五是国家注重对特殊教育支援中心的督导与评估，教育部每年向韩国国会提交的特殊教育年度报告中均纳入特殊教育支援中心的相关内容。韩国的特殊教育支援中心为特殊儿童提供了适切的教育，更好地满足了特殊儿童及家长的教育需求，使其特殊教育服务的水准得到了提升[3]。

埃塞俄比亚是非洲人口最密集的国家之一，该国的基础教育在近十年获得了很大的发展，但残疾儿童通常受教无门。为此，该国在部分地区通过建立融合教育资源中心的项目来支持残疾学生及其教师。通过融合教育资源中心为参与项目的卫星学校提供融合教育的策略支持，使得大量卫星校的师生获益，各卫星校中的残疾学生人数也不断增加，融合教育资源中心在提升学校教职员工、家庭、社会公众的意识方面也发挥了重要作用[4]。

1　刘鲲，杨广学，Umesh Sharma. 澳大利亚的融合教育支持体系——维多利亚州的模式 [J]. 中国特殊教育，2012(09)：13-17.

2　谢燕，肖非. 日本特殊教育向特别支援教育的嬗变 [J]. 外国教育研究，2016，43(11)：70-82.

3　王波，康荣心. 韩国特殊教育支援中心的发展历程、现状与趋势 [J]. 中国特殊教育，2014(06)：3-7.

4　Šiška J, Bekele Y, Beadle-Brown J, et al. Role of resource centres in facilitating inclusive education：experience from Ethiopia[J]. Disability & Society, 2020, 35(5)：811-830.

## 二、国内特教中心的发展

### （一）从随班就读到融合教育，从保障入学到追求质量

我国自 20 世纪 80 年代开始推行随班就读工作，不断完善相关政策和法律，保障特殊儿童的学习机会。

1986 年 9 月，国务院在转发的《关于实施义务教育法若干问题的意见》通知中提出"可在普通小学或初中附设特殊教学班。应该把那些虽有残疾，但不妨碍正常学习的儿童吸收到普通中小学上学"。该通知虽未使用"随班就读"一词，但已表达出认可和提倡残疾儿童就读于普通学校的安置形式[1]。1988 年 11 月，首次全国特殊教育会议提出，"逐步形成一定数量的特殊学校为骨干，以大量设置在普通学校的特殊教育班和吸收能够跟班学习的残疾儿童随班就读为主体的残疾儿童少年教育的格局"。这一提法奠定了此后我国特殊教育的发展模式[2]。在这以后的若干会议和政策文件中都肯定了这种模式。2003 年教育部印发的《全国随班就读工作经验交流会议纪要》中首次明确指出随班就读的重大意义：随班就读是一种教育创新，是充分利用普通教育资源实施对残疾儿童的教育。这一形式打破了传统的普教与特教分离的局面，促进了两个系统的交汇与融合[3]。2006 年，新修订的《中华人民共和国义务教育法》第十九条规定：普通学校应当接收具有接受普通教育能力的残疾适龄儿童、少年随班就读，并为其学习、康复提供帮助。这标志着随班就读政策已上升到国家教育法律层面。2008 年，修订后的《中华人民共和国残疾人保障法》出台，随班就读的范围从义务教育阶段扩大到了包括幼儿园、普通高级中等学校、中等职业学校和高等院校在内的所有普通教育机构。

在随班就读发展的二十多年里，提高入学率是相关法律法规以及各地特殊教育实践的首要目标[4]。广大残疾儿童有学可上，但质量堪忧，出现了随班就混、随班就坐等情况，更未涉及教育整体改革的深层次[5]。

在推进随班就读工作的过程中，伴随着融合教育理念的传播和发展，融合教育的核心价值如平等、个性自由、多元等观念以及适当、高质量的教育等原则[6]得到广泛的认可。进入 21 世纪以来，国家提出要"提高与普及相结合"，教育质量得到重视，在名称上虽然"随班就读"和"融合教育"的称呼并未统一，但融

1　李拉．我国随班就读政策演进 30 年：历程、困境与对策 [J]. 中国特殊教育 . 2015(10)：16-20.
2　邓猛，赵泓．新时期我国融合教育现状和发展趋势 [J]. 残疾人研究，2019(01)：12-18.
3　邓猛，赵泓．新时期我国融合教育现状和发展趋势 [J]. 残疾人研究，2019(01)：12-18.
4　邓猛，赵泓．新时期我国融合教育现状和发展趋势 [J]. 残疾人研究，2019(01)：12-18.
5　邓猛，景时．从随班就读到同班就读：关于全纳教育本土化理论的思考 [J]. 中国特殊教育，2013(08)：3-9
6　邓猛，肖非．全纳教育的哲学基础：批判与反思 [J]. 教育与研究，2008(05)：18-22.

合的本质显现——即为所有儿童，包括残疾儿童提供公平优质的教育与服务[1]。

2001 年 11 月教育部等九部门颁发的《关于"十五"期间进一步推进特殊教育改革和发展的意见》中规定，"要加强对普通学校特殊教育班和随班就读教学工作的指导、监控……努力提高教学质量"。2009 年《国务院办公厅转发教育部等部门关于进一步加快特殊教育事业发展意见的通知》要求"建立特殊教育学校定期委派教师到普通学校巡回指导随班就读工作的制度，确保随班就读的质量"。2010 年颁布的《国家中长期教育改革和发展规划纲要（2010—2020 年）》（以下简称《规划纲要》）中提出，"把提高质量作为教育改革发展的核心任务，保障残疾人受教育权利，不断扩大随班就读和普通学校特教班规模"。为了深入实施这一《规划纲要》，加快推进特殊教育发展，教育部于 2014 年颁布第一期《特殊教育提升计划（2014—2016 年）》，提出要"全面推进全纳教育，特殊教育办学条件和教育质量进一步提升"，将此作为特殊教育发展的总目标之一。随后教育部等七部门在《第二期特殊教育提升计划（2017—2020 年）》的通知中要求"全面推进融合教育，普通学校随班就读质量整体提高"。在 2017 年修订的《残疾人教育条例》中也明确指出，"残疾人教育应当提高教育质量，积极推进融合教育，根据残疾人的残疾类别和接受能力，采取普通教育方式或者特殊教育方式，优先采取普通教育方式"。

2019 年我国内地的随班就读在校生 39.05 万人，占特殊教育在校生 49.15%，随班就读在我国特殊教育中已占据主体地位。

### （二）质量提升背景下特教中心应运而生

从随班就读到融合教育，不仅仅是称呼的变化，更蕴含着对教育质量的追求。正是在这种背景下，在国家政策、理论研究、实践探索三个层面围绕着特殊教育指导中心的建设路径、定位和职能的探索逐渐丰富。

#### 1. 国家政策层面的推动

在国家政策层面，2011 年 5 月国务院批转的《中国残疾人事业"十二五"发展纲要》要求"依托有条件的教育机构设立特殊教育资源中心，辐射带动特殊教育学校和普通学校，提高随班就读质量"。这在国家规划层面首次明确提出设立特殊教育资源中心。2017 年新修订的《残疾人教育条例》明确要求地方教育行政部门"统筹安排支持特殊教育学校建立特殊教育资源中心，在一定区域内提供特殊教育支持和支持服务"，并对特教中心的职能做了较明确的规定"指导、评

---

1　邓猛，赵泓. 新时期我国融合教育现状和发展趋势 [J]. 残疾人研究，2019(01)：12-18.

价区域内的随班就读工作；为区域内承担随班就读教育教学任务的教师提供培训；派出教师和相关专业服务人员支持随班就读，为接受送教上门和远程教育的残疾儿童、少年提供辅导和支持；为残疾学生父母或者其他监护人提供咨询；其他特殊教育相关工作"。《第二期特殊教育提升计划（2017—2020年）》明确要求"支持特殊教育学校建立特殊教育资源中心，……没有特殊教育学校的区县，依托有条件的普通学校，整合相关方面的资源建立特殊教育资源中心"。2020年出台的《教育部关于加强残疾儿童少年义务教育阶段随班就读工作的指导意见》将特教资源中心的建设与运作提升为完善随班就读资源支持体系的重要节点，要求"发挥资源中心作用。各地要加快建设并实现省、市、县特殊教育中心全覆盖、逐步完善工作机制"，并对特教资源中心的职能做了进一步界定，要求"特殊教育资源中心要加强对区域内承担随班就读工作普通学校的巡回指导、教师培训和质量评价，大力宣传普及特殊教育知识和方法，为普通学校和家长提供科学指导和专业咨询服务，鼓励运用大数据、区块链技术提高服务的精准性"。

**2. 理论研究的推动**

同时，部分研究也开始从理论层面关注特教中心的定位和职能。在特殊教育资源（指导）中心的职能方面，区域特殊教育指导中心具有协助制定区域特教资源规划、组织实施教育诊断与评估、指导普通学校实施个别化教育、开展区域特殊教育管理和研究、培养师资等多重功能；简而言之，特殊教育指导中心最重要的功能是以中心为基点构建区域性的特殊教育支持服务体系，以满足区域内不同对象对专业支持服务的需求，最终实现区域特殊教育发展质量的整体提升[1]。在现代特殊教育思潮下，还应建设现代特殊教育资源中心，将其建设成为当地的特殊教育科研中心、师资培训中心、职业培训与就业辅导中心、家庭教育辅导中心、随班就读辅导中心、康复训练中心、特教设备及信息咨询服务中心、社区服务联络中心、特教督导中心、特教行政指挥中心[2]。在关于特殊教育学校功能转型的研究中，也涉及关于特殊学校应该转型为区域融合教育管理中心、专业指导中心（专业指导和专业服务中心、资源中心、教科研中心）、教师培训中心的相关建议[3]。关于推进特教学校功能转型、充分发挥其区域融合教育指导中心、特殊儿童康复中心、特殊教育诊断评估中心和特殊教育教师发展和培训中心等作用成为建立随

---

1　昝飞.发挥特教指导中心功能，构建高水平支持服务体系[J].现代特殊教育，2019(01)：8-9.
2　王培峰.试谈现代大特殊教育与现代特殊教育资源中心[J].中国特殊教育，2000(02)：57-59.
3　丁勇.新时代特殊教育学校转型升级与高质量发展[J].中国特殊教育，2020(13)：4-8.

班就读支持保障体系的研究重点之一[1]。

### 3. 各地在实践层面对特教中心发展与管理的探索

在实践层面，受地区需求的推动，我国各地的特教中心呈现出迅猛的发展势头，尤其是特殊教育、融合教育发展较为先进的地区纷纷探索适合本地区的特教中心的发展道路，在特教中心的建设路径、定位与职能、运作、体系建设方面等方面做了丰富的探索。

（1）在各地区的特教中心的发展过程中，呈现出政策与实践互相推动的局面。部分特教中心的先行先试为地方政策的出台提供实践基础，而地方政策的出台又进一步推进了相关地方特教中心的发展。

我国台湾地区的相关文件要求各级教育主管部门应建立特殊教育行政支持网络，并特别规定特殊教育行政支持网络要包括为协助办理特殊教育相关事项的特殊教育资源中心，中心成员由主管部门聘请学校教师、学者专家或相关专业人员担任（或兼任）。相关文件对特殊教育资源中心的任务做如下规定：整合支持网络相关资源，并规划及分配提供特殊教育学生所需服务；协助各校学生转介鉴定、通报与建立人力及社区资源库；提供教学资源与辅助器材、特殊教育教师巡回服务、专业人员服务、支持服务、咨询及辅导；汇集支持网络运作成效之检核及建议。台北市的融合教育成效尤为显著，不仅形成了以融合教育为主流的安置形态，也为各教育阶段特殊学生提供了多样化的教育安置服务。其中，台北市设置的七个特殊教育资源中心承担了协助进行学生鉴定安置工作、管理特教通报系统、承担巡回指导、师资培训、科研等任务，在构建完善的特教行政支持体系、以学生为中心的校园团队特殊教育服务模式中发挥了重要作用[2]。

上海市教委 1997 年出台《关于在本市普通中小学开展随班就读工作的暂行规定》，宝山区、虹口区、徐汇区于 1998 年成立区级特殊教育指导中心，此后各区陆续成立特教指导中心；2006 年《上海市教育委员会关于加强随班就读工作若干管理意见》要求"加强特殊教育康复指导中心建设，构建随班就读工作服务体系"，对特教中心的类别、编制、设施设备、经费、职责等作出了详细的规定；2009 年成立内地首个省级特教资源中心——上海市特教资源中心。

2013 年《北京市人民政府办公厅关于印发北京市中小学融合教育行动计划的通知》要求"各区县依托原有特殊教育学校建立特殊支持教育中心，健全以特殊支持教育中心为核心的随班就读管理体系和服务机制"，在文件指导下北京市

---

1　郭文斌，张梁.特殊教育支持保障体系研究的热点分布及趋势 [J].宁波大学学报（教育科学版），2018, 40(02)：19-25.
2　林开仪，陈玉梅.台北融合教育经验启示 [J].现代特殊教育，2017(17)：64-67.

逐渐完善了省级特教资源中心、市级特教指导中心、学区级融合教育资源中心、学校资源教室的体系。

2004 年江苏省常熟市特教中心成立，此后江苏各地市纷纷成立本市特教中心，为特教中心进一步的建设与运作奠定了坚实的实践基础。2017 年出台的《江苏省第二期特殊教育提升计划（2017—2020 年）》要求健全特殊教育支持保障体系，建立省、市、县（市、区）特殊教育资源中心，并要求每个乡镇（街道）至少各设置一个学前、小学和初中融合教育资源中心。在此基础上，江苏省专门下发《关于建立特殊教育指导中心制度的通知》，通知拓展了特教中心的职能，如承担特教联席会议制度，确定特教中心的巡回指导教师的配备标准；同年，江苏省特教中心成立。

（2）逐步形成以分级特教中心网络为主体、专门类别特教中心为补充的发展格局。全面推进融合教育高质量发展应"建立全纳教育支持体系"，从省、市、县（区）三个层面设立特殊教育或者随班就读指导中心，普通学校则开展资源教室的建设与运作，完善特教中心的管理网络[1]。在实践中，台湾、北京、上海、江苏、浙江等国内先进地区逐步构建了省级、市级、县（区、市）级特殊教育指导中心、学校资源教室（学区级融合教育资源中心）的自上而下的特教资源网络；同时，针对特定的障碍类型，部分省市设置了针对专门障碍类别或专门学段的特教指导中心，如上海市自闭症儿童教育指导中心、广州市听障学生随班就读资源中心、常熟市学前融合教育研究中心等。

（3）在各地大力推进融合教育发展的过程中，市、县（区）级特教中心成为发展主体，并呈现出了多样化的发展模式。不同于西方特教学校因与融合教育相抵触而萎缩甚至消亡，我国特教学校与随班就读成为特殊教育安置体系的主体，特殊教育学校在我国特殊教育体系中处于关键节点的位置，为融合教育发展提供专业支撑[2]。在实践中，多数市、县（区）级特教中心附设在特殊教育学校或其他相关部门，如教研部门、教师发展中心，其中以兼职人员为主的特教中心又占多数；在此基础上，部分特教中心逐步实现人员的专职化，如上海徐汇区特教中心、宝山区特教中心，广东省中山市特殊教育指导中心等。第三类是独立建制特教中心，实现了人员、建制、财务等方面的独立运作。如上海市长宁区于 2010 年 12 月 30 日成立全国首家全额拨款事业单位性质的区特教中心；北京市海淀区于 2016 年正式成立海淀区特殊教育研究与指导中心，是区教委直属的独立法人事业单位。这两个独立建制的特教中心，探索了特教中心新的发展路径。

---

1　邓猛.全面推进融合教育高质量发展 [J].现代特殊教育，2019(11): 1.

2　邓猛，赵泓.新时期我国融合教育现状和发展趋势 [J].残疾人研究，2019(01): 12-18.

（4）各地区的特教中心的职能大体相同又各具特点。职能是指人和事物以及机构所能发挥的作用与功能，机构的职能则一般包括机构所承担的任务、职权、作用等内容。特教中心作为一个新生事物，对其职能的界定既是其成立和存在的重要依据，也是其成立后开展工作的重要指南，在一定意义上是其"安身立命之本"。在实践中，各地区的特教中心职能大体涵盖了《残疾人教育条例》所规定的相关职能，但也根据各地区的需要及资源对各自的职能做了进一步的丰富，如表1-1中所整理的部分省级特教中心的职能既大体相似，又各具特点。

表1-1 部分省级特教中心职能一览表

| 中心名称 | 主要职能 |
| --- | --- |
| 上海市特殊教育资源中心 | 1. 建设上海市特殊教育信息通报系统，为特殊教育决策管理提供基本信息。<br>2. 建设上海市特殊教育资源库，为各级各类特殊教育学校与康复机构、特殊教育教师与相关专业人员、特殊儿童及家长等提供专业支持。<br>3. 组织开展残疾儿童动态评估，为残疾儿童教育与康复提供科学依据。<br>4. 推进特殊教育重大问题的应用性研究，促进上海特殊教育的创新与发展。<br>5. 编撰《上海市特殊教育发展年度报告》。<br>6. 开展特殊儿童评估、康复训练、心理与教育咨询等服务，更好地满足社会对特殊教育专业服务的需求。 |
| 浙江省特殊教育指导中心 | 1. 配合省教育厅推进全省特殊教育事业健康发展，对全省特殊教育学校规范化办学进行专业的评估与指导。<br>2. 开展全省特殊教育重点及难点问题研究，提供特殊教育决策咨询做好服务。<br>3. 指导各级特殊教育指导中心、特殊教育学校及普通学校随班就读的教育教学、医教结合、送教上门、卫星班建设等工作。<br>4. 引领特殊教育专业发展，开展特殊儿童的评估与康复训练，为基层特殊教育学校提供综合性的特殊教育专业服务，为社会和家长咨询服务。<br>5. 建设和维护特殊教育资源网和个别化教育系统，负责编印《浙江省特殊教育》专刊，指导学校编写特殊教育相关课程教材、教学用书等。 |
| 江苏省特殊教育指导中心 | 1. 落实省特教联席会议部署。<br>2. 指导学校实施个别化教育。<br>3. 区域特殊教育质量管理。<br>4. 特殊教育研究与师资培训。<br>5. 特教资源管理与社会服务。 |
| 北京市特殊教育教学研究指导中心 | 1. 负责全市特殊教育发展的调查研究。<br>2. 负责特殊教育课程和教材开发研究。<br>3. 负责全市特殊教育质量评价研究。<br>4. 负责全市特殊教育教学指导和师资培训。<br>5. 逐步拓展服务的领域和范围，搭建国际、国内交流与合作的平台。 |

续表

| 中心名称 | 主要职能 |
|---|---|
| 云南省特殊教育资源中心 | 1. 负责全省特殊教育学校、随班就读残疾儿童少年的信息收集统计，为全省特殊教育决策管理提供基本信息。<br>2. 负责全省特殊教育资源中心、医教结合、随班就读、资源教室等工作的管理、指导与考核，负责全省特殊教育教师的培训、业务指导工作。<br>3. 承担全省特殊教育资源库、特殊教育资源检索和服务平台建设工作，为州（市）、县级特殊教育资源中心、特殊教育学校、康复机构和教师、特殊儿童与家长提供专业支持。<br>4. 开展特殊教育研究工作。<br>5. 协助省教育厅做好特殊教育管理与服务工作。 |
| 广东省特殊教育资源中心 | 根据广东省特殊教育事业发展需要，以"整合资源、搭建平台、提供支持、服务社会"为宗旨，开展特殊教育改革发展重点、难点和热点问题研究，整合特殊教育各类资源，提供特殊教育方面的决策咨询服务和实践指导，搭建特殊教育交流和发展平台，助推广东省特殊教育公平融合高质量发展。 |

说明：该表根据相关特教中心成立文件中的相关内容进行整理。

## 第二节　中山市特殊教育的回顾

中山市位于广东省的珠三角地区，古称香山，这里人杰地灵，名人辈出，不仅是孙中山先生的故乡，还是一座社会和谐、经济兴旺、环境优美、民生幸福的现代化城市。在改革开放的浪潮中，中山市作为广东地区的四小虎，在社会、经济等各方面取得了长足的进步，也孕育出博爱、包容、和谐、创新的城市精神和敢为天下先的拼搏精神。

伴随中山市经济社会的发展，中山市的教育事业也在飞速发展。中山市2005年获评全省第三个"广东省教育强市"，2014年获评全省第三个"广东省推进教育现代化先进市"，2016年6月顺利通过了全国义务教育发展基本均衡市督导复检，被认定为"全国义务教育发展基本均衡市"。在促进义务教育优质均衡发展的同时，中山市也将特殊教育也放在了重要位置，通过不断加大经费投入、增加基础设施建设、扩充学位供给、完善送教服务和随班就读机制等措施，提升全市义务教育阶段特殊教育的发展水平。近年来，中山市大力推进融合教育、不断提升特教工作质量，逐步形成了"以特教指导中心为枢纽，以特殊教育学校为骨干，以随班就读为主体，以送教服务为补充"的特殊教育格局。

## 一、创办中山市特殊教育学校

1989 年 11 月，中山市特殊教育学校的前身——中山市红十字会石岐启智学校的开办，拉开了中山市特殊教育的序幕。中山市特殊教育学校秉承中山先生精神，以"平等、共享、人道、博爱"为办学理念，以"尊重生命尊严，创造生命价值"为校训，以"打造中山特殊教育平台，创建全国一流特教学校"为办学目标，全面实施个别化教育计划，使每一个特殊孩子得到最大化、最优化的发展。

2008 年学校开始了培智教育校本课程——和谐课程的建设工作。在肖非、邓猛等国内知名特教专家的指导下建立了以平等为基础、以学生为中心、以活动为平台、以参与为手段、以共享为指导、以和谐为目标的"特殊教育和谐课程"体系。2015 年出版办学思想专著《缺残也能成仙——中山特校发展之路》，编写完成 14 套各学科（领域）校本教材，其中有 6 套、33 本校本教材已出版发行，逐步建立了培智教育校本课程资源。在此基础上，为了满足学生的个别化需求，学校又在探索差异教学的各种形式，将集体授课与个别教学、分科与综合、跨班分组与协同教学等方式相结合，提出了"五化"教学模式：目标序列化、教学生活化、教学活动化、教学个别化、评价多元化。通过课程建设和实施，学校办学质量得以显著提升，最先进的特殊教育实践方式得以在学校落地生根，教师们的课程与教学范式发生了深刻的"脑力激荡"，产生了根本性的变化。近两年，学校又以落实 IEP 为核心，在培智教育课程标准的指导下，进行了新一轮的教育教学改革，继续在培智教育校本课程的建设与实施过程中探索中山经验，出版了专著《IEP 理念下培智学校课程本位评估体系》。此外师德专辑《师爱言说》和家长互助会发展纪实《这里的冬天不再冷：中山特校家长互助会十年》，汇聚省市名校长工作室办学智慧的《校长论教》的出版，进一步发挥了学校的辐射引领示范作用。

不仅如此，学校充分发挥了特殊教育资源优势，以专业服务社会，整合家庭、社区、社会各方面力量，倾力打造"特殊教育平台"，通过"珠三角地区特殊教育学校体育联盟"等活动，将学校打造成为普特融合的大平台，为特殊儿童成长营造良好的社会环境；还倡导成立了中山市特殊教育指导中心，统筹推进随班就读、送教上门工作。

近年来，学校办学成果显著，得到社会各界的充分肯定。学校被评为"全国教育系统先进集体""全国五四红旗团支部""广东省五一劳动奖章""南粤校园模范基层党组织""广东省特殊教育先进单位"等。一批教师获得"全国模范教师""全国优秀教师""全国优秀教育工作者""全国交通银行特教园丁""南粤优秀教师""广东省特殊教育优秀教师""广东省残疾人工作先进个人""广东省扶残助残先进个人"等荣誉。一批学生荣获"全国最美中学生""广东省优秀少先队员""最美南粤少年"等称号，获得各级各类奖学金。

## 二、推进随班就读工作

在融合教育成为特殊教育发展大趋势的背景下，任何一个特殊学校都不可能闭门造车。特殊学校在练好内功、提升质量的同时，必须走向社区，走向融合。中山特校又一次走在探索的前沿，坚定地选择走区域发展、协同共融的道路，打造中山特教平台。2011年，在中山特校的推动下，中山市教育局借鉴特教先进地区的经验设立了"中山市随班就读工作指导中心"，开始全面推进中山市义务教育阶段的随班就读工作。

中山市随班就读工作指导中心在市教育局的支持下建立了以中山特校为龙头的区域随班就读联动机制多级联动机制，成立了"市、镇街、校"三级随班就读工作体系，不断完善"市教育局——镇街文体教育局——中山特校与普校"的组织保障联动体系，不断完善"中山特校——镇（区）随班就读中心校——随班就读学校"的具体实施联动体系，不断完善"特教专家——特教专业教师——随班就读骨干教师——随班就读教师——普校教师"的师资建设联动体系等多元多级联动机制。中山特校从本校遴选了10多位特殊教育骨干教师作为随班就读指导中心成员，对中山市24个镇（区）分片区实施包干，落实责任分工，每个中心成员负责2至3个镇（区），每个镇（区）都有2至3个联系人，实现了特校与镇（区）间协作的无缝覆盖；紧接着建立了镇（区）随班就读通讯本和全市随班就读工作群，开通了随班就读工作热线和空中家校特教专栏，加强了教育行政部门、特校骨干教师、随班就读学校各级行政与教师之间的联动；又通过实地调研，甄选出各镇（区）随班就读中心校，以点带面地开展各项工作，促进中山地区随班就读教师培训、教学教研、检测评估、专业支持服务等工作实施。通过进行全市随班就读培训，开设"中山特教讲堂"，定期举行特殊教育知识、技能的培训；组织编写"认识与帮助特殊儿童"丛书、随班就读文集，作为随班就读等学习材料；组织随班就读学校调研；组织撰写随班就读教育信息简报，协调各随班就读学校的经验推广；开展各随班就读学校间主题班会、学科教学、教育故事等研讨、评比活动；组织建设中山市特殊教育和随班就读资源库，协调各种随班就读资源服务随班就读工作。通过评估转介工作，努力推荐适宜随班就读的轻度残疾儿童入读普校；经常根据随班就读学校的需求前往调研，协助普校教师加强对随班就读学生评估、个别化教育计划、教学方法的指导；并为有需要的随班就读学生提供言语训练、运动康复、情绪行为调节、社会交往等提供针对性的教育康复训练。

中山特校注重打造特殊教育公共服务平台，常年为随班就读学生提供义务的评估与转介服务，让残疾儿童入学有路；组建随班就读巡回指导教师队伍，对全市随班就读工作进行业务管理、专业指导和师资培训，帮助随班就读教师工作有法；整合资源，为随班就读儿童提供专业的特殊教育支持、康复训练服务，使随班就读工作后顾无忧；引领基层随班就读学校教科研，探索随班就读先进理论，传递随班就读学校先进经验，推动全市随班就读工作科学发展；广泛开展特教宣导活动，令全市随班就读工作环境和谐悦纳。这些行之有效的措施在推进区域随班就读工作过程中发挥了巨大的作用，这样的综合服务模式也将中山特校逐渐打造成中山市随班就读工作的咨询中心、管理中心、指导中心、培训中心、研究中心、资源中心、德育中心与服务中心[1]。

## 三、开展送教上门工作

2013 年 9 月，为加强中山市残疾人服务体系建设、完善中山市残疾人教育保障体系，解决适龄重度残疾儿童少年入学问题，中山市开展了适龄重度残疾儿童少年送教上门工作，先于国家、省、市第一期特殊教育提升计划的要求一年。中山市教育局和中山市残疾人联合会共同制定了《中山市义务教育阶段适龄重度残疾儿童少年送教服务实施意见》《中山市义务教育阶段适龄重度残疾儿童少年送教服务具体实施方案》。

在实施意见中，对服务对象、服务形式、实施办法做了要求，尤其是为了保障送教工作顺利进行，特别对人员配备及经费支持做了规定：镇区教育行政部门确定 1 至 2 所学校负责提供送教服务，并根据《广东省特殊教育学校教职员编制标准暂行办法》规定，确定提供送教服务教师团队的规模。市教育局以每生每年不低于 1000 元的标准设立送教服务工作专项补贴，用于支持各镇区、市特殊教育学校开展送教服务，包括教师提供送教服务的交通补贴、授课补贴以及购置相应教育教学仪器等。市教育局每年划拨不低于 8 万元专项经费，用于支持市特殊教育学校开展全市送教服务师资培训、过程跟踪、质量督导等工作。2014 年中山市特殊教育提升计划实施方案出台后，将送教服务工作经费提高到 6000 元 / 生·年。配套的具体实施方案则进一步细化了工作目标与任务，对组织机构、实施步骤、经费支持及送教服务学生的个别化教育计划等方面做了更为细致的规定，并依托中山特校行政人员、教师为主体成立中山市义务教育阶段重度残疾儿童少年送教服务工作小组，对全市的送教上门工作进行业务管理和指导。

---

1　汤剑文，林昌 . 特殊教育学校在区域推进随班就读工作中的作用 [J]. 现代特殊教育，2014(10)：54-55.

在实践中，由镇区残联和教育行政部门共同对本镇区未入学残疾儿童进行摸排调查，汇总后上报市送教服务工作小组，经评估后确定送教服务对象。镇、区的送教学生由镇、区普通学校负责，中山市儿童福利院的学生由中山特校负责，每周送教一次，每次（每半天）计三个课时；市送教服务工作小组从中山特校聘请优秀教师参与指导工作，加强对送服务的管理和指导工作。对于康复情况较好的送教学生，送教教师及时动员家长克服困难将学生通过评估、再安置的方式，送到学校就读。

## 四、成立特教中心

2014 年 1 月国家出台《特殊教育提升计划（2014—2016 年）》，2014 年 7 月广东省出台《广东省特殊教育提升计划（2014—2016 年）》。在这两份文件的指导下，中山市教体局及中山特校在拟订中山市特教提升计划的过程中，梳理了中山市特殊教育发展存在的两大主要问题：①特殊教育体系不完善。学前特殊教育康复资源供给不足，学前融合教育暂未系统开展；义务教育阶段公办特教学位供给不足，随班就读质量有待提升；高中（职）阶段融合教育工作暂待推进。②特殊教育支持保障体系不完善，跨部门的特殊教育发展协作机制尚未建立。教育行政部门的特教管理机制尚待完善，尤其是中山市随班就读指导中心的兼职成员因校内的教育教学任务繁重、精力受限，无法稳定、持续地推进各项工作深入开展；市级层面的特殊教育教研及师资培训缺乏长远规划、系统开展，无法适应融合教育发展的需要；特殊学生鉴定、安置、转介机制缺乏，转衔服务尚属空白。且特殊教育信息系统尚未建立，使得教育行政部门对中山市特殊教育的整体情况、特殊教育办学需求、特殊教育发展状况等无法作出全面、科学的判断。

为推进中山市融合教育的进一步发展、特教质量的进一步提升，中山市的特殊教育提升计划实施方案要求"依托市特殊教育学校成立'市特殊教育指导中心'，统筹全市特殊教育教研、教师培训和随班就读、送教上门指导工作，制定随班就读教育管理和督导检查方案"。

为此，2016 年 11 月，经中山市机构编制委员会批复同意，中山市教体局印发《中山市教育和体育局关于设立中山市特殊教育指导中心的通知》（中教体通〔2016〕244 号），正式设立中山市特殊教育指导中心。

（1）中心的性质与定位。中山市特殊教育指导中心是中山市特殊教育发展与提升的管理中心、研究中心、资源中心、服务中心，主管部门为中山市教育和体育局。

（2）中心的主要职责。配合主管部门规划全市特殊教育事业发展，配合规划并开展特殊教育教科研、教师培训以及师资队伍人事人才工作，大力推进全纳教育；建立有特殊教育需要学生鉴定、安置及转介机制并承担相关工作；承担特殊教育业务指导与管理工作；建设并管理"中山市特殊教育信息报告系统"；开展有特殊教育需要学生转衔服务工作。

（3）中心的人员配置与运作。明确中山市特殊教育指导中心主任由中山市特殊教育学校校长兼任，根据工作需要，安排市特殊教育学校1名中层以上干部协助主任负责中心具体工作、3名教师承担中心日常工作；中心其他成员由中心根据需要聘任。将中心运作经费纳入中山市教育和体育局年度财政预算。

至此，中山市的特殊教育进入到较为系统、协调发展的轨道上来。近几年，中山市的特殊教育遇到前所未有的困难、但仍然能逆势而上，取得一个又一个的突破，这与中山市特殊教育指导中心的成立是分不开的，与特教中心同人的主动作为、迎难而上是分不开的。

## 第三节　中山市特殊教育指导中心的实践

中山市是伟人故里，素有"博爱之城"的美誉，博爱、包容、和谐、创新的城市精神，天然和融合教育的理念相契合；而中山教育所追求的高位均衡发展的目标也与融合教育"为每一位学生提供公平而优质教育"的目标相契合。这都为中山市融合教育的发展提供了沃土。中山市特殊教育指导中心从2017年9月聘任了7名专职成员（2020年9月增加到8名），奠定了中心有效运作的基础。在专职团队组建之后，团队成员在成立文件所界定的职能基础上，根据中山市特教工作的实际需要及团队专业优势，对中心的主要职能及各项工作进一步条分缕析，进而形成了三大职能、八个项目、二十项工作的具体表述，力求层级清晰、内容全面，不交叉、不遗漏，具体内容见表1-2。通过对中心职能及具体工作内容的整合，一是有利于全面梳理中心的各项工作，为团队的运作与管理奠定基础；二是有利于确定各个时期工作内容的侧重点，合理分配资源以突破不同的工作重点、难点。

在此基础上，中山特校以提升中山市特教工作质量、推动中山市融合教育工作发展为使命，进行了一系列的探索。

### 一、加强特教中心内部建设

中山市特殊教育指导中心借鉴中山市随班就读工作指导中心的经验，根据市编委批文的精神，从中山特校抽调优秀专业教师组成特教中心团队，通过加强团队建设、文化建设、制度建设充分发挥特教中心作用，积极探索中心的运作机制（见图1-1）。

表 1-2    中山市特殊教育指导中心工作内容表

| 职能 | 项目 | 主要内容 |
|---|---|---|
| 管理与指导 | 中心内部建设 | 1. 团队建设。<br>2. 制度建设<br>3. 文化建设（含公众号、网站等）。 |
| | 全市特教工作管理 | 1. 拟订全市特教规划。<br>2. 开展全市特教检查。<br>3. 建立完善全市特教管理体系。<br>4. 指导资源教室建设与使用。 |
| | 巡回指导 | 1. 随班就读巡回指导。<br>2. 送教上门巡回指导<br>3. IEP 工作指导。 |
| 培训与教研 | 特教教研工作 | 1. 出版《中山特殊教育》杂志。<br>2. 与市教研室等职能部门合作开展市级特教教研工作。 |
| | 特教相关培训 | 1. 拟订并实施市级特教师资培训规划。<br>2. 组织随班就读学生、送教上门家长的培训、交流。 |
| 服务与资源 | 特殊学生评估的相关工作 | 1. 为全市特殊学生提供特殊教育评估服务。<br>2. 组织市特殊教育专家委员会开展相关工作，参与特殊学生的鉴定、安置、转介工作。<br>3. 为有需要的随班就读学生提供幼小、小初转衔服务。 |
| | 特教宣导 | 面向普通学校教师、学生、家长、社会公众的开展特殊教育宣导。 |
| | 特教资源体系建设 | 1. 建设市级特教资源中心——镇街融合教育中心校特教资源——其他融合学校特教资源的资源服务体系。<br>2. 整合其他专业机构服务提供给有需要的随班就读、送教上门学生。 |

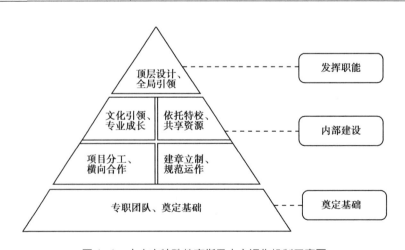

图 1-1    中山市特殊教育指导中心运作机制示意图

## （一）加强团队建设，保障中心有效运作

组建专职团队是特教中心有效运作的基础与关键。2011 年成立的中山市随班就读工作指导中心有效地推动了中山市随班就读工作。但团队成员均为兼职，导致各项工作无法稳定、持续地推进。为此，2016 年中山市特殊教育指导中心成立文件中特别提出配备专职工作人员承担工作。2017 年 9 月，中山市特殊教育指导中心从中山特校选聘了 7 位教师专职承担中心日常工作（2020 年 9 月增加到 8 人），迈出中心有效运作的第一步。团队成员平均年龄 36 岁，其中本科 5 人、研究生 3 人，特教专业 5 人、心理专业 2 人、康复专业 1 人，其中 3 位成员从 2011 年起就参与了随班就读工作。这支多元、年轻但具有一定经验的专职团队保障了中心作为一个职能部门持续、稳定地运转。根据中心的各项工作安排，不断完善中心的组织架构及工作分工，详见图 1-2。

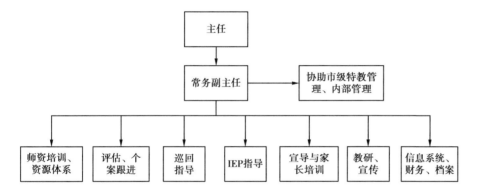

图 1-2 中山市特殊教育指导中心组织架构及工作分工图（2020 年）

为了克服项目式的工作分工后出现的各自为政的问题，我们加强工作间的横向整合。一是完善年度工作规划制度，在每年的一月份协调制定本年的工作安排，制定年度工作规划表，突出重点工作、加强项目间的横向合作。其次是完善日常例会工作制度，解决项目间协同配合不足及重点工作推进不力等问题，比如 2020 年的工作安排中以绘本宣导为主题，整合宣导、培训与教研三块工作的内容，协调推进。在项目分工、各负其责的基础上围绕重点、整合推进，这一做法有效地推动了中心各项工作稳定、深入、持续的开展。

## （二）加强制度建设，规范中心运作

特教中心工作制度的建设和完善是其规范、可持续运转的重要保障。通过建章立制的方式对中心开展的各项工作进行规范是当前我国特教中心建设首先需要

解决的问题 [1]。

但特教中心的内部建设与管理，可供借鉴的经验并不多。中山市特殊教育指导中心在实践中逐步建立和完善各项制度，通过制度对中心的运作进行规范管理。以例会制度为例，为加强中心成员协同、聚焦中心重点工作、提升中心工作效率，中山市特殊教育指导中心完善了例会工作制度（详见附录），一是确定例会主要功能：讨论与决议、规划与调整中心各项事务；二是确定例会主要内容：上周（月）重点工作进展情况（进度、遇到的困难及需要的支持、是否需要调整），本周（月）重点工作规划，需要讨论的工作方案，其他需要讨论的事项等。通过每周（月）的常规例会，有效加强了各项目工作的横向联系和推进效率，在此过程中提升了中心成员的专业能力和业务能力。此外，围绕组织架构和各岗位职责、各项工作的形式、规范、流程、经费的使用等方面的工作中心，中山市特殊教育指导中心还制定完善了档案管理制度、宣传管理制度、服务申请制度、补助申请制度、巡回指导工作管理制度、中心资源管理制度（包括评估工具的使用制度、场室管理制度等）、教研工作制度、财务管理制度等。通过制度规范中心的各项工作，让中心运作得"有理念、有程序、有章法"。

### （三）加强文化建设，引领中心发展

中山市特殊教育指导中心以融合教育多元、包容、支持、协作的精神为指导，在中山市"博爱、创新、包容、和谐"的城市精神、中山特校"尊重生命尊严、创造生命价值"的校训及"平等、共享、人道、博爱"办学理念的基础上，确定了团队的工作理念："多元、融合、共享"。希望每一位特殊学生能够在支持下得以共享社会文明发展成果；在推进融合、提升质量的特教工作发展大背景下，将"推进中山市融合教育发展，提升中山市特教工作质量"作为工作目标，确定了"主动作为、勇于承担、团结协作"的团队工作文化。

**案例：设计中心标识，凝聚团队共识**

在中心成立之后，中心的各位成员希望能够通过标识（logo）（见图 1-3）来传递中心的理念与使命。标识的设计过程，也是一个不断研讨、不断形成共识的过程。中山市特殊教育指导中心标识力求体现"多元、融合、共享"的理念：中间"I"是 Individuals，代表包括特殊学生在内的所有人都是独特的生命个体；"U"是"Understanding"，代表社会各界的理解和包容；外围三种颜色的圆点分别代表了"学校""家庭"以及"社区"，紧紧围绕在学生的身边、合力为特殊学生提供支持，帮

---

1  冯雅静.我国县级特殊教育资源中心建设和运作：政策演进、现实困境与对策 [J].中国特殊教育，2020(07)：19-23+43.

助其共享社会文明发展成果；红色区域为一个张开手臂的人，代表中山市特教指导中心致力于整合资源以支持特殊学生及其教师和家长。标识整体形似钢笔的笔尖，寓意特教指导中心的特殊教育专业指导功能。

图 1-3 中山市特殊教育指导中心标识（logo）

同时，为了更好地展示中山市特殊教育工作的发展情况，中山市特殊教育指导中心于 2019 年 3 月开通了微信公众号"中山市特教指导中心"，依托微信公众号提供展示交流平台与服务申请窗口。公众号的"最新动态"板块主要展示中山市特殊教育工作的最新动向，包含教研活动、师资培训、活动通讯、资源推送、特别转载、重要通知等子栏目，及时发布和报道各项活动信息，向教师、家长推送各类特教资源信息；"联系我们"板块包括市特教指导中心的联系方式、《中山特殊教育杂志》的网络版链接、微信公众号及《中山特殊教育杂志》投稿方式。2021 年 3 月，经过前期的多次研讨，公众号上线了"服务申请"板块，集成了中心所提供的各项服务的申请途径，极大地便利了特殊学生的家长及教师申请中心的相关专业服务。这一公众号是中山市特殊教育指导中心向社会各界更好地汇报中心各项工作的平台，是更好地服务中山市特殊学生及其家长、教师的资源媒介及服务申请窗口。

## 二、构建特殊教育管理和支持体系

### （一）构建中山市特殊教育管理体系

中山市特殊教育指导中心致力于建设以特教中心为枢纽的特殊教育管理体系（见图 1-4）。在这一体系中，中山市特殊教育指导中心整合资源管理指导全市的特殊教育工作，即特校工作、送教上门工作和普通学校（幼儿园）的融合教育工作。

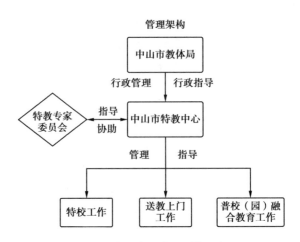

图 1-4  中山市特殊教育管理体系

在此体系中，中山市特殊教育指导中心通过三个层面争取教育行政部门的支持。一是依托市教体局的行政授权和指导，开展全市特教工作的管理和指导工作，如资源教室的建设、使用专项督导等；以及发挥自身的专业独立性为市教体局的特教规划及决策提供专业支持，扮演好智囊团的作用，承担各项市级特教文件的起草等工作，如制定中山市特殊教育公平融合发展方案实施细则及配套的特教专项经费管理办法、特教联席会议、专家委员会、特殊学生评估及认定等文件。二是围绕中心的各项职能，与市教体局各下属部门合作，构建内部横向支持关系。在师资培训工作中，在人事科（师资科）的指导与协助下，通过制定《培养融合教育的践行者、推动者、支持者——中山市特殊教育教师"五个一"培养工程（2017—2020年）》将特殊教育市级培训纳入中山市强师工程项目库，在中山市教研室的指导与协助下，规划、开展全市性的特殊教育教研比赛等。通过这种方式，既提升了特教中心教研工作和师资培训的专业性、规范性，也将特殊教育内容纳入到这两个部门的工作中，借势借力、提升区域特教的工作质量。三是依托特校，共同推进全市特教工作。中山市特殊教育指导中心充分依托中山特校的专业资源，共同推进各项工作。例如，借助特校的专业教师团队和功能场室，开展巡回指导、个案跟进、教育评估等相关工作；借助特校的课程、教学及活动资源，开展普特融合活动、随班就读学生特长培养项目等工作。

### （二）完善市、镇街、校三级特殊教育支持体系

在实践工作中，中山市特殊教育指导中心不断推动完善市、镇街、学校三级特殊教育支持体系（见图1-5）。一是在行政支持体系上，借助教育行政部门的管理体系，建立市局分管领导——镇街教育行政部门特教专干——融合学校特教负责行政的行政支持体系，重点依托镇街特教专干推进镇街特教工作、提供特教

行政支持。二是构建特教中心巡回指导教师——融合学校资源教师——其他随班就读相关教师的专业团队支持体系。以巡回指导教师和资源教师为双核，点面结合推进融合教育工作。三是构建市级层面特教中心资源、镇街融合教育中心校资源、普通学校资源教室资源的三级资源服务支持体系。市级层面特教中心的资源包括了图书等有形资源，也包括为家长和学生提供的专业资源如家长咨询、学生的特长培养；对于教育体系无法提供的资源，可通过购买服务的形式提供，如中心购买医疗康复服务提供给有需要的学生，部分镇街聘请社工、机构康复专业人员入校提供专业支持等。

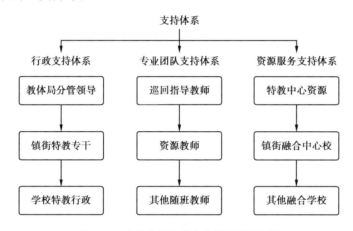

图 1-5 中山市特殊教育支持体系示意图

## 三、提供科学的教育评估服务

对教育对象实施评估，基于评估的结果决定适当的教育安置、拟订个别化教育计划、进而实行有针对性的教育服务，是残疾人教育事业追求优质内涵的重要标志[1]。为此，中山市特殊教育指导中心将特殊评估服务列为重点工作之一。在硬件方面，新建了 2 个标准测验评估室、1 间活动观察室、1 间听力测评室，同时配备了智力测验量表、筛查检核表、学业能力测验量表、心理测评量表等 20 个测验工具。在专业团队建设方面，通过市级巡回指导教师培训项目及部分专项培训（如韦氏智力测验相关培训），组建梯队式特教教师评估队伍。同时，依托中山特校的运动康复专业团队及语训专业团队提供运动障碍评估和言语语言评估服务。中心每年评估 200 多位学生，对于有特别需要的个案，则邀请中山市博爱医院的医疗评估团队共同参与评估。之后，再由中山市特殊教育教育专家委员会出具教育安置意见，镇街教育行政部门则根据安置意见做好入学安排。对于入普校

---

1 刘春玲，汪海萍 . 以专业取向促内涵发展：《残疾人教育条例》解读 [J]. 中国特殊教育，2017(03)：3-6+45.

就读的学生，由中心组织特殊学生转衔工作会议，邀请拟入读学校的负责行政人员、学生及其家长共同参与，讨论学生的特殊需求、入学安排及相应教育服务策略。学校则根据建议在编班、教师安排、教室位置等方面提前准备。

### 四、点面结合开展巡回指导工作

中山市特殊教育指导中心每年开展随班就读与送教上门巡回指导一百多次，跟进学生个案四十余人，通过点面结合开展巡回指导的方式解决融合教育实施过程中的难点问题，为融合教育提供专业保障。

在学校层面上，注重工作机制的建设与完善、校园文化建设与环境氛围的营造、工作特色的挖掘三个方面入手进行指导。在工作机制上，指导学校建立并完善团队建设与管理、人员职责、具体工作制度等方面的机制。在校园文化建设与环境氛围中，引导学校发掘融合教育理念与校园文化的契合点，在校园文化的母体中自然生长出融合教育的工作理念，进而有目的、有计划地开展各项融合教育环境的营造工作。建议学校从已有的工作，如德育工作中嵌入融合教育工作，而非另起炉灶、另搞一套，一方面既能够自然而然地推进融合教育，另一方面则是进一步发掘学校原有的工作特色，突出融合教育的元素，让学校的特色更鲜明。

在资源教室的管理与指导上，中心根据《中山市资源教室建设与使用指南》开展建设指导、日常指导、专项检查，有效发挥了已建成的 31 个资源教室的功能与效用。在建设指导上，在近两年资源教室的建设中形成了学校申请、镇街统筹、中心指导的流程，在申报和筹建的环节提前介入指导。在日常指导中，提炼资源教室运作中存在的共性问题，通过中心的常规项目工作予以支持，在此基础上，形成了各年度资源教室建设的不同主题，并通过巡回指导、教研、培训等方式开展资源教室的指导工作。2017 年，中心开展了资源教室使用情况的专项检查活动，通过专项检查提升资源教室的使用质量。目前中山市各个资源教室的使用受限于兼职资源教师等问题，导致有些资源教室使用情况不理想，但同时也有很多学校将资源教室的相关工作打造成为学校的特色工作。因此，即便目前很多普通学校学位非常紧张，很难拨付场室建设资源教室，但仍有镇街、学校克服困难申请建设资源教室。

切实做好学生个案跟进工作。中心在日常的巡回指导工作中，将教育评估服务整合到个案跟进工作中，制定了详细的服务流程（见图 1-6）。在实施过程中，中心首先根据步骤一流程，对上报申请服务学生进行初步筛选，指导学校和家庭通过调整座位、爱心小伙伴、陪读家长、资源教师、补救教学等方式进行支持。若效果不明显，则根据步骤二流程，由中心正式接案，提供个案跟进服务。

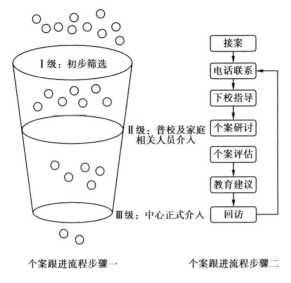

个案跟进流程步骤一　　　　　个案跟进流程步骤二

图 1-6　中山市特殊教育学生个案跟进服务流程图

## 五、分步推进个别化教育计划的实施

2017 年中山特校全面落实学生的个别化教育计划（IEP）。中心成员在其中扮演督导的角色，在 IEP 拟订时，中心成员作为 IEP 会议成员之一提供专业建议。在 IEP 的实施过程中，参与实施并发挥指导作用。评价 IEP 的（包括进程监测评价和学年总结性评价）工作时，中心成员作为五个评委之一代表教育行政部门对学生的 IEP 目标达成情况进行评价。2020 年，中心在对部分已开展 IEP 工作的融合学校进行指导，进行随班就读学生个别化教育计划的试点工作，对个别化教育计划的拟订、实施及其评价进行指导。

## 六、分级分类开展特殊教育师资培训

《残疾人教育条例》要求建立融合教育为主、分层多元安置的模式[1]，通过普通学校就近入学、有条件的普通学校就读、特校就读、送教上门四种层次安置特殊学生，因此，建设一支包括特教工作管理行政、巡回指导教师、资源教师、普校相关教师、特校教师、送教上门骨干教师在内的专业特教师资团队至为关键（见图 1-7）。根据《培养融合教育的践行者、推动者、支持者——中山市特殊教育教师"五个一"培养工程（2017—2020 年）》，中山市特殊教育指导中心着力突出分类培训和差异评价的培训模式及市镇两级培训体系，着力打造一支"服务型"的特教行政队伍、一支"专业型"普校特教骨干教师、一支专家型的巡回指

---

1　王大泉 . 新修订《残疾人教育条例》的理念与制度创新 [J]. 中国特殊教育，2017(06)：3-6+12.

导教师队伍、一支"复合型、专家型"特校教师队伍、一支"支持型"普通学校相关教师队伍。将巡回指导教师、资源教师、送教骨干教师、普校特教管理干部4个项目纳入市级特教培训项目（见图1-7），由中心具体规划、实施。镇街及学校全员培训由中心指导各镇街、学校开展。4年来中山市特殊教育指导中心以对象型、主题型专项培训模式为主，开展市级培训10次、培训800人次，初步打造了一支人才梯队合理的融合教育教师团队。

| "五个一"目标 | 培训对象 | 培训时间 | 培训内容 |
|---|---|---|---|
| "服务型" | 特教专干、普校行政 | 2017年1期；2019年2期 | 融合教育理念 |
| "专业型" | 资源教师 | 2017—2020年，3期 | 围绕镇区、学校融合教育工作核心的融合教育理念、特教知识、策略方法 |
| | 送教骨干教师 | 2018—2020年，3期 | 围绕送教服务工作核心的重度障碍、多重障碍学生的评估、教学及支持性环境的创设等 |
| "专家型" | 巡回指导教师 | 2017—2019年，3期 | 特殊学生的教育评估、特教宣导、支持方案 |
| "复合型" | 特校教师 | 由中山特校具体安排 | 特校教师标准的相关要求 |
| "支持型" | 其他相关教师 | 由普通学校具体安排 | 以特教宣导的形式开展融合教育理念及策略 |

图1-7　2017-2020年中山市特教师资市级培训安排

### 七、以教研提升普校融合教育质量

中山市特殊教育指导中心于2017年与北师大教育学部融合教育研究中心合作开展融合教育质量提升课题研究，征集了18所普通学校参与课题研究。在邓猛老师及其团队的指导下，中心团队围绕融合教育示范学校建设和特教中心运作开展研究。从资源教室的运作开始，瞄准普通学校整体变革，发挥各个学校自身的优势与潜能；在融合教育全面推动实施的基础上，从课题研究的角度出发，选取试点学校，集中于融合教育的某个领域进行突破，带动整体发展。根据各学校现有工作基础，分为资源教室、融合绘本、宣导影视、支持学生、融合文化5个教研组，邀请相关高校特教专家入教研组指导，以课题指导、专题讲座、课例研讨等方式开展十余场全市性的融合教育研讨活动。通过课题研究，试点学校集中于融合教育的某个领域进行突破，提炼发展特色，带动区域融合教育工作整体发展；逐渐形成了高校专家引领，特教中心区域协调，各学校特色发展的融合教育教研工作模式（见图1-8）。

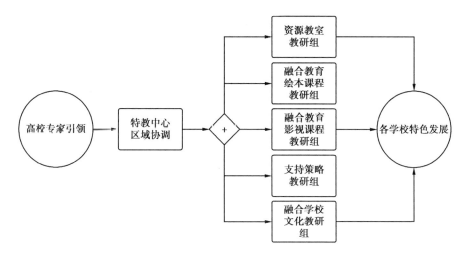

图 1-8　中山市融合教育课题教研工作模式图

通过课题研究，有的学校从资源教室的心理辅导课程开始，逐渐向普通教室的核心课程过渡；有的学校从校园"和"文化着手，做有温度的教育，以渐进的方式推动融合；有的学校从学生行为干预着手，建立学校行为管理机制。参与研究的普校将融合教育工作纳入到学校现有的工作如德育工作中，朝着建立全校支持的融合教育工作模式的方向努力（见图 1-9）。在这一模式中，学校将融合教育工作纳入学校已有工作体系中，整合校内外的资源，为所有特殊教育需求学生提供润物细无声的支持。部分合作学校融合教育工作已形成品牌，并承担了各类的检查及资源教师跟岗培训和交流任务。

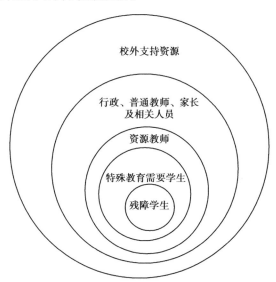

图 1-9　全校支持的融合教育工作模式

## 八、持续深入开展特教宣导活动

自 2011 年开展随班就读工作，特别是特教中心成立以来，我们一直坚持开展特教宣导工作、努力创新宣导的形式和内容、提升宣导质量；以特殊学生为核心，对家长、同学、老师、社会公众等开展不同内容、不同形式的宣导。例如，为展示特殊学生的专长，我们在书店组织自闭症学生绘画作品展；围绕特教政策法规、学生的特点及相应的教学策略开展教师宣导；以接纳、理解和尊重差异为核心开展社区宣导，提高社会公众的意识。将学生宣导作为核心工作，通过同上一节课、融合运动会、班会课宣导、国旗下讲话、海报宣导等形式进行，力求在所有学生心中播下接纳、包容、支持的种子。通过同上一节课把宣导活动引入课堂，力求推动宣导活动走向课程化。例如，普特校的教师共同备课，让普校、特校学生一起上音乐活动课，在学生融合的基础上，实现了普特教师在课程和教学上的交流和提升；中心成员选用蕴含着融合教育理念的绘本给普校的学生上宣导课，并将特教中的协同教学引入到普校课堂。在中心的指导下，部分融合学校在每年的新生家长会上由校长介绍学校的融合教育工作，并邀请特教教师、医生为新生家长们开展融合教育专题讲座；除此之外，在日常工作中也积极组织学生参与各项特教宣导活动。中山特校坚持十余年邀请普校师生代表参与学校的融合运动会，在此基础上将其打造成为珠三角的普特融合平台。深入而持续的特教宣导工作，为中山市融合教育的推进营造了良好的氛围。

## 九、引入跨领域专业团队助力学生发展

为更好地满足特殊学生及其需求，需要跨领域的特教专业服务。学校层面，我市部分镇街购买民办康复机构及邀请社工机构的专业人员入校，以驻校特教助理和社工的形式为特殊学生及其家长提供教育康复等专业支持。中山特教中心自 2017 年 9 月起购买中山市中医院残疾儿童康复中心的康复服务，为我市运动障碍类的随班就读、送教上门学生提供免费运动功能评估与训练、辅具配备意见、家庭康复指导等专业服务。项目惠及 2000 多人次，覆盖中山市 19 个镇街，得到了家长、普校师生的高度认可。2020 年初中山市特殊教育指导中心又与中山市博爱医院签订合作协议，进一步扩展资源体系。通过这些方式，我们将其他专业服务引入到融合教育工作中，为特殊学生提供更多的专业服务。

中山市博爱、创新、包容、和谐的城市精神，为融合教育的发展提供了丰沃的土壤，中山特教人一直践行着为特殊学生提供优质教育服务的初心与使命。自 2016 年 11 月成立以来，中山市特殊教育指导中心从组建专职团队和建立规章制度入手，加强内部建设、探索中心运作机制，在特教中心的建设方面积累了一定

的基础；借助于《残疾人教育条例》及两期特殊教育提升计划，中山市特殊教育指导中心从管理与指导、教研与培训、服务与资源三个方面入手，在中山市推进融合教育、提升特教质量的工作实践中发挥着重要的专业支撑作用。在中山特殊教育指导中心的引领下，中山市随班就读教师专业发展、普通学校融合教育工作质量都得到了有效地提升。资源教师在各镇街、学校的融合教育中发挥着核心作用，自2019年以来积累了丰富的实践成果，获得省市融合教育类奖项（省级29项、市级109项）；项目合作学校申报的5个融合教育课题获得省、市立项，融合成果特色鲜明，已成为中山市的融合教育窗口学校，承担了教育部的专项检查、广东省资源教师培训班及其他省市随班就读骨干教师培训班的跟岗学习工作，以点带面提升了中山市的随班就读工作质量；融合教育的推进，也让普通孩子在包容、接纳、支持的融合班级环境、校园中成长，2018、2019年普校资源教师团队中的两位班主任以融合教育为特色，成功申报了2个中山市特色班集体。目前，特殊教育的改革已经进入了深水区，展望"十四五"，我们将在提升特教质量、深化融合教育、完善特殊教育现代化管理体制机制等方面实现突破，为办中山人民满意的特殊教育而努力。

# 第二章 特殊教育学生评估

## 第一节 特殊教育学生评估概述

### 一、评估的含义

评估是指使用测量工具测量学生成就和行为，以便做出教育性决定的过程[1]。评估包含各式各样的鉴定、估计、评价及作出有关特殊教育需求学生的技术和程序[2]。这种技术和程序，不像一般教育环境上所使用的评估程序。

特殊儿童评估，是指由相关机构和专业人员采用相应的技术和方法对疑似特殊儿童进行各种必要的检查和测验并作出结论的过程。它采用医学、社会学、心理学以及教育等方面的检测方法对儿童偏离常态的方面、性质、程度及其发展的可能性做出判定[3]。特殊教育的评估考虑了学生独特的需求，因而每个学生都有所不同。评估在特殊教育上的目标之一在于调整课程以符合个别学生的需求，而不是让学生将就既定的评估程序[4]。

### 二、特殊儿童评估的类型

#### （一）筛查性评估

筛查性评估是以筛查特殊儿童为目的，一般用于确定某个地区或学校有没有与总体相比存在心理发展显著偏高或迟滞的儿童[5]。其主要特点是耗时短、操作简单，一般由于项目较少，使得测试不够精细、不够全面，测试结果通常只具有提

1 王辉.特殊儿童教育诊断与评估 [M].南京：南京大学出版社，2007：4.
2 张世彗，等.特殊教育学生评量 [M].新北：心理出版社，2016：144.
3 赵华兰.伦理视域下的特殊儿童评估 [J].绥化学院学报，2011(12)：19.
4 张世彗，等.特殊教育学生评量 [M].新北：心理出版社，2016：146.
5 李泽慧.特殊儿童优质教育 [M].南京：南京师范大学出版社，2013：146.

示作用，如果查出"高危儿童"，家长和老师就要对他们进行密切的关注，把他们转介到专家那里做进一步的评估——诊断性评估。

### （二）诊断性评估

诊断性评估与筛查性评估相比，测试结果对临床诊断具有更强的依据，也可以用来决定是否需要进行康复干预以及干预的重点。诊断性测试项目全面精细，敏感度较高。通常采用标准化测量工具，由接受过专门培训的专业人员操作。在对儿童异常情况进行诊断和分类时，基于常模的诊断性评估是最基本也是最重要的评估方法。诊断性评估是进行教育诊断和评估的手段，它的目的与功能是通过收集有关资料来确定特殊教育的对象、培养目标和方案。例如，确定哪些儿童属于特殊儿童，具体属于哪一类型的特殊儿童，应安置到什么环境中接受特殊教育等。

### （三）任务性评估

任务性评估又称课程性评估、目标性评估、治疗性评估等，采用多种方法对儿童在各种环境中的能力与表现进行观察和测试，确定儿童当前的发展水平和干预目标，并以此为标准评价儿童能力的改变状况。任务性评估大多数为专项评估，通常包括运动功能、认知能力、语言能力、生活自理能力和社会交流能力等方面的评估，是康复评估中最为重要的手段。任务型评估具有以下主要特点：注重观察法与标准化测试相结合，注重评估儿童的个体特性和潜在发展能力。

### （四）后置性评估

后置性评估也称终结性评估，主要用来评价某一阶段或特殊教育整个过程的教育效果，判断是否达到预定的教育目标。后置性评估注重的是对教育干预措施的评价。这种有效性评价可以针对整个教育过程进行总体评价，也可在教育活动暂告一段落时，对前一阶段的教育成果加以回顾性评价。

## 三、评估的应用

### （一）转介

转介是把怀疑有生理、心理、行为或学习问题的儿童介绍到专业机构，请专家进行评估[1]。在学校，教师应根据需要转介学生到相关的专业机构，以便确定被转介的学生是否需要特殊服务。

---

1　王辉.特殊儿童教育诊断与评估 [M].南京：南京大学出版社，2007(6)：40.

### （二）筛选

筛选是指在较短时间内对儿童的整体功能水平进行的粗略检查[1]。评估者可以用一些简单的测量工具对儿童进行快速地测量，以便确定该儿童是否有学习问题、行为问题、心理问题。

### （三）诊断与安置

诊断是先确定儿童是否为特殊儿童，然后按照法定的标准对儿童进行分类，按其类别进行教育安置，如普通学校随班就读、特殊教育学校等不同安置方式。

### （四）拟订教育性方案

特殊儿童教育性方案拟订应包括教学目标、教学内容、教学方法与教学策略等。评教教育方案是否适应儿童的能力和发展水平，前期要做的重要准备工作是做好特殊儿童评估。

### （五）评估儿童的进展情况

教师为儿童拟订了教育性方案后，能否达到预定的教学目标，就需要对儿童的学习进步情况作出评估。这是对儿童学习过程和效果的反馈。

## 四、评估的意义

在特殊儿童的教育和服务中，诊断与评估是保障特殊儿童接受高质量教育的重要环节。对教育对象实施评估，基于评估的结果决定适当的教育安置、拟订个别化教育计划、进而实行有针对性的教育服务，是残疾人教育事业追求优质内涵的重要标志[2]。通过诊断与评估，可以确定儿童是否有特殊的需求、需要哪些特殊服务、如何分步骤地提供服务，以及如何发现和发挥学生的潜能等。因此，在含有特殊儿童的班级中，教师应该慧眼识金，充分了解学生的能力和水平，为特殊儿童提供持续性的评估[3]。特殊教育的发展需要科学的评估体系，评估则贯穿在特殊教育的整个活动中，影响特殊教育的方方面面。

---

1 ［美］朱迪斯·班杜拉-乌慈.特殊需要婴幼儿评估的实践指导 [M].钱文，刘明，译.上海：华东师范大学出版社，2005：20.

2 刘春玲，汪海萍.以专业取向促内涵发展：《残疾人教育条例》解读 [J].中国特殊教育，2017(03)：3-6+45.

3 李泽慧.特殊儿童优质教育 [M].南京：南京师范大学出版社.2013：143

# 第二节　国内外特殊教育学生评估发展

## 一、国外特殊儿童评估发展

儿童特殊教育需要的发现和确认，个别化教育计划的拟订、修订与实施过程的评估及教育效果的追踪，都渗透着评估的踪迹。英美等国在特殊儿童评估方面有着系统而完善的操作流程。例如，英美等国特殊教育体系都对特殊儿童发现、确认和安置提出详尽而严谨的要求。相关机构和人员在特殊儿童的教育和评估活动中相互协作、相互制约，共同担负起促进儿童发展的重任[1]。

美国法律规定，残疾儿童接受特殊教育服务之前必须接受一次不带任何歧视性质的全方位的个别化评估。所有需要特殊教育和相关服务的障碍儿童必须评估、确认并安置。为了保障评估的公平性、准确性和科学性，评估人员必须由多种学科专家组成，并使用科学的方法评估所有可疑症状，尽可能排除偏见和歧视[2]。

英国法律明确规定，地方教育局负责其辖区内必须配备有特殊教育需要儿童正式法定评估的实施、特殊教育需要的确认和提供特殊教育的设施。英美两国特殊儿童评估的启动及实施过程基本相同。概括而言，包括四个环节：发现疑似有特殊需要的儿童，为家长提供必要信息并咨询家长意见，在校内为该儿童提供特殊教育支持，同时把该儿童情况向特殊教育协调员报告，协调员将儿童纳入特殊支持名单；接下来一段时间，教师、家长和协调员对儿童进行观察，分析决定是否需要持续的特殊支持。若有需要，协调员要为教师提供建议，与教师共同选择和确认儿童所需支持，拟订教育计划，并将有关情况告知家长；一段时间后，再次对儿童进行评估，若儿童继续存在学习困难，学校需要寻求校外机构的建议和帮助，协调员、班级教师和校外机构共同拟订针对性的教育计划，并征询家长意见向家长提供必要信息；如果上述学校层面的评估干预不能满足儿童的需要，儿童没能取得进步，则儿童要被转介去相关机构接受带有法律效力的正式的评估[3]。

可见，英美等国对特殊教育需要儿童的筛查、确认与安置所涉及的系列评估流程有着详尽的且可操作的规定，对评估人员的多样化和专业化有着明确的要求。同时，还通过有效利用校内外各种教育、医疗和技术资源[4]，降低评估中的随意性，

1　刘明，邓赐平.美英特殊儿童评估现状及启示 [J]. 中国特殊教育，2009(09)：14-18.
2　李莎.残疾儿童特殊教育法律问题研究 [D].西南大学，2012.
3　刘明，邓赐平.美英特殊儿童评估现状及启示 [J]. 中国特殊教育，2009(09)：14-18.
4　王辉.我国特殊需要儿童教育诊断评估的研究现状与发展趋势.中国特殊教育，2007(10)：14-20.

确保特殊儿童拥有接受公正、合理、全面评估的权利。欧美等国家的特殊儿童评估工作可以从美国国会颁布的法律法规中找到它的发展历程[1]。

美国 1975 年颁布《所有残疾儿童教育法》首次在法律法规中对残疾儿童评估进行规定，要求评估过程中不得带有任何种族歧视和文化偏见，要对儿童的所有与残疾有关的方面都进行评估，在对儿童进行评估和安置之前要把评估有关的所有结果通知家长，家长有机会对学校所做的有关残疾学生的评估、安置和教育计划等发表意见，并可以通过正当程序解决家长与学校之间的分歧。1986 年颁布《残疾儿童教育法修正案》，该法案在评估的法律法规中增加了一些新的内容，要求把特殊教育的服务对象延伸至婴幼儿，对婴幼儿的六大领域和能够促进残疾婴幼儿发展的优势和劣势方面实施评估，要加强不同学科专业人员之间的合作，要对家庭在早期干预计划的实施过程中所能发挥的作用进行评估。1990 年颁布《残疾人教育法》对评估过程又进行了更加细致的规定。法律要求初次评估时，评估人员要给家长（用他们的本族语言）发一份书面通知，告诉他们将对孩子实施哪些测验和调查，为什么要实施这些测验和调查，本次评估可能带来什么后果等，只有家长在认可书上签了字，才能对孩子实施评估。初次评估的内容必须是综合性的，要包含儿童身上与残疾有关的所有方面，如健康状况、视觉、听觉、社会和情感状况、一般智力、学业成绩、沟通技能、适应行为和运动能力等，不能只实施一项单一的测验如智力测验。所有的评估都是非歧视性的，为了确保评估的公平性和有效性，在评估过程中必须遵守以下几条原则：所选用的测验在内容上不得有种族歧视和文化偏见；所选用的测验已证明对特定的评估目的是有效的；必须由受过训练的专业人员严格按照测验的要求和指导语来实施测验；除特殊情况外，一律用被评估儿童的本族语言及惯用的沟通方式（如手语或盲文）来实施测验，以便保证测验结果不受其语言和障碍的影响；除了测验，还应该用其他方法来收集评估资料；家长应提供评估所需的资料；应由多学科小组来做评估，小组成员中至少应包含被评估儿童的家长、一名教师和一名对被评估儿童的残疾具有丰富专业知识的专业人员。评估后要及时把评估结果报告给家长，并给予解释。所有的评估报告及有关资料都应该向家长开放，供其查阅。学校若打算将评估结果对外公布，必须事先获得家长许可。评估结果主要用于确定儿童的特殊教育资格、教育安置和个别化教育计划的拟订。如果家长因对评估结果不满意而拒绝接受学校做出的决定，其有权申请再次教育评估。如果再次教育评估与先前评估的结果不一致，或者家长的意见与学校的意见仍存在明显的分歧，家长可以通

---

1  林宝贵 . 特殊教育理论与实践 [M]. 新北：心理出版社，2016：206.

过由教育主管部门组织召开的听证会与校方进行协商解决。

1997 年《残疾人教育法修正案》再次对评估的法律法规做了进一步的完善，明确了对残疾学生所进行的诊断和鉴别是一个层层筛选的心理教育评估过程，由面向全体学生缩小到个别学生。这个过程包括筛选、转介前干预、转介、评价和鉴别五个环节。该法令十分重视转介前干预这个环节，明确指出，通过转介前干预可以避免一些非残疾学生接受进一步的评估或者被错误地贴上残疾的标签；增加了评估组基本成员的数量，要求评估组成员包括：被评估学生的家长；如果该学生在普通班就读，应至少有一名普通教育教师参加；至少一名特教教师或一位能够提供特殊教育的人员；地方教育主管机构的代表；一名能解释说明鉴定和测评结果，并提出相关教学建议的专业人员；由家长或校方指定的具备特殊专业知识的人员，如果需要，被评估学生也可加入评估组。法令再一次强调家长在评估中的作用，要求学校在做任何正式的评估之前都要通知家长，家长与学校之间的分歧主要通过协商来解决；对独立再次教育评估的费用由家长还是学校支付等问题制定了细则。2004 年再次颁布《残疾人教育法》，该法律要求身心障碍学生必须参加评估，要有一份年度报告，在接到鉴定申请后 60 天内，要完成身心障碍资格鉴定。

可以看出，欧美国家如今已建立起一个在法律监督下的程序化的残疾儿童心理与教育的评估体系。它能及早地筛查和诊断残疾儿童，对其实施早期干预和特殊教育，这无论对残疾儿童本人及家庭，还是对社会都大有好处。评估贯穿于个别化教育计划的拟订和实施过程中，从评估到个别化教育计划的拟订，就像量体裁衣。法律要求对每个残疾学生实施评估，从而使残疾学生能获得合适的教育，为提高特殊教育的质量提供了基本的保障。

## 二、国内特殊教育学生评估发展现状

香港特殊教育在 20 世纪 70 年代后进入规范发展阶段[1]，香港特区政府通过公布政策性文件来领导和保证特殊教育的实施和发展。1997 年香港教育局在九龙塘和葵涌设立了两所特殊教育服务中心，为有特殊教育需求的学生提供评估和支援服务。如今香港特殊教育评估服务早已覆盖到婴幼儿，建立了统一的特殊需求儿童筛查标准和完善的评估服务制度。

澳门特别行政区政府于 2006 年通过颁布第 9/2006 号法律《非高等教育制

---

1　刘燕，梁谨恋. 香港特殊教育的发展与启示 [J]. 江西教育：管理版 (A)，2013(1)：81-83.

度纲要法》，对特殊教育作出更新的界定，首次在法律条文中明确规定对特殊需求学生的评估服务。特殊教育的对象包括资优学生和身心障碍学生，由政府有职权的公共部门或教育行政指定的实体负责评估。不过在法律条文出台之前，早在1992年澳门教青局就成立一个专门负责心理及特殊教育的部门教育心理辅导暨特殊教育中心为有特殊需求的学生实施评估。

台湾地区自1984年起多次修订关于特殊儿童评估的相关文件，对特殊儿童发现、鉴定、评估制定了详尽且可操作的要求。

1994年7月21日发布的《关于开展残疾儿童少年随班就读的试行办法》要求招收残疾儿童少年随班就读，一般应对其残疾类别和程度进行检测和鉴定，并规定了具体的要求。2017年修订的《残疾人教育条例》中第二十条提到，县级人民政府教育行政部门应当会同卫生行政部门、民政部门、残疾人联合会，建立由教育、心理、康复、社会工作等方面专家组成的残疾人教育专家委员会。残疾人教育专家委员会可以接受教育行政部门的委托，对适龄残疾儿童、少年的身体状况、接受教育的能力和适应学校学习生活的能力进行评估，提出入学、转学建议；对残疾人义务教育问题提供咨询，提出建议。依照前款规定作出的评估结果属于残疾儿童、少年的隐私，仅可被用于对残疾儿童、少年实施教育、康复。教育行政部门、残疾人教育专家委员会、学校及其工作人员对在工作中了解的残疾儿童、少年评估结果及其他个人信息负有保密义务。

综上所述，我国港澳台地区关于特殊儿童的鉴定安置评估的相关文件出台都比较早，都有了相对完善的可操作流程；其他地区关于特殊儿童的鉴定安置评估发展相对较慢。但随着融合教育的大力推进，北京、上海、广东等发达地区已经开始摸索鉴定安置评估经验，开始制定各地区评估工作实施细则，建立完善的可操作化的评估工作流程指日可待。

### 三、国内外特殊教育评估工作的启示

#### （一）建立特殊教育需要儿童教育评估体系

科学评估是特殊教育发展的关键所在。目前我们评估意识还相对薄弱，基本以经验为主，评估工具缺乏或不成体系，评估体系的运行机制及相关制度的建设比较落后，评估工具研发难度大、周期长、人力资源投入严重不足，迫切需要建立法律监督下的程序化的残疾儿童教育评估体系。这个评估体系的建立有着不同寻常的意义。第一，它能及早地筛查和诊断特殊教育需要儿童，并能对其实施早

期干预和相关特殊教育。第二，有利于残疾儿童个别化教育计划的拟订和实施过程。教师在参与评估、拟订和实施个别化教育计划的过程中，也有助于提高自身的专业能力。第三，能有效地利用校内外各种教育、医疗和技术资源。第四，有助于为特殊教育需要儿童提供更适合的教育，提高特殊教育教学质量。从评估到个别化教育计划的拟订，就像量体裁衣。从法律层面要求对每个特殊教育需要学生实施评估，使每个特殊教育需要学生都能获得适合的教育，为提高特殊教育的质量提供保障。

### （二）完善特殊教育需要学生评估服务相关法律细则

1994 年，国务院颁布了《残疾人教育条例》，标志着我国的特殊教育步入法治化轨道。1998 年教育部颁布的《特殊教育学校暂行规程》，2001 年九部委联合颁发了《关于"十五"期间进一步推进特殊教育改革和发展的意见》，2005 年出台的《关于开展残疾儿童少年随班就读工作的试行办法》，2017 年修订的《残疾人教育条例》以上法律法规我们均涉及特殊需要儿童评估内容，但可操作性不强、弹性大、实际的执行和监督有很大的困难，特殊教育需要学生的评估服务很难得到保障。我们需要出台一套具有科学性、权威性和可操作性强的特殊教育对象的鉴别和评估标准，加强对评估工具的研制、应用和管理，将特殊教育对象的鉴别、评估、安置、个别化教育计划的拟订和实施规范化和程序化，加强对有关法律法规实施情况的监督和管理 [1]。政府部门应积极推动各项法律法规的实施，使它们真正发挥效力。[1]

## 第三节　中山市特殊教育评估工作实践

随着融合教育工作的推进，越来越多的特殊儿童进入到普通学校进行随班就读。为了帮助特殊儿童更好地适应普通学校的学习生活，中山市特殊教育指导中心自 2017 年开始将评估工作作为中心的重点工作之一，开始为全市特殊儿童免费提供优质的评估服务，每年评估学生约 200 多人次（见图 2-1）。几年来，初步探索出了具有中山特色的特殊儿童评估服务的实践模式，建立评估工作机制、培训优质评估师资，提供精准评估、优质服务，以精准评估为基础推动中山市普

---

1　韦小满.美国特殊教育立法中有关评估的法律和法规概述 [J].中国特殊教育，2005(10)：73-76.

通学校的融合教育工作的开展，为有特殊教育需求的学生、家长和学校提供全面、专业的教育建议。

图 2-1　评估人员正在为有特殊教育需要的学生施测

## 一、中山市特殊教育学生评估工作发展

### （一）萌芽时期（2011—2016 年）

2011 年 11 月，中山市随班就读工作指导中心正式挂牌成立，中心设在中山市特殊教育学校，中山市特殊教育学校汤剑文校长兼任中心主任。为了更好地服务于全市随班就读学生，中心在成立之初，便优选了 12 名特教专业背景且有一定实践经验的骨干教师担任随班就读指导中心成员，对中山市 24 个镇区分片区实施包干，落实责任分工，对各个镇区学生定期探访、调研、巡回指导。同时，在中山特校的新生入学评估中不断探索、调整特殊儿童的评估工作。在多年的巡回指导工作中发现，仅凭专业知识和实践经验来解决孩子的问题还远远不够，我们需要更专业的评估工具来准确地判断孩子出现问题的根源，找出问题的关键。

**案例 1：**小小，6 岁，男孩，南朗某小学一年级学生，老师反映该生平时与其他孩子没有区别，热情、开朗、学习成绩也不错，可发起脾气来就不同了。老师说最初发现他出现情绪问题是在一次美术课上，班级静悄悄的，大家都在专心作画，突然小小撕了自己和同桌的画，大哭着推倒桌子，并跑到课室后面拿起扫把对同学大打出手，美术老师一个人很难制止小小，班主任和体育老师同时到场才把小小的扫把夺下来。事后，老师询问小小为什么这么激动，他说同桌讲他的画没有自己的好看，他一时控制不住自己的情绪就发生了上面的情况，小小也承认了自己的错误。老师以为小小只是一时冲动，没想到两天之后的一次数学课上，小小又大发脾气，推桌子，打同学，弄得数学老师不知所措，赶紧找来班主任一起拉住小小，免得他对同学造成伤害。这样的事情很多很多，每次都是微不足道的小事情，每次他都承认错误，承认之后几天又发脾气。班主任老师没有办法，找中山市特殊教育指导中心老师求助。

中山市特殊教育指导中心的老师也是初次遇见这样的案例，小小智力没有问题，就是与普通孩子相比情绪爆发点的阈值太低。一般孩子发脾气是想要得到什么东西，或是引起老师的注意希望得到老师的关注，但小小不同，大家都很难明白小小为什么发脾气。中心当时缺少工具，没有办法通过评估来迅速找出孩子的问题，只能通过一次又一次研讨，研究孩子可能存在的问题。后来我们查阅了大量资料，多方咨询特殊教育、心理学方面专家学者，了解到小小原来是患有情绪障碍的孩子。虽然也找出了解决情绪障碍孩子问题行为的方式方法，但却走了很多弯路，浪费了太多宝贵的时间。类似的案例还有很多，我们意识到不能只靠经验来解决孩子的问题，中心需要专业评估的辅助。

### （二）准备时期（2017 年 1—7 月）

2016 年中山市特殊教育指导中心成立后，将教育评估服务列为中心的重点工作之一。评估服务离不开评估工具，中心人员通过入校观察、教师访谈、家长会谈、查阅资料、实地考察、专家引领以及总结实际工作中遇到的问题，梳理了当前中山市特殊需求学生需要评估的工具种类，先后购买了多种评估工具，包括各种智力测验工具、生活适应能力测验工具、语言理解能力测验工具、儿童各种发展能力筛查工具、学习障碍筛查、学科能力评估工具、听力评估系统、心理评估系统等 20 余种评估工具（见表 2-1），以满足特殊儿童的各种评估需求。在此基础上，通过参加市级巡回指导教师培训，邀请相关专家开展评估专题培训，选派优秀教师参加韦氏智力测验等相关专项培训等方式组建梯队式特教教师评估队伍，并取得相关资格证书，为后续的学生评估做好准备。

表 2-1    中山市特殊教育指导中心评估工具一览表

| 维度 | 编号 | 测验量表 | 适用对象 | 级别 |
|---|---|---|---|---|
| 智力测验（2） | A001 | 韦氏儿童智力量表（第四版） | 6—16 岁 | A 级 |
| | A002 | 韦氏幼儿智力量表 | 3—7 岁 3 个月 | A 级 |
| 生活适应测验(2) | B001 | 文兰适应行为量表（中文编译版） | 3—12 岁 | B 级 |
| | B002 | 学校适应能力量表 | 3—18 岁 | C 级 |
| 发展筛选测验(13) | C001 | 拜瑞－布坦尼卡视觉－动作统整发展测验（VMI） | 3 岁至成人 | B 级 |
| | C002 | 修订毕保德图画词汇测验 | 3—12 岁 | B 级 |
| | C003 | 台湾版自闭症行为检核表 | 3—18 岁 | C 级 |
| | C004 | 高功能自闭症 / 阿斯伯格综合征行为检核表 | 一年级—六年级 | C 级 |
| | C005 | 自闭症儿童行为检核表 | 一年级—三年级 | C 级 |
| | C006 | 感觉信息处理及自我调节功能检核表 | 3—8 岁 | A 级 |
| | C007 | 自闭症儿童心理教育评核（第三版）PEP-3 | 2—7 岁半 | A 级 |
| | C008 | 16 方块积木测验 | 3 岁以上 | B 级 |
| | C009 | 儿童认知发展测验 | 3—12 岁 | B 级 |
| | C010 | 儿童语言障碍评量 | 6 岁—12 岁 11 个月 | B 级 |
| | C011 | 自闭症儿童发展评估表（试行） | 0—6 岁 | B 级 |
| | C012 | 特殊需求学生转介表 C-125 | 一年级—四年级 | C 级 |
| | C013 | 特殊需求学生转介表 100R | 六年级—初三 | C 级 |
| 学科能力相关测验（2） | E001 | 小学语文能力测验 | 6—12 岁 | B 级 |
| | E002 | 小学数学能力测验 | 6—12 岁 | B 级 |
| 心理测量系统(1) | D001 | 特殊需求儿童心理测量系统 | 6—18 岁 | C 级 |

## （三）实施时期（2017 年 7 月至今）

中山市特殊教育指导中心自 2017 年 7 月开始为全市特殊儿童免费提供评估服务。在几年时间里，中山市特殊教育指导中心努力探索特殊儿童评估服务的实践模式，在这个过程中，我们从特殊儿童的实际需求出发，着重于中山市特殊儿童的入学安置评估服务和后置性评估服务。通过培训优质师资、建立工作机制，以精准评估为依据，努力推动中山市特殊需求学生在普通学校的融合教育工作。

**案例 2**：西西，智力障碍，5 岁，东区某幼儿园学生，学习和社交沟通上存在很大困难。西西的妈妈非常注重孩子的学习，一直对其进行康复训练。西西该上小学了，为了让西西尽可能地融入社会，妈妈希望西西能够在普通学校进行随班就读。为了详细了解西西的情况，妈妈选择带着西西在中山市特殊教育指导中心进行全面评估，了解孩子各方面的情况。中山市特殊教育指导中心评估教师根据西西的具体情况，选择修订毕保德图画词汇测验、中山市特殊需求学生鉴定与安置访谈检核表、中山市特殊需求学生鉴定及安置访谈表等评估工具对西西的情况进行了全面的评估，对孩子的感官功能、知觉动作、生活自理、认知、沟通、情绪、社会行为、学科领域学习等多个领域能力进行评估，并给出评估报告和安置建议，方便学校教师在第一时间了解西西的情况，明确西西目前的成就表现水平、选择最佳的教育方案、确定学习目标及评量西西的学习情况。

从上面的案例中，我们可以看出评估是特殊需求学生教学的核心，可以帮助学生更好地融入学校生活。

**案例3**：田田，10岁，板芙某小学四年级学生。田田的班主任反映，该生上课时存在很多行为问题，如上课说话，干扰其他同学，经常不完成作业。田田的妈妈也非常担心他的学习情况，田田从一年级开始就非常抗拒做家庭作业，经常在爸爸强迫下才开始勉强拿出作业本。他完成作业的速度特别慢，经常到半夜十二点还不能完成作业，父母非常疲惫，而田田也已经开始惧怕上学。田田的资源教师反映他写字特别慢，非常讨厌写字，在资源教室上课，只要不要求他写字，一切表现良好。资源教师在和家长的面谈中建议转介田田到中山市特殊教育指导中心给予帮助，以协助找出田田出现这种情况的原因。

接到资源教师的求助后，中山市特殊教育指导中心派专业评估教师对田田进行评估，结果显示，田田的学业成就显著低下，但该生的操作能力和逻辑推理能力特别优秀。更重要的是，这项诊断结果指出田田具有书写障碍，这就可以解释田田为什么那么抗拒书写家庭作业，而不写作业的后果就是直接导致其学习成绩低下，从而发生后续的一系列问题。基于此项结果，教师可以针对田田的情况对其进行调整，比如他的作业可以用电脑协助完成，也可以对其特长进行开发，可以建议该生学习围棋、程序等课程的学习。虽然田田现在还是会有一些问题，不过家长和老师都明显感受到田田对家庭作业态度的改变，上课干扰其他同学的次数也明显减少了。

在这个案例中可以看出评估是学生行为问题改善、潜能发挥和拟订个别教育计划的必备条件。虽然不是所有的问题都能如此轻易地解决，但这已经能够说明评估的重要性和关键性。

## 二、中山市特殊教育评估服务类型和流程

### （一）入学安置评估服务

对申请入读特校或普校的特殊学生，或者已在读（随班就读、特校就读、送教上门）申请转学的特殊学生，中山市特殊教育指导中心免费为其提供鉴定安置评估服务。鉴定安置评估由中心委派专业的评估团队对学生进行全方位的评估（详细流程见图2-2），包括一个观察、两个访谈、三个测验：分别是中山市特殊需求学生鉴定及安置访谈表、中山市特殊教育需求鉴定及安置访谈检核表、中山市特殊需求学生入学鉴定安置评估表、中山市特殊需求观察记录表、修正毕保德词汇测验、视觉动作统整发展测验。通过访谈了解学生特殊教育需求，向家长介绍中山市特殊教育资源，确认家长及学生的安置意愿。通过检核表了解学生的诊断评量结果（包括学生的残疾证信息、医院诊断证明、早期教育等等）和学生的基本能力情况（包括身体的健康状况、感觉、知觉、生活自理、认知、沟通、情绪

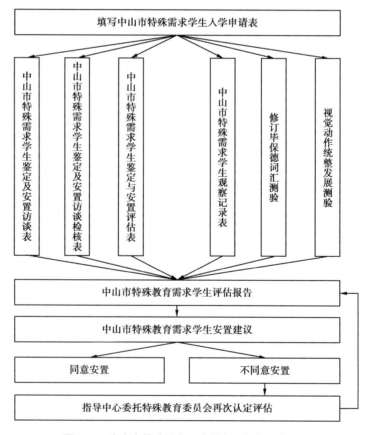

图2-2　中山市特殊教育需求学生入学安置流程图

等九大领域的情况）。入学鉴定安置评估表用于分析学生 7 个维度的能力（包括沟通、认知、精细运动、粗大运动、社交、情绪行为、移动能力）。观察表用于评估过程中对学生的表现进行记录。修正毕保德词汇测验和视觉动作统整发展测验用于进一步丰富评估信息。评估教师团队经过讨论给出学生的评估报告和安置建议，对有异议的由中心委托特殊教育专家委员会再次评估认定。最后，每个学生的评估结果形成一份报告，为后续学生所进入学校的教师了解学生情况，拟订学生的个别化教育计划做好准备。

中山市特殊教育指导中心对于特殊儿童的入学安置评估主要分两种类型，智力障碍儿童和听力障碍儿童入学安置评估，现以智力障碍学生入学安置评估为例详细说明这一流程。

### 1. 家长访谈

家长访谈是中山市特殊儿童教育安置评估中一个重要环节，我们需要在家长访谈中详细了解孩子的各个方面内容，确认家长就读学校意愿（详见案例 4）。在进行家长访谈之前访谈人员需熟悉我市特殊教育资源、特殊教育学校及学生所属地区普通学校特殊教育支持服务内容（是否有资源教室、资源教师、行政支持服务等），了解特殊需求学生的障碍类别和特殊教育需求。在访谈过程中要求访谈人员态度亲切、语气温和，在访谈过程中坚守中立原则，了解特殊需求学生身心及能力现况、特教需求、特殊状况的处理方式与注意事项。访谈结束后访谈人员根据学生实际情况与需求提出适合的入学安置建议，并请家长在优先考虑孩子的需求基础上，提出自己期望的安置形式。安置结果会充分考虑家长的安置意愿，再结合学生评估实际情况，由中山市特殊教育指导中心提交中山市教育和体育局审核通过。如有异议，中山市特殊教育指导中心邀请特殊教育专家委员会再次评估。

**案例 4：** 彬彬，男，8 岁，智力障碍四级，韦氏智力分数 62 分。最早在中山市某医院确诊，2 岁左右开始在中山市某医院做康复训练。4 岁左右去中山某中心幼儿园半年，老师反映该生在校期间不与其他小朋友交流，常发脾气。家长主动申请退学，后转去残疾人某幼儿园就读至今，在此期间彬彬情况有所改善，表现良好。彬彬曾患有癫痫，目前有两年左右没有发作，不需要吃药。味觉比较敏感，特别挑食，喜欢吃辣的食物。粗大动作、精细动作、手眼协调、平衡能力等都很好。生活自理方面，彬彬可以自己用勺子吃饭，能独自大小便，可以自己穿脱衣服，能帮助大人做简单的家务，比如扫地、洗碗等。可以自己刷牙洗脸，但洗澡时不会洗头发。认知能力方面，彬彬注意力能坚持 5 分钟左右，模仿能力、记忆力、推理能力还可以，与普通小朋友相比大约落后一岁半。彬彬对日常生活中的语言理解和表达能力还可以，能够理解交流简单的句子，对复杂的句子很难理解，不会用文字进行表达。不会主动与他人进行交流。彬彬平常很难控制自己的情绪，容易冲动，很怕受到挫折。在学科知识方面，彬彬能从 1 数到 100，会 5 以内的加减法，认识 20 个左右的汉字。能够画简单的汉字，会看自己喜欢的绘本。在访谈中了解到，彬彬家中无兄弟姐妹，父母有些溺爱孩子，家庭关系和谐，经济状况良好，父母期望该生能进入普通学校接受普通教育。

### 2. 学生评估

对特殊儿童进行能力评估是中山市特殊儿童教育安置的另一个重要的环节，在进行学生评估之前评估人员需先熟悉评估工具使用规则，了解特殊需求学生评估工作注意事项。在评估过程中要求评估人员语言亲切、态度温和，在评估过程中坚守中立原则，保持客观实事求是心态。评估结束后评估人员需根据学生实际情况撰写评估报告，给出适合学生需求的安置建议。下面是评估人员在评估之后，对彬彬相关情况的表述。

> 彬彬，在评估过程中能安静就坐，评估当中即使过程冗长有些许的不耐烦，也不会离开座位。能听从评估老师的指令，注意力稍微不集中时，及时提醒可以拉回彬彬的注意力，语言表达能力很好，能与老师进行一问一答的交流，会唱歌，认知能力不错，能够写简单的字，会算 5 以内的加减法。运动能力与同龄孩子无异。运用 PPVT 对彬彬进行检测，彬彬在测验中获得原始分数 86 分，标准分数 114 分，百分比 82%，该生理解词语水平与同龄人相比，比 82% 的人都好。

### 3. 召开入学安置会议

家长访谈和学生评估之后，评估老师需要综合两份资料给出初步的教育安置建议，最终安置结果需要通过召开入学安置建议确定。中山市特殊儿童教育安置会议由以下成员组成：参加该生家长访谈人员、该生能力现况评估人员、中山市特殊教育指导中心成员和特殊教育专业委员会成员组成。

根据 2017 年最新修订的《残疾人教育条例》关于适龄残疾儿童、少年"融合为主、分层多元安置"的原则（见图 2-3），结合彬彬的实际情况和家长的教育安置意愿，给出彬彬的最终安置意见为就近入学普通学校随班就读。中山市特殊教育指导中心会定期跟进随班就读孩子情况，及时给出建议，帮助孩子尽可能地融入普通学校的学习生活。

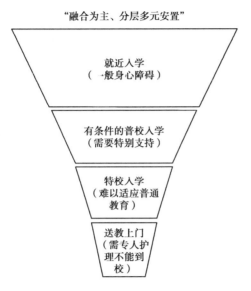

图 2-3　中山市特殊儿童教育安置形式

### （二）在读学生的评估服务

对于在读学生的教育评估服务参照如下流程（见图 2-4）：家长或教师需按照教育评估工作流程填写《中山市特殊需求学生基本资料》，收集学生目前出现的主要问题、已采取的措施、医疗诊断、家庭教养方式、家庭教育环境等信息。评估教师综合分析学生情况，为学生选择适合的评估工具进行评估。评估结果以报告的形式反馈给教师和家长，从而为在读的学生提供教育教学指导策略。

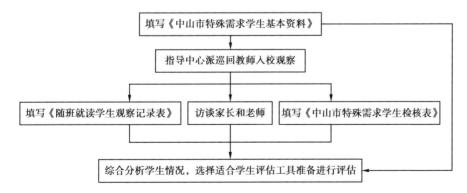

图 2-4　中山市特殊需求学生申请评估服务流程图

在巡回指导过程中我们也会根据需要入校评估（见图 2-5），入校评估一般都是根据教师填写学生情况，评估教师提前准备相关的评估工具去到学生目前就读学校对学生进行评估。评估结束后，评估教师负责把评估结果以报告的形式反馈给学校和家长，并给出适合的教育建议。

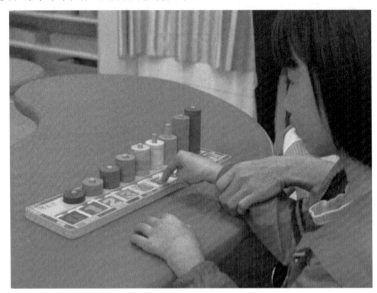

图 2-5　评估教师正在对学生进行认知能力评估

**案例 5：**澄澄，10 岁，沙溪某小学四年级学生，特别抗拒写作业。父母希望能够得到中心支持。我们了解到，该生性格开朗，学习成绩不理想，班级后五名学生。据该生的母亲讲，该生从一年级开始就抗拒写作业，需要父母监督才能勉强完成，经常因为写作业而熬夜到半夜 11 点，基本就是"不写作业母慈子孝，一写作业鸡飞狗跳"的场面。经过长期的斗争，家长终于放弃让孩子写作业，目前，澄澄的大部分作业都不能完成，班级老师十分头疼。资源老师针对澄澄的情况，计划给他补一下文化成绩。资源老师发现澄澄到资源中心读书、活动都可以，就是抗拒写作业。为此，资源老师找到中心希望能弄明白澄澄为什么如何抗拒写作业。

征得家长的同意后，中山市特殊教育指导中心教师对澄澄进行了评估，根据澄澄的情况，我们怀疑澄澄是患有学习障碍的孩子，为此我们对孩子进行智力测验和小学生读写障碍测验。测验结果显示，该生智力中上，在言语理解、知觉推理、工作记忆、加工速度几大领域的优弱势分析中，发现澄澄的知觉推理水平显著高于同龄人。由于澄澄存在读写障碍，根据以上结果可以建议家长有针对性地对澄澄进行手部小肌肉锻炼、书写训练。澄澄的作业也可以尝试换一种方式作答，视孩子情况而定。建议家长和老师培养澄澄的特长，发掘他的潜能，通过特长的培养，给孩子树立自信，以优势带动弱势。身边还有这样一个例子，一名自闭症儿童，小学四年级从普校转到特殊教育学校，开始他总是低着头，见到老师也从不打招呼，偶然的机会，老师发现该生在音乐上比较有天赋，于是开始训练孩子吹陶笛，带他参加各种比赛，还拿了很多国家级奖项。现在该生特别自信，见到老师话也多了，还做起了小老师。

## 三、中山市特殊儿童教育评估功能

特殊儿童教育评估是为了帮助他们更好地融入普校，通过评估了解儿童的身心特质和发展特点，为干预特殊儿童的行为问题找到切入点，为家长和教师提供适合的教育建议。其具体功能包括：帮助家长和普通学校教师分析学生的发展情况，给教师和家长提供相对科学的教育建议，为学生个别化教育计划的拟订和实施提供依据；分析学生出现问题的原因，为资源教师和任课教师的康复训练和课堂教学调整策略提供支持；为家长提供合理的家庭教育建议，为学生的家校共育提供专业的支持。

### （一）为学生的教育安置及个案跟进提供依据

中山市特殊儿童教育评估是对有特殊教育需求学生进行评估，辅助家长和普通学校教师分析学生的发展情况，给教师和家长提供相对科学的教育建议。除此之外，还为学生个别化教育计划的拟订和实施提供依据，并且管理中山市特殊教育需求学生的评估信息。

#### 1. 申请入学的特殊需求学生的鉴定安置评估

每学年都有一批特殊需求学生进入普通学校学习生活，如何让这批学生快速地适应普校的生活，需要教师和家长的共同努力。为了让普校教师第一时间全面了解学生的信息，尽快熟悉学生的情况，同时让家长做好幼小衔接的准备，中山市特殊教育指导中心每年四月份到五月份都会为所有有特殊教育需求的学生进行鉴定安置评估，鉴定安置评估每年进行一次，新入学有特殊需求的学生都可以申请评估。每位申请者需完成中山市特殊教育需求学生入学鉴定及安置会谈表、中山市特殊教育需求学生入学鉴定及安置检核表，并配合完成感官功能、知觉动作、生活自理、认知、沟通、情绪、社会行为、学科领域学习等多个领域能力评估，最后经由评估团队给出评估报告和适合学生的最终科学的入学安置建议。鉴定安置评估比较侧重对学生的能力进行评估，同时评估老师会观察学生的情绪和安坐情况，目的是筛选出适合普通学校随班的儿童。之后，围绕学生的能力现况、所需的支持、家长的安置意愿、所属片区的融合教育情况等与家长进行讨论，给出入学安置的详细建议，但最终的安置方式以家长意愿为主。中山市特殊教育指导中心会对特殊需求学生的评估报告存档保存，并移交复印件给移交学生本人入读的学校。入读特殊学校的学生，评估报告可以帮助特校老师提前了解学生的情况，方便教师拟订学生的 IEP；入读普通学校的学生，中心视学生需要组织转衔工作会议，将评估报告提前提交到学生即将就读学校，让学校教师提前了解学生情况，做好相应准备，向家长解释评估报告的具体内容，分析学生入读普校可能会遇到的问题，指导家长提前做好准备。

**2. 已在读的特殊需求学生的评估**

中山市特殊教育指导中心除了每年的定期的入学鉴定安置评估外，还常年开展特殊需求学生各方面的评估服务。通过入学鉴定安置评估推荐入读普通学校的随班就读儿童只占据了一部分，还有相当一部分特殊需求儿童直接入读了普通学校。其中部分儿童在幼儿园时障碍不明显，但上了小学后，相关问题逐渐凸显出来；而部分儿童虽然障碍明显，但家长不愿意承认孩子存在这样的问题或者由于缺乏科学的育儿经验而一直没有发现孩子的问题。

**案例 6**：小牧，听障学生，坦洲某小学三年级学生，父母在孩子三年级的时候发现孩子听不见。在此之前，家里所有人都以为这个孩子比较文静、害羞、不喜欢讲话。直到上了三年级，班级老师向中山市特殊教育指导中心反映从来没有听过这个孩子讲话，我们建议家长去医院检查，排除是否听力存在问题，事情才水落石出。家长非常惊讶，他们说孩子出生的时候，听力筛查并没有问题，可能是成长的过程中某种原因导致耳聋。现如今已经错过孩子的最佳治疗时期，这个孩子后来转入特校就读，也装了人工耳蜗。目前，康复效果良好。

类似小牧这样的特殊需求学生在日常的巡回指导中还有很多，需要通过评估来找出他们出现问题的原因，因此，日常的评估是中心评估工作的一个重要组成部分，通过评估，找出学生问题的原因和优弱势，指导家长和教师发展其优势能力进而帮助孩子建立自信。中心的老师在评估中遇到一个 7 岁的儿童，最令家长和老师头疼的是他一直不写作业，经过评估发现该儿童的口头语言、理解能力等均能达到同龄儿童水平，但在知觉动作—技能上的发展仅达到 3 岁水平。为此，中心的老师给出了知觉动作—技能方面的训练建议，并指导家长调整儿童的作业方式减少该儿童障碍。经过调整和康复训练，该儿童目前已经能够配合书写部分作业，家长和老师都反映该生情绪慢慢变好了，学习和生活上都有了一定的进步。由此可见，精准的评估有利于推动特殊儿童的在普通学校更好地融合。

**（二）为教师提供教育建议**

中山市特殊教育指导中心对学生进行评估后，负责评估的教师要把评估中了解到的学生情况尽快反馈给学生的资源教师和班级的授课教师，分析学生出现问题的原因，与该生的资源教师和班级的授课教师共同研究解决教育教学、康复训练中遇到的困难和问题，为资源教师和任课教师的康复训练和课堂教学调整策略提供支持。

　　**案例7：**童童，自闭症谱系障碍学生，南朗某小学一年级新生。在幼儿园上学期间，没有建立起规则意识，都是随心所欲地做事。上到小学后，自由散漫的生活习惯让他无法适应一年级的生活学习，在课堂上随意走动、哭闹，有时候还会走出课室，重复讲话，不听从教师的指令。普通学校的老师几乎从来没有遇到这样的小朋友，往往不知所措，随后申请了中山市特殊教育指导中心给予支持。经过现场观察和评估，我们高度怀疑童童疑似自闭症，后建议家长寻求医疗诊断并最终经医院诊断为自闭症。评估中发现，童童的言语理解能力比较弱，低于平均值3个标准差以上，不过，在知觉推理、工作记忆以及加工速度上都与同龄儿童相差不大，有些维度甚至高于同龄儿童。但因其语言理解能力较弱，可能会影响童童的学习和生活。

　　根据学生的实际情况中山的老师给童童的老师提出以下建议：

　　1. 培养孩子听指令的能力

　　根据该生目前的情况，教师可考虑为该生拟订听从教师指令的目标，如请坐好，有需求请举手等。如果该生能够做到听从指令，给予相应的奖励，可以是红花，也可以是其他物质奖励。该生喜欢资源教室，也可奖励他去资源教室玩耍一次等，根据该生的情况适当调整，直到该生能够听从指令为止。

　　2. 建立视觉提示系统

　　自闭症儿童对时间概念理解有困难，记忆力较弱，往往对不了解的事情感到不安，视觉提示对他们显得尤为重要。因此，建议老师根据该生的能力，运用文字卡或图片卡的提示制作成活动内容时间表，这就相当于让该生知道下一步要做什么，给予视觉提示，这样可以减少该生的焦虑感。据老师反映该生早上总是忘记交作业，我们就可以为他制作一个视觉提示卡，在老师的指导和提示下，反复操作，最终形成这一行为，在这个过程中家长要充当好协同教育者的角色，和老师一起督促孩子完成任务。具体可以这样操作，把指定目标行为"完成作业"，分成"写作业"和"交作业"两个步骤，用魔术贴将图卡按照顺序贴在视觉提示表上，制作两份分别挂在教室和家中。在家中完成"写作业"后，把"写作业"图卡摘下来，表示这一个目标已经完成；在学校完成"交作业"时，把"交作业"图卡摘下来，交作业的目标就这样建立起来了。

　　3. 通过同伴互相帮助

　　自闭症孩子人际交往能力较差，需要教师多为该生创造融入班集体的机会，让该生尽可能多地参与到班级的活动中来。可以安排本班交往能力较好的学生与该生多交流，多创造与同学一起合作的机会，如与同学一起大扫除等。

### （三）给家长提供家庭教育的指导

中山市特殊教育指导中心对学生教育评估结束后，负责评估的教师还要把评估结果反馈给家长，并详细了解学生在家中的表现，和家长共同研究解决学生在家庭中的教育问题，为家长提供合理的家庭教育建议，为学生的家校共同教育提供专业的支持。以童童为例，我们给家长提出了如下指导建议。

#### 1. 通过图片、绘本建立规则意识

家长可以购买一些涉及生活中各个场景规则的绘本，也可以和孩子一起观看规范行为的视频，引导孩子如何遵守生活中的规则。如上课时应该怎么做，安静、举手、认真听讲等。家长也可以和孩子一起制作一些图文并茂的绘本，让孩子更加深刻地理解生活各个领域的规则，反复练习，逐渐将生活中的规则内化，进而应用到实际的生活场景中。

#### 2. 家长多与孩子进行沟通与交流

自闭症孩子缺少与他人主动沟通的能力，日常生活中家长要引导孩子多与他人沟通，尽量让孩子学会表达。我曾遇到过一个孩子的家长向我们诉苦说孩子 7 岁了还不会讲话，经过观察发现，孩子不是不具备说话的能力，而是缺少讲话的机会。该家长相当溺爱，事事包办，孩子想要什么，只要一个眼神，一个手势，家长立马办到，导致孩子根本不需要讲话。后来我们与家长沟通要多给孩子创造表达的机会，让孩子尽量用语言表达自己的需求，一年之后家长惊喜地告诉我们他的孩子已经能开口讲很多话了。因此，我们要求家长多创造与孩子交流的机会，让孩子多开口讲话。

#### 3. 提供创造性的活动和游戏

建议家长多和孩子一起做一些游戏，如可以一起玩轻黏土。超轻黏土是一种综合创作性活动，集趣味性和创造性于一体，孩子通过揉、拧、压、贴、搓的形式直接接触物体，不但能培养孩子的创造能力，也可增强自闭症孩子的触觉感受，提高眼手协调能力。

#### 4. 多和孩子玩提升注意力的游戏

该生注意力不集中，家长可以在家多陪孩子玩安静且须集中注意力的游戏，如积木、串珠、画图、听音乐、看故事书等。最好是在大人陪伴下由简短的开始，再有计划地逐渐拉长时间、增加难度。这个孩子家庭氛围较好，很好地执行了老师的建议，该生二年级的时候已经能够很好地适应班级的学习生活。

## 四、中山市特殊教育评估相关保障

### （一）制定评估工作机制，提供制度保障

#### 1.特殊教育专家委员会制度

中山市特殊教育专家委员会由市教体局联合市卫健局、市民政局、市残联共同设立，根据需要召开工作会议，开展相关工作，具体事务委托市特殊教育指导中心协调安排。教育、民政、卫健、残联按照各自职能，各司其职，保障残疾人教育专家委员会工作有序开展。工作中涉及特殊儿童少年隐私，相关信息仅可被用于对特殊儿童少年实施教育、康复，所有相关人员对隐私信息负有保密义务。

中山市特殊教育专家委员会的组成人员，由中山市教育和体育局聘请教育、心理、康复、社会工作等方面专家及家长代表担任中山市特殊教育专家委员会专家库成员，特殊教育专家委员会组成，若有成员变动，需由其本人报请委员会批准。由中山市特殊教育指导中心从专家库各组别成员中按不同比例随机抽取成员承担当年度专家委员会工作。委员会设常务秘书一名，由市特殊教育指导中心常务副主任兼任，负责日常运作、会议召集、资料汇集、信息发布等工作。

中山市特殊教育专家委员会负责审核确认市特殊教育指导中心提出的特殊儿童少年教育安置建议及随班就读学生认定建议；接受各级教育行政部门，委托，对教育安置或随班就读认定有异议的特殊儿童少年进行二次评估并再次出具安置或认定意见；为本市特教事业发展、特教师资队伍建设、特教课程设置与实施、特教质量评估等工作提供专业指导建议；对本市适龄残疾儿童、少年的其他教育问题如合理便利服务等提供专业意见。

#### 2.中山市随班就读学生认定机制

随班就读学生是指在普通学校就读的视力残疾、听力残疾、言语残疾、肢体残疾（包括脑瘫）、智力残疾、精神残疾（包括自闭症谱系障碍）、多重残疾等残障学生及学习障碍、情绪行为障碍等其他有特殊教育需要的学生。随班就读学生认定是确定随班就读学生特殊教育需求的重要途径，是随班就读学生享受特殊教育服务权益的重要依据，也是教育行政部门决策及资源投入的重要依据。随班就读学生依法享有各项特殊教育服务权益。随班就读学生的认定以中山市特殊教育专家委员会出具的意见为准。对持有残疾证的，参照残疾证上的残疾类别及残疾等级等信息进行认定；对无残疾证、但持有1年以内三甲以上医院明确诊断结论资料的，参照诊断信息进行认定；对无残疾证或三甲以上医院诊断资料的，由家长先带学生到三甲以上医院诊断并上交诊断结论资料；参照诊断信息进行认定。

中山市随班就读学生认定程序（见图2-6），监护人提交书面申请及学生残

疾证信息或三甲以上医院诊断资料。普通学校进行筛查转介、资料审核收集，镇街教育部门再次审核后统一报送中山市特殊教育指导中心。中山市特殊教育指导中心受理申请并根据需要组织特殊教育评估工作，出具初步意见。中山市特殊教育专家委员会对中山市特殊教育指导中心出具的初步意见进行审核认定。中山市特殊教育指导中心将已认定的随班就读学生信息录入市特殊教育信息报告系统，将结果汇总上报中山市教育和体育局并反馈各镇街教育主管部门；各学校对已认定的随班就读学生，在其学籍系统进行标记。随班就读学生特殊教育评估，应包括健康状况、感官功能、知觉动作、生活自理、认知、沟通、情绪、社会行为、学科（领域）学习等；并根据学生的需求选择必要的评估项目，在评估报告中注明优弱势能力，所需教育安置、评估、环境调整及转衔辅导等建议。对已认定的随班就读学生，其障碍类型改变、优弱势能力改变或有其他特殊需求时，需申请

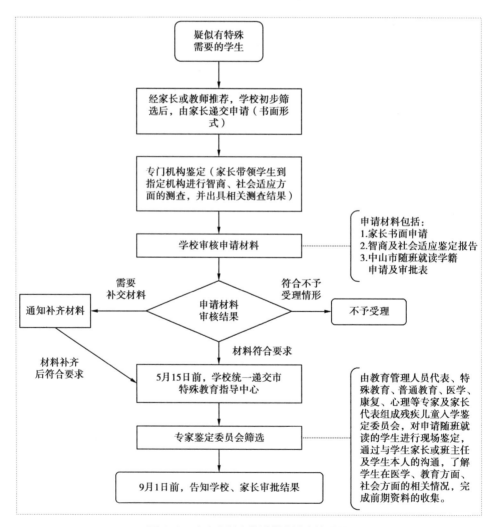

图2-6　中山市随班就读学生认定流程图

重新认定或撤销随班就读认定的，由其监护人提交书面申请。对于认定结果发生变化的，对其在中山市特殊教育信息报告系统及学籍信息系统中的相关信息进行变更。除持有残疾证的学生之外，一般从小学二年级开始申请随班就读认定，小学六年级和初中学生原则上一般不再新申请随班就读认定。

3.评估服务评价制度

建立评估服务评价制度，能收集到来自家长和教师的反馈信息，及时了解评估服务的作用和效果，进一步明确融合教育环境下学生的评估需求，有利于特殊需求学生评估服务的改进。目前，中山市特殊教育指导中心一般采用开放式访谈的方式了解学校和家长对评估服务的满意度，收集学校和家长对评估服务的改进意见与建议。

### （二）丰富评估工具，提供工具保障

为满足中山市特殊儿童对评估工具的需求，中山市特殊教育指导中心人员通过入校观察、教师访谈、家长会谈、查阅资料、实地考察、专家引领以及总结实际工作中遇到的问题，梳理了当前中山市特殊需求学生需要评估的工具种类，先后购买了多种评估工具，包括各种智力测验工具、生活适应能力测验工具、语言理解能力测验工具、儿童各种发展能力筛查工具、学习障碍筛查工具、学科能力评估工具、听力评估系统、心理评估系统等20余种评估工具，以保证满足特殊儿童的各种评估需求。

### （三）培训评估师资，提供师资保障

评估服务需要教师具备专业的评估资质，因此，在巡回指导教师中选出一批具有相关专业背景人员进行专业资质的培训十分关键。中山市特殊教育指导中心通过全面性培训和专项培训，培养了一支较为稳定的具备专业评估能力的巡回指导教师团队。2017—2019年，中山市特殊教育指导中心邀请了台北市西区特教资源中心前主任罗心美老师围绕特殊教育评估开展了一系列的全面性培训，并邀请她在培训时间之外定期对评估服务教师进行指导（每学年两次，每次为期一周左右），解决评估教师评估过程中遇到的问题、困难和疑惑，以此保证和提升评估服务质量。此外，中山市特殊教育指导中心选派优秀教师接受专项培训（如韦氏智力测验的相关培训），目前有9位老师通过专业资质的学习考试认证并获得相关资质证书。

## 五、中山市特殊需求评估服务成效

### （一）有助于个别化教育计划的实施

自 2017 年开始，中山市特殊需求学生评估服务全面铺开。每年入学鉴定安置评估近 200 人，通过入学鉴定安置评估，可以让教师在短时间内掌握学生第一手资料，了解学生各个方面的情况，包括学生的早期教育情况、智力测验结果、适应量表结果、学前辅导记录、特殊状况处理、健康状况、感官功能、知觉动作、生活自理、认知、沟通、情绪、社会行为、学科领域学习、家庭生活状况和家长教养方式等等，有助于教师快速地拟订学生的个别化教育计划，利于学生的学习生活。每年评估在校生 30 多人，帮助老师找出学生出现问题的症结所在，实时调整学生的学习方式和康复训练，有助于学生个别化教育计划目标的达成。

### （二）评估有效地推进了特殊需求学生的融合

中山市特殊指导中心一直坚持用行动说话，以研究指导实践，对每一位特殊需求学生进行追踪，遵循"行动、反馈、再行动、再反馈"的原则，将每一位特殊需求学生的成长和发展都视为一个研究个案。优质的评估服务很大程度上解决了学生在普通班级中情绪、行为、适应等问题，有效协助班级教师和资源教师调整班级管理策略、课程学习和康复训练，为家庭教育提供策略支持，更好促进特殊需求学生有效融合。

我们在巡回中曾经遇到这样一个学生。班主任老师在该生二年级的时候开始教授该生所在班级，据老师反映，该生平时很活跃，很积极地参与班级活动，上课也能做到很安静听老师讲课，但在给生字注音、组词，或者要求在课堂上做笔记的时候，他就不动手去写；当老师检查作业时，他就假装在抽屉找作业，然后谎称找不到。该生家长反映，孩子在数学方面理解能力还可以，在语文认字、写字和阅读方面出现了很大的困难，记不住、容易遗忘、抄写词语时经常写反、读书时经常跳字跳行，写字笔顺很多都是错的，专注力不够，做作业的时候一两个小时只能写两三个字。为此家长很头疼，辅导孩子作业时很容易控制不住自己的情绪，有时候甚至会使用暴力。孩子已经出现抗拒写作业的行为，情绪波动很大。该生的老师和家长都很困惑，孩子看起来和其他同学没有区别，怎么写作业就这么困难呢？于是老师联系中山市特殊教育指导中心请求给予帮助，中心的老师在评估后，给教师和家长提供了教育干预的策略，取得了较好的效果。

**案例 8：**程程，男，8 岁，医生诊断为多动症，在普通学校就读三年级。有一定的理解能力，专注力不够，表现为上课坐不住，识字、写字和阅读方面都出现了很大的困难，字词经常记不住、容易遗忘、读书时经常跳字跳行，目前孩子已经出现抗拒写作业的行为，情绪很大。该生的老师和家长都很困惑，程程看起来和其他同学没有区别，为什么会出现这么多问题呢？于是找到中山市特殊教育指导中心老师进行救助。

中心老师在和家长的访谈中了解到爸爸曾带个案去医院心理科看医生，医生出具了多动症的诊断并给予药物干预，老师反映服药期间在课堂上比较安静。在访谈中家长提到程程的数学成绩还可以，基本能达到及格水平，语文识字、写字困难，容易遗忘，抗拒写作业，容易发脾气，不愿意听家长的话；书写笔顺不正确，东西记不住，抄写词语时写反字，读书时经常跳字跳行；学习专注力不够持续，做作业或者写字，一两个小时只写两三个字。妈妈比较有耐心，爸爸会控制不了自己的情绪出现暴力行为。在和班主任的访谈中了解到，班主任老师是从三年级开始接手该班，刚开始觉得程程跟其他孩子没什么区别，上课会积极举手发言，下课也很活跃，但就是不喜欢写作业，给老师的第一感觉就是懒惰，老师担心程程是不愿意做作业已经形成了习惯。程程的学业成绩也不理想，语文只能考二三十分，数学比语文稍好，能达到及格水平。

根据家长和老师的描述，我们怀疑该生可能伴随某方面的学习障碍。参照我国台湾地区学习障碍鉴定流程，中山市特殊教育指导中心评估教师运用特殊需求学生特征检核表、韦氏智力测验、识字量测验、阅读测验，结合教师访谈和家长提供的医学诊断证明对学生出现的问题行为进行筛查，中心老师出具了如下的评估结果：

程程家长曾带他到医院进行过视力检测，发现他有一点散光，并佩戴了矫正眼镜，两个月左右恢复正常后就不戴了。不过在家长提供的感觉统合检核表中提到程程的视觉空间及形态感觉功能轻度失调，学习和情绪状态严重异常。据程程的爸爸讲，他曾被医院诊断为多动症，服过一段时间的药物，服药期间多动情况有所改善。为找出程程出现问题的症结，我们先用《特殊需求学生转介量表》进行检核，检测结果显示程程在感官障碍、智能障碍、学习障碍、情绪障碍、多动症以及自闭症几个方面均高于切截分数，尤其是在智能障碍、学习障碍和情绪障碍方面。

在征得家长同意情况下，我们请专业评估教师对其进行智力测验。测验结果显示程程在言语理解指数、知觉推理指数、工作记忆指数、加工速度指数以及总智商分别为：113、110、85、102和105。从以上数据可以看出程程无论是在全量表，还是分量表指数上都高于85分，初步判定他符合学习障碍诊断标准。我们对他的识字量情况进行检测时，由于目前还没有针对不同阶段儿童识字量的量化标准，结合本地区小学生的识字标准，并考虑他刚刚入读三年级的情况，我们选用本地小学生一年级、二年级识字表对其识字量进行测量。在测量过程中发现他在认读的过程中出现多次跳字、跳行情况，一年级识字表 162 个字中读错 9 个、漏 4 个（据妈妈讲在家里一直在给孩子补习一年的生字）；二年级上学期识字表，共计实测 80 个字，出现错字 34 个，还有一百多个字都不能认读。同时选用了二年级的阅读题，原文如下：周末到了，一个叫"小马虎"的同学扛着一把铁锹，提着一棵小树苗和一块写着"爱护小树"四个大字的木牌到郊外的山坡上种树。到了山坡上，"小马虎"选了一块土质松软的地，然后开始挖坑。他把铁锹往地上插，再用脚使劲地踩着，最后把铁锹往上撬，不一会儿，一个坑就挖好了，这时"小马虎"也满头大汗。他顺手抓起牌子往土里一插，然后用脚把土踩平踩实，就哼着小曲回家了。小树苗躺在地上，望着主人离去的身影，泪水模糊了它的双眼，心里默默地喊着"粗心的小主人，真是名不虚传呀！"

我们常人一般一分钟能读 150 到 200 个字左右。上文一共 226 个字，程程却读了足足两分四十五秒，在阅读过程中磕磕绊绊，不流畅，很多地方断句不当，有些字声调不对，漏字、跳字、错字、添字情况严重，平均四五个字左右漏掉一个，中间伴随跳字，两个字的顺序颠倒，还有错字和添字的情况，比如把"名不虚传"读作"不名传"，把"土质松软"读作"土轻松的"，把"周末到了"读作"末到了"；错字也非常多，像把"汗"读作"干"，把"粗"读作"壮"，把"铁"读"钢"，添字情况也比较严重，比如"木牌"读作"树木标牌"，把"双眼"读作"两双眼睛"等。尽管如此，他还是能部分理解短文的意思。当我们问小马虎种好树了吗，他说没有；问他小马虎种了什么，他说种了牌子。但是当我们把文章读给他听的时候，他又能完全理解文章的意思。

我们又对程程的数学情况进行了测验，发现他在口算计算方面没有问题，但理解题意的时候会出现困难，当老师帮助他读题后，他能够理解意思并给出正确的答案。

结合阅读障碍诊断标准，根据以上检测结果，评估老师基本能够确定他是阅读障碍儿童且伴有多动。因此我们确定问题行为改变目标为：通过家庭和学校介入，调整识字方法、阅读方式、坚持运动和培养特长，改善该生学习问题行为，提高学习成绩，挖掘学生特长，提高学生生活质量。

考虑到程程是小学低年级儿童，我们建议家长和教师进行补救性教学。家长可以先增加孩子识字量，给孩子设定学习目标，如孩子应该学习的识字量为 350 个字，可以设定学习目标为 400 个字。同时，结合程程识字困难的情况，我们给家长提供了如下的具体建议。

我们经常根据一个字形象、声音和词义三种特性进行记忆，但很多识字困难的儿童，缺少把字拆分和整合的能力，习惯一笔一画地记忆一个字，因此，我们可以从四个方面入手对程程进行训练。

第一，根据汉字字形和字音记忆汉字进行联想记忆，如人 人、口 口、手 手、木 木等等，根据字形记忆汉字。可以购买《有趣的汉字》等类似的书籍或者在网上下载资源，自己制作卡片，每天利用 10 分钟左右的时间和孩子玩汉字游戏，帮助他记忆。据统计，现代汉字中有 90% 都属于形声字。形声字如"肖、梢、悄、宵、哨、捎"，"良、朗、浪、郎、狼"等，把这些汉字和孩子一起总结归类制成卡片，再配合联想记忆法让孩子记忆汉字，比如：记住了"肖"字，加上木字旁就读树梢的"梢"，加上口字就读口哨的"哨"等，让孩子把事物联系起来进行记忆。每天用 10 分钟左右的时间进行形声字联想记忆，也可以和孩子一起演一演增强对汉字的记忆。利用整合记忆法，对照一、二、三年级语文识字表，一个一个字确认学生可以辨识的汉字，利用孩子已认识的字或者是字的偏旁，组合成字，学习新字。如孩子认识"里"，也认识"王"，把"里"和"王"组合在一起形成一个新的"理"字，教孩子把已经认识的"山"和"高"组合在一起形成新字"嵩"等，把已有旧知识和新知识整合在一起帮助学生识字。可以每天和孩子玩整合汉字的游戏，比一比看看谁拼出的汉字多，让学生在游戏中学习新的知识。另外，我们让学生从一年级语文识字部分开始，利用联想记忆和整合记忆法每天学习一部分汉字。根据艾宾浩斯记忆曲线原理，为了防止学生遗忘，字词要反复循环学习，在家里挂一块黑板，把每天要学的汉字和已经学习过的汉字都抄写在黑板上，每天坚持大声朗读几遍，增强记忆防止遗忘。

第二，建议孩子坚持每天出声朗读课文。对于阅读障碍儿童来讲，阅读是特别困难的事情，而朗读学习过的课文不仅可以复习学习过的汉字，还可以增强孩子朗读的信心。可以从一年级最简单的课文读起，每天坚持朗读 10 分钟，教师或家长可以在旁边监督，看看孩子有没有发生跳字跳行的情况，反复地纠正。除此之外，我们还要求程程坚持每天读课外书半个小时。鉴于他跳字跳行严重，建议用手指点读，同时，家长在身边检查孩子的阅读情况，尽量做到少漏字少跳行。通过大声朗读学习过的课文，可以让孩子集中注意力，在读的过程中锻炼语感。

第三，鉴于程程被医生诊断为多动，建议家长配合医生建议的同时，多带孩子运动，帮助他改善注意力不足和多动的情况，缓解紧张情绪，调节学习和压力带来的疲劳感。

第四，阅读障碍的孩子往往会出现与低学业成就有关的情绪、行为问题以及自信心不足等问题。为此，我们建议家长培养孩子一些特长，希望以优势带动弱势，在培养特长的过程中让孩子建立自信，在健康快乐的环境中成长。我们在评估过程中发现程程的知觉推理能力不错，所以建议家长可以给孩子多玩一些拼图、乐高、魔方等游戏锻炼孩子思维能力，也可以培养孩子编程或者设计这方面的能力。

　　经过半年的训练，评估老师对家长和老师进行了回访，在和老师的访谈中了解到，程程现在不仅每天能按时完成作业，课堂上还能动手去完成老师布置的任务，成绩也在一点一滴进步，语文基本上能达到及格水平，这让老师很开心。在和妈妈的访谈中了解到，虽然程程识字还很容易遗忘，但经过运用合理的记忆法和反复记忆，程程的进步还是很大的，识字量也有所增加。现在程程做作业的速度也快了，家长很欣慰。另外，家长在跟孩子玩拼图、乐高、游戏的过程中也发现了孩子在这方面的潜能并进行了培养，程程在进步的同时变得很自信，相应的情绪问题也减少了。

　　2018年，中山市特殊教育指导中心对中山市各个镇街学校的融合教育情况进行了问卷调查，调查结果表明，融合教育理念已经慢慢得到中山市中小学教师的认可。2019年，中山市特殊教育指导中心对评估服务效果进行了调查，了解到家长和教师对指导中心的评估服务非常满意，希望加大评估服务力度。在今后的工作中，我们将继续提升评估服务质量，争取做到精细管理、精准施测、精确发力，更好地服务于学生、学校、家长和教师。

# 第三章 融合教育巡回指导工作

## 第一节 巡回指导工作概述

### 一、巡回指导工作的背景

随着经济社会高速发展，教育公平的理念越来越深入人心，融合教育逐渐成为特殊教育发展的主流趋势。其核心理念从根本上打破了特殊教育与普通教育之间的藩篱，将特殊需要孩子融入普通教育机构和主流社会的实践活动中。《残疾人教育条例》和第一期、第二期特殊教育提升计划明确要求全面推进融合教育，《教育部关于加强残疾儿童少年义务教育阶段随班就读工作的指导意见》对我国融合教育工作的发展做了新的要求和部署。

在我国，融合教育的发展可以追溯到 20 世纪 80 年代末，政府开始倡导并推行随班就读。随班就读是指特殊儿童在普通教育机构中和普通儿童一起接受能满足其特殊需要的教育形式，是中国吸纳现代"融合教育"理念而开展的一种特殊教育办学形式。随班就读能够在教育经费较少的情况下极大地提高残疾儿童的入学率，可以满足残疾儿童就学的需要，不仅符合我国的国情，也符合国际上"正常化"教育原则、回归主流、一体化教育、全纳教育的发展趋势。自 1989 年原国家教委在全国开展随班就读试行工作以来，随班就读工作得到大力的发展，它不仅是我国开展融合教育的主要形式，也是我国特殊教育的重要办学形式，是保障残疾儿童少年平等接受义务教育权利的重要途径，也是社会文明进步水平的体现。

随着我国融合教育的不断发展，许多特殊儿童已经在普通学校就读。教育部《2019 年全国教育事业发展统计公报》显示，随班就读在校生达 39.05 万人，占特殊教育在校生 49.15%。

但同时，由于普通学校中特殊教育专业师资力量不足，所以区域内专门的特殊教育机构必须给普校教师提供相应的支持和指导，由他们来协助普通学校开展融合教育。于是，巡回指导工作便在这样的情况下应运而生了。

## 二、巡回指导工作与巡回指导教师

在融合教育理念与实践的推动下，巡回指导工作为融合教育支持保障体系中的重要模式，逐渐成为世界各国推动融合教育发展的普遍做法，并发展成为一种最经济、最有利、最高效的融合教育支持形式。

在我国，巡回指导是指特殊学校通过派出专业人员，定期或不定期深入到普通学校为特殊学生随班就读工作提供指导、咨询与帮助的一种重要的支持方式，包括面向特殊学生的教育教学、康复训练、心理辅导和专业资源配备等方面的指导和服务以及面向普通班级教师和资源教师的咨询服务。此外，从时间上来看，巡回指导可以分为定期巡回指导和不定期巡回指导；从目的上看，巡回指导还可以分为常规巡回指导和特定巡回指导。巡回指导工作一般由巡回指导教师承担，以巡回教学的方式对一个地区的若干所学校、家庭、医院中的特殊儿童进行定期或专项辅导，同时也为学校教师、特殊儿童家长提供指导[1]。我国的巡回指导教师一般由特教教师担任，通过筛查评估、指导康复训练、协助资源教室管理与运作、案例研究向融合教育学校、教师、家长和学生提供专业指导服务。

## 三、国内外巡回指导工作概况

从国外经验来看，英国 1996 年颁布了教育法，从法律层面上尝试构建一套完善的融合教育体系。在美国，经认证的特殊教育教师采用巡回指导的方式，为残疾学前儿童提供个别化或小团体指导，并为教师和家长提供间接服务和咨询。德国对残疾儿童的一体化教育主要采取团队教学和巡回指导两种模式，其中巡回指导模式是指一个有某一种障碍的学生与普通学生在同一个班级进行目标相同的个别融合。为了满足残疾学生的特殊教育需求，特殊学校的教师作为专职巡回指导老师，为他们提供专业化的支持，帮助残疾学生达到和普通学生相同的教学目标。

在国内，李拉等人在《随班就读巡回指导制度研究》课题中通过调研发现，早期的巡回指导多为自发性的探索，缺乏成熟经验与模式。巡回指导实践中存在很多问题，例如特殊学校与普通学校的有效合作机制问题、巡回指导教师的人员编制以及工作量核算问题、巡回指导经费投入问题和巡回指导评价机制问题等等[2]。由于巡回指导工作缺乏政策支持与制度保障，所以导致巡回指导经常流于形式。

---

1　朴永馨.特殊教育辞典 [M].3 版.北京：华夏出版社，2014：76.
2　李拉.巡回指导：学前融合教育的专业支持模式 [J].现代中小学教育，2013(03)：43-46.

随着融合教育的理念深入人心，越来越多的国内特教同行各自摸索出了符合当地特色的巡回指导工作模式。台湾地区形成了相对完善的巡回指导制度，并且设置专门的巡回指导教师岗位，以及相应的管理制度。台湾地区的学前巡回指导是学前实施融合教育的主要支持服务形态，巡回指导教师主要扮演着咨询者、教练、评估者、团队成员、服务协调者等角色，其工作以合作咨询为主，以教育、照养及教学指导为辅[1]。巡回指导教师的支持服务以入班观察为基础，采用直接服务和间接服务两种方式进行。直接服务以抽离教学为主，间接服务则以团队合作提供咨询较多，在服务时间规划上定期与不定期两种方式同时进行，提供包括评量、教学、行政等支持。北京海淀区特教中心采用渐进式融合的教育安置形式，通过健全组织结构、规范工作机制、优化师资队伍，构建了线性支持网络式的巡回指导模式，并以巡回指导为工作核心，带动融合教育其他相关工作，全面为有特殊教育需要的学生、家长和学校提供专业化的支持服务[2]。厦门市同安区特殊教育学校在推进随班就读巡回指导工作中，基于现代互联网思维构建了一个全面整合教育资源、云平台、教师团队、家长和管理终端的"线下指导、交流，线上教研、咨询"的双向实践模式[3]，有效提升了随班就读工作质量。

由此可见，巡回指导作为融合教育体系中为随班就读学生、家长以及承担随班就读工作的普校提供指导、咨询和帮助的方式，正逐步发展成为推动融合教育的重要举措。

国内外特教同行在巡回指导工作方面做了大量探索，为中山提供了宝贵的实践经验。自2016年成立以来，为进一步推动中山市特殊儿童随班就读工作规范化、科学化开展，提升特殊儿童随班就读教育质量，中山市特殊教育指导中心基于区域内不同学校的需求，持续开展巡回指导工作，并汲取同行经验，努力构建中山市巡回指导工作的体系和制度，扎实做好随班就读学生的个案，积极探索具有本地特色的融合教育巡回指导实践模式。

## 第二节　中山市巡回指导工作的发展历程

伴随我国特殊教育的快速发展，特殊儿童的安置形式及受教育的内涵也发生了很大变化。在政府持续增加特殊教育投入的大背景下，中山市特殊教育学校建设、特殊儿童入学率及特殊教育总体质量均稳步提升，特殊教育学校、普通学校

---

1　曾米岚.我国台湾地区学前巡回指导教师工作的经验与启示[J].现代特殊教育，2018(03)：78-80.

2　王红霞.融合教育巡回指导模式探索——基于北京市海淀区的实践[J].现代特殊教育，2016（17）：16-18.

3　缪珍.构建O2O(1+X+Y)巡回指导模式的实践探索[J].现代特殊教育，2019(07)：21-23.

随班就读和送教上门的运行保障能力也得到了增强。在中山市特殊教育指导中心成立之前，中山市特殊教育学校的教师依托中山市随班就读工作指导中心，承担了随班就读指导的各项工作。近年来，各项融合教育政策文件的出台，有力推动了中山市融合教育更好更快地发展。

中山市的巡回指导工作有两个重要的时间节点，即 2011 年 11 月（中山市随班就读工作指导中心成立）、2016 年 12 月（中山市特殊教育指导中心成立）；依据这 2 个节点划分了如下四个阶段（见图 3-1）。在 2011 年之前是巡回指导工作的雏形阶段，从事特教的教师团队承担着咨询者和帮助者的角色；2011—2014 年是巡回指导工作的探索阶段，中山特校的教师团队按片区承担指导者的角色；2014 年—2016 年是巡回指导工作的成长阶段，除了提供咨询、服务、帮助、指导，教师团队在这一阶段努力汲取经验，加强自身能力，承担着学习者的角色；2016 年至今是巡回指导工作的完善阶段，中山市特殊教育指导中心逐渐完善巡回指导工作的各项规章制度，并招募一批固定的特教教师团队承担全市的巡回指导工作。

图 3-1　中山市特殊教育指导中心巡回指导工作的发展历程

## 一、中山市巡回指导工作的雏形阶段

在 2011 年中山市随班就读工作指导中心成立之前，一些特殊儿童已经在普通学校的班级里随班就读。当普通班级的老师或者家长发现特殊儿童与其他孩子的差异时，会直接向学校汇报。作为学校上级单位的教育事务指导中心或教育局会根据个案情况安排特校的老师到校观察并指导。这一阶段的巡回指导工作尚未系统化、制度化，只是由个别特教教师或普校教师承担随班就读指导工作。可见，中山市随班就读指导工作在这个时期内仍处于不断的摸索之中。

## 二、中山市巡回指导工作的探索阶段

2011 年，在中山特校的推动下，中山市教育局借鉴特教先进地区的经验设立了"中山市随班就读工作指导中心"，开始全面推进中山市义务教育阶段的随班就读工作。随班就读工作指导中心以中山特校为龙头，在市教育局的支持下建立了多级联动机制，成立了"市、镇街、校"三级随班就读工作体系，不断完善"市教育局——镇街文体教育局——中山特校与普校"的组织保障联动体系，不断完善"中山特校——镇（区）随班就读中心校——随班就读学校"的具体实施联动体系，不断完善"特教专家——特教专业教师——随班就读骨干教师——随班就读教师——普校教师"的师资建设联动体系等多元多级联动机制[1]。中山市随班就读工作指导中心这一阶段的主要工作是收集各镇区上交的随班就读学生的名单（一般为每年9月），以此获取随班就读学生的人数、类型、分布情况。中山市随班就读工作指导中心依托特校师资力量，甄选12名具有特教背景且具有一定实践经验的骨干教师担任随班就读指导中心成员，对中山市24个镇区分片区实施包干，落实责任分工。中山市随班就读工作指导中心将所有镇区分成6个片区，每个片区由3位老师负责，实现了特校与镇区间的亲密协作。

中山市随班就读工作指导中心的巡回指导教师通过定期探访、调研、巡回指导活动，加深了普校随班就读教师对特殊学生身心发展的特殊规律和一般性规律的了解，从而在教学实践中做到了尊重差异，因材施教。在此基础上，中山市随班就读工作指导中心建立了镇区随班就读通讯簿和市随班就读工作群、开通了随班就读工作热线和空中家校特教专栏，加强了市教育局、特校骨干教师、镇区特教专干、随班就读学校各级行政与老师间的联系和互动。中山市随班就读工作指导中心通过实地调研，甄选出各镇区随班就读中心校，发挥其示范和带动作用，以点带面地开展工作。2013年9月，中山市率先于一期提升计划一年开展送教上门服务工作，并依托中山特校成立中山市送教上门工作指导小组，对全市的送教上门工作进行管理和指导。

## 三、中山市巡回指导工作的成长阶段

从外部来看，2014年1月国家出台《特殊教育提升计划（2014—2016年）》，2014年7月广东省出台《广东省特殊教育提升计划（2014—2016年）》。在这两份文件的指导下，中山市教育和体育局及中山特校在拟定中山市特教提升计划的过程中，梳理了全市随班就读工作中存在的问题。从内部来看，这一阶段巡回指导教师和普校的资源教室负责教师亟待解决的问题：如何评估不同障碍类型的个案，以及采取何种有效策略来帮助特殊儿童，从而使他们顺利适应主流的校园集体生活。中山市随班就读工作指导中心积极地邀请国内特教专家包括台湾师范

1　汤剑文，林昌.特殊教育学校在区域推进随班就读工作中的作用[J].现代特殊教育，2014(10)：54-55.

大学林宝贵教授，北京师范大学肖非教授、邓猛教授，南京特殊教育师范学院谢明教授、盛永进教授、王辉教授等，台北市西区特教资源中心的罗心美老师等知名专家、学者，开展了多批次的全市随班就读管理干部培训、全市随班就读骨干教师培训、全市随班就读骨干教师智障康复教育资格认证培训、特殊儿童教育评估专题培训、中山市随班就读教师特殊教育业务培训等师资培训工作。采他山之石以攻玉，纳百家之长以厚己，这一阶段巡回指导教师努力朝向专业化方向发展。

### 四、中山市巡回指导工作的完善阶段

为推进中山市融合教育的进一步发展、特教质量的进一步提升，中山市的特殊教育提升计划实施方案要求"依托市特殊教育学校成立'市特殊教育指导中心'，统筹全市特殊教育教研、教师培训和随班就读、送教上门指导工作，制定随班就读教育管理和督导检查方案"。2016年12月，为了统筹、提升全市特殊教育工作，中山市教育和体育局正式设立中山市特殊教育指导中心。中山市特殊教育指导中心是中山市特殊教育发展与提升的管理中心、研究中心、资源中心、服务中心，由中山市教育和体育局主管。中山市特殊教育指导中心的工作立足于加强融合教育督导，保证随班就读、送教上门等工作顺利开展。

## 第三节    中山市巡回指导工作的运行

中山市特殊教育指导中心的成立标志着中山市特殊教育进入了一个新阶段。中心成立后，不断地完善各项工作制度，呈现出分工科学化、服务精细化、管理制度化的特点。为了进一步深化特殊教育内涵，切实提高随班就读质量，中山市特殊教育指导中心积极探索巡回指导工作模式，理顺巡回指导工作程序，健全巡回指导工作机制，并在具体的巡回指导工作中形成了"五个一"的工作机制。

### 一、建立巡回指导的工作机制

#### （一）建强一支巡回指导教师队伍

中山市特殊教育指导中心在成立后，从中山特校选聘了优秀教师专责承担中心日常工作，包括巡回指导等。在此基础上，借鉴特教同行经验，进一步完善了巡回指导教师选聘模式、拟定巡回指导教师招募方案，每年9月份选聘了一批具有康复专业、心理专业、特教专业等背景的教师兼职担任巡回指导教师，承担随班就读、送教上门的巡回指导工作，为普校教师、家长和社工提供服务和咨询。

巡回指导教师前往各镇街普通学校跟进随班就读学生个案时，由中心成员以及负责片区的组长带领组员自行开车前往；外出巡回指导之前，组长负责召集组员开会、集中研讨学生情况、工作分工等事宜；接着，组长与各镇街特教专干、普校行政负责人、班主任联系并确定具体的巡回指导时间和地点，开展巡回指导工作，收集并保管巡回指导所有过程性资料。

### （二）填写一张个案情况表

在跟进学生个案之前，由班主任或家长填写《中山市特殊教育需要学生情况表》，明确个案的基本情况和问题现状，以便巡回指导教师提前了解学生情况，进而确定相关的工作安排，做到心中有数、有的放矢。

### （三）细化一套工作制度

为细化管理，中山市特殊教育指导中心先后出台了巡回指导教师工作职责、个案管理、外出巡回指导安全防范及应急预案等多项制度，做到了有章可循，有规可依，增强了巡回指导教师开展工作的针对性和可操作性。对跟进个案的工作相关文件、资料均已按"一人一档、分类保管、安全保密、动态管理"原则登记造册。中山市特殊教育指导中心制定了巡回指导教师工作评价制度，并指定成员负责巡回指导教师的日常工作指导和监督，促进巡回指导教师的专业成长和能力提高。巡回指导教师工作评价包括现场评价和工作记录评价。现场评价是定期对巡回指导教师进行现场监督，了解其工作完成情况；工作记录评价则是定期查阅和保存巡回指导教师提供的工作记录文件。

在日常工作中，巡回指导教师需要完成以下工作记录：一是巡回指导服务工作记录表，包括服务时间、类别、简要过程等，由巡回指导教师、学校代表、家长代表共同签字，作为巡回指导工作记录。二是巡回指导服务的过程记录文件，包括家长和教师访谈量表、个别研讨会记录、课堂行为观察记录表、教育评估报告等。

### （四）畅通一个信息渠道

中山市特殊教育指导中心充分发挥特教信息系统平台作用，明确安排一名工作人员每天负责接待家长、教师和社会人士的相关咨询，做到第一时间聆听、第一时间反馈、第一时间指导。按照巡回指导的工作制度，对来访诉求、个案情况、访谈结果等情况，进行记录。

### （五）建立一个定期研讨的机制

巡回指导工作需要不断地创新和完善，中山市特殊教育指导中心定期组织巡回指导教师参加特教理论学习和研究，探索长效机制。建立了巡回指导教师微信群，加强日常工作对接、沟通协调，并定期召开巡回指导工作会议，研讨个案跟进情况、反馈存在问题，及时掌握了解个案动态，继而有针对性地解决存在的情况和问题。

## 二、完善巡回指导的工作内容

中山市特殊教育指导中心每年开展随班就读与送教上门巡回指导近百次，跟进学生个案四十余人，通过点面结合开展巡回指导，解决融合教育实施过程中的难点问题，为融合教育提供专业保障。

### （一）对个案的指导

个案指导是巡回指导工作的一个重要环节。通过个案的指导，为普通学校教师和资源教师提供指导与服务，为特殊学生的家长提供特殊教育专业咨询及相关培训及居家生活指导等。2017 年至 2019 年，中山市的巡回指导教师每年一对一跟进随班就读个案 108 例，服务送教上门个案 187 例。中山市特殊教育指导中心对于个案的处理的具体流程如图 3-2 所示。

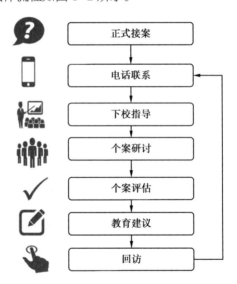

图 3-2　巡回指导个案跟进流程图

### 1.普校教师或家长提出个案跟进申请

当普校教师（一般是班主任）发现班上某个学生与其他学生相比有明显的行为差异时，可将情况反映到学校德育处，再由学校负责特殊教育的专干与中山市特殊教育指导中心联系，寻求帮助；若家长通过教师的反馈或者自己发现孩子与同龄人的差异，则可以向中山市特殊教育指导中心联系，寻求服务支持。中山市特殊教育指导中心对教师和家长的需求进行登记后联系学校，由学校相关老师填写中山市特教需求学生资料申请表，提供学生的医学诊断、评估和康复训练记录、学前经历、目前的教育情况如问题行为发生的情境、频次、相关人员的处理方式和效果等信息，再交回中山市特殊教育指导中心。

2. 中心提供个案跟进服务

（1）入校观察。中山市特殊教育指导中心审核上述申请表后，联系学校和家长进行初步沟通，确定下校指导的时间和流程，接着派巡回指导教师到学生就读的学校进行课堂、课下的生态观察。

> 叶某某，自闭症女孩，就读于中山市东区某所普通学校一年级。她在上课时会随意离开座位走动，不听指令，目前妈妈在学校陪读。妈妈每节课在教室外面等待，当学生出现行为问题时妈妈会上前纠正。以下是巡回指导教师观察学生上课时的表现，记录如下："经过现场观察和家长、老师访谈结果显示，叶同学在认知能力和人际交往方面都比同龄孩子弱。在室内语文课上，观察者发现叶同学在座位上小动作多，进教室立即脱掉鞋子；在师生进行找、认、读过程中，该生没有主动翻看课本，一直在玩弄文具，将腿盘到凳子上或伸进桌子的抽屉中。妈妈每隔2~3分钟会探头提醒，提醒后该生能调整坐好大约30秒，但无法维持，很快就恢复原状。本节课该生有关注课堂内容两次，每次大约持续15秒。每次关注课堂时间特别短，上课的老师均没有留意到。课间，该生在妈妈的督促下穿鞋，跟班级同学没有交流。玩耍时没有在指定范围，独自跑去操场，后由妈妈追回。据班主任反映，开学第一天就有觉察该生存在异常。新生培训时，不按要求排队，老师与其讲话时，会伸手摸老师的脸、头发和手等部位。对老师的询问，她都不予回应。因为该生家长有事提前离开，没能从家长那里了解到该生更多情况。除了内因之外，该生可能在学前没有经过专业的康复训练，或者家庭文化刺激不足等原因，导致该生出现学校适应不良的情况。"

（2）访谈和个案研讨会。巡回指导教师对熟悉个案情况的班主任、科任教师和家长做深度访谈（一般采用的量表是100R、C125和学校生活适应量表），让老师和家长根据孩子在普通班或其他教育环境的学习情形，描述孩子可能存在的适应状况。

> 巡回指导教师对叶同学的班主任做C125量表访谈，结果如图3-3所示。
> 从图中可以看出，叶同学在各个维度上的分数都超出了正常参考值，

尤其是自闭症和智能障碍两个维度上的分数最显著。不论是在理解还是在使用非口语的沟通方式上（包括眼神的注视、手势、面部表情、肢体语言等）都有相当的困难。但是并不能排除其家庭文化刺激不足的因素，家中惯用语言（家人交流时多用客家话，但是在学校老师使用普通话）、家庭支持系统资源等方面出现的不利因素都有可能造成孩子在学校表现和适应不良。

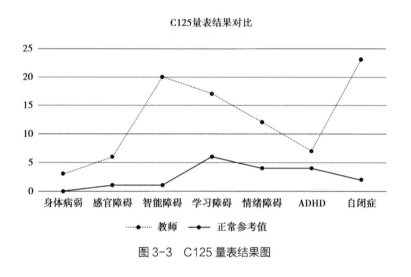

图 3-3　C125 量表结果图

（3）召开个案研讨会，提供教育策略。巡回指导教师召集学校特殊教育的负责行政、资源教师、心理教师、家长召开个案研讨会，全面了解学生信息并达成一致意见。会后，巡回指导教师整理个案资料，综合分析量表访谈结果，撰写个案评估报告，出示切合实际的具体方法和策略（见表3-1），指导普校教师、资源教师、心理教师、社工、家长及相关人员，由他们对特殊儿童进行言语、运动、艺术训练和指导以及特殊教育居家生活训练等内容。

表 3-1　学校教育策略的建议

| 问题行为 | 原因分析 | 策略建议 |
|---|---|---|
| 脱鞋；喜欢触摸他人 | 鞋子太热或该生本身有感觉刺激的需求 | 1. 更换透气的鞋袜。<br>2. 观察该生是否有感觉刺激的需要，若有可能在个训及生活中增加感觉统合训练 |

续表

| 问题行为 | 原因分析 | 策略建议 |
|---|---|---|
| 随意跑出教室 | 课堂内容无法引起案主的兴趣 | 1. 调整该生的座位。现在座位位于后门，该生可以轻易离开教室。<br>2. 寻找该生感兴趣的事物，如课堂上她跟读"乌龟，呜呜呜"，是否表明其对动物比较感兴趣？<br>3. 建议家长带该生到特教指导中心进行能力评估，以便了解该生的能力现况。<br>4. 结合其能力，提出个别化目标和要求。在课堂上，给该生感兴趣或可以操作的任务，以支持该生在课上安坐。课后，请家长协助复习巩固所学。<br>5. 培养几位小伙伴，课上可以适当地给该生一些提醒。课间带着该生一起活动。 |
| 玩弄袜子、文具 | 课堂上老师对于该生的关注度不够 | 1. 调整座位，建议将该生调整到老师随时可以关注到的位置。<br>2. 当该生对课堂内容有关注或有跟进的时候，老师及时给予肯定，鼓励该生的正向行为。 |
| 该生是有特殊需求的儿童，改善该生的相关问题行为，需要全体任课教师和家长的共同努力。除此之外，还要为该生拟订个别化教育计划，定期召开 IEP 会议等。 | | |

除了上述给学校的教育策略上的建议，巡回指导教师还给叶同学的家长提出了一些教育策略：①家校保持一致。家校教育方式如果不同步，将不利于孩子良好习惯的养成。家长凡事应站在是否有利于孩子成长的角度考虑，积极主动地与学校老师沟通、协商。②日常生活中尽量用简洁明确的语言告诉孩子应该怎么做，如果孩子不理解抽象的概念，可以利用实物、图片和固定的手势等让孩子明白某个规则。③锻炼孩子生活自理能力和动手能力，父母在家不能包办所有劳动，而是适当放手让孩子做一些力所能及的家务活，并及时给予奖励。

（4）中心的回访及后续跟进服务。之后巡回指导教师通过电话方式回访询问个案的服务进程，检验策略的有效性和实用性，并与学校和教师沟通是否需要调整策略。最后再根据个案的干预效果，做持续跟进、个案接案、个案转介等方面的处理。

中山市特殊教育指导中心在跟进学生个案的过程中发现，为随班就读学生提供适合的融合教育支持系统尤为关键。融合教育支持系统是指在社会生活各个不同层面上，协调合作，为融合教育的开展提供支持的各个系统的总和，这些支持系统包括国家（政策）、社区、学校、家庭等不同层面的子系统，不同子系统通过不同的主体和不同的支持提供方式提供相应的支持服务内容，来共同促进儿童适应融合教育，并获得适当的教育以促进儿童的积极发展[1]。以下通过一个案例来呈现普通学校随班就读学生融合教育支持体系建设的具体步骤和策略。

**案例：自闭症学生 G 融合教育支持系统的建立**[2]

（一）发现案例，观察并总结随班就读学生的行为习惯、适应情况

新生开学的第一天，初中一年级的班主任老师在上班会课的时候，发现班上有一名特殊的学生 G，上课的时候，老师讲一句，G 在下面跟一句，提问时 G 特别的积极，把手举得高高的，老师让他回答问题，他用非常大的声音，读了 PPT 上的一句话，但并不是问题的答案。班主任意识到这是一个特殊的学生，决定对 G 的行为进行观察并记录。经过两天的观察，班主任发现 G 有以下的行为。

1. 集体活动中的行为。G 在大部分集体活动中跟不上同班同学的节奏。在班级排队时，找不到自己在队伍中的位置，在班级队形演练、站姿演练、口号演练的过程中，表现得无所适从，不知道该怎么做。年级开会时，在会议室找不到自己班级的位置，中午吃饭时，不能按照指定年级的位置去打饭、就座、收拾餐盘并自行回教室午休，需要同伴或者老师的协助才能完成。

2. 课堂学习行为。课堂上，G 同学喜欢跟读老师的话，对于不理解的内容，他会发出奇怪的声音吸引老师和同学们的注意，如果当天班上有同学请假，他就会大声呼喊请假同学的名字或者是他小学同学的名字，老师提醒后，他会静下来写一些字，字写得比较大，作业也会交，但都是与老师布置的作业不相关的内容。

3. 平时行为。会有一些不顾及别人的眼光，做一些不合时宜的动作，如当众脱鞋抠脚、当众放屁等行为，不能听从老师的指令完成一些日常的班级活动，如值日、捡起教室的地板上的垃圾等任务没有办法完成。

4. 问题行为。自习课的时候，同学们都在学习，G 无事可做，抠掉了教室后面的墙壁上的瓷砖，并用力砸在地板上，吸引同学的注意，在老师的劝阻下才结束。课间，G 想玩篮球，班上同学不给他玩，G 情绪激动，跟同学争夺篮球引起肢体冲突。课间，有的学生在楼道上问 G：你敢从四楼跳下去吗？

以上行为的出现，让班级老师和学生一时不知所措：①科任老师反映课堂经常被打断，教学任务难以如期完成；②初中学生大部分都有升

---

1  方俊明.融合教育与教师教育 [J].华东师范大学学报（教育科学版），2006(03)：37-42+49.
2  本案例由中山市特殊教育指导中心杨萍老师撰写。

学压力，无法保障班级其他学生的学习环境；③班级一部分学生家长从孩子口中得知 G 的情况，担心自己孩子的成绩和安全受到威胁；④学校该如何保障个案本身的安全？

（二）收集资料，为随班就读学生建立档案

经过两天的观察，班主任老师决定联系家长，了解 G 同学的情况，并建立 G 同学的成长档案。G 同学，男，2008 年 12 月出生，就读于中山市 X 区 XX 中学初一 1 班，成长档案包括以下几个方面的内容。

1. 个人资料。包括 G 同学的性别、年龄、就读学校班级、家庭地址、障碍诊断信息等。

2. 家庭现状及背景。基本情况：G 与爸爸妈妈、弟弟以及爷爷奶奶一起生活，弟弟今年上小学二年级；与家人感情很好，表现出对父母尤其是父亲的依赖。家庭对 G 的支持：家庭中主要由父亲负责他的康复和生活方面，自从三岁诊断后，父亲一直没有上班，陪 G 做各种康复训练，接送 G，晚上由母亲辅导作业。周末父母带孩子一起参加户外活动，寒暑假带孩子到全国各地旅游。家长期望：期望 G 能适应学校生活，平稳度过初中三年的学习时间。家长需求：班级老师和学生能够宽容 G 某的一些习惯，在出现一些不适宜的行为时，不要嘲笑、讽刺他。目前遇到的问题：几天的初中生活让 G 某认识到自己和其他同学的不同之处，回到家经常会自言自语："我跟其他人是不一样的，我是一个奇怪的人，我患有自闭症，怎么会这样呢？我不可以去上学了，自闭症怎么能去上学呢？"并伴随情绪低落。

3. 成长医疗史。母亲孕期正常，足月顺产，三岁时在中山市博爱医院被诊断为轻度自闭症，诊断后在康纳自闭症学校干预半年后回到中山，陆续在中山的机构接受感统训练、精细动作训练、语言训练等干预。

4. 教育史（学前教育、小学教育等情况）。G 某三岁半开始上幼儿园，先后上了四所幼儿园都被劝退，后通过父母的关系，找到一所包容性强的民办幼儿园上学，并每天在中山市特殊教育学校学前班接受半天的干预课程。小学延迟入学一年，表弟表妹作为同伴同他一起入读南区某小学，入学后在一至四年级表现良好，一方面是由于小学低年级学习任务相对简单，并有熟悉的同伴在同班就读，另一方面是由于班主任包容性较高，在班级营造了接纳的班级文化氛围。在五六年级时换了班主任，在课堂内发生了一件突发事件，导致 G 某受到刺激，情绪失常，经常请假在家不愿意去上学。同时 G 某每周二、四下午到中山市特殊教育学校学习陶笛课程。2020 年 9 月根据就近入读的原则到南区 X 中学就读。

（三）分析个案，建立融合教育支持系统

通过前期对个案的观察和对家长的访谈发现了个案无法适应初中生活的原因。首先是由于环境的改变和自身的障碍，G无法适应新学校的生活；其次是由于学校教师和学生对个案缺乏理解和认识，在个案出现一些问题行为时做出不适当的行为加剧了G的心理压力，造成情绪困扰；再次是由于家长对G过高的期望造成的压力。生态心理治疗认为，任何一个行为的形成与变化都是个体与环境系统以及环境系统内部要素之间相互作用所致，一旦外界环境施加于个体自身的作用力大于自身可承担的范围，便可能导致其产生适应不良、心理疾患等问题。随班就读学生心理脆弱性更加突出，除了自身问题以外，家庭、校园环境也是最重要的部分，因此，学校联合中山市特殊教育指导中心，决定从以下几个方面进行支持。

1. 为个案提供自我支持。

（1）对个案问题行为的干预。针对G在课堂上存在的问题，市特殊教育指导中心教师设计了针对适应课堂、情绪疏导的社交故事，请专门的资源老师抽离课堂，进行干预。设计了签到表，根据G的到校情况，每天让G在签到表上打钩和打叉，设计了便携式每日时间表，安排了每天的日程，设计了这个学期的日程表，让个案提前预知每天的日程安排，不会感到焦虑。

（2）教导个案认识自己。通过绘本《不一样也没关系》，来教导G认识自己和其他人的差别，明白自己是一个自闭症患者，了解并接纳自己的与众不同。通过绘本《不可思议的朋友》，让G明白自闭症也是可以上学，交朋友和工作的，更加接纳自我。

（3）对个案提供相应的支持服务。

学业支持。经过分析，G在课堂上出现问题的主要原因是无法掌握课堂内容，跟不上同班同学的进度，所以一方面请家长在家里进行课业补救，使G能够跟上老师的步伐；另一方面如果跟不上，教师则可在课堂上布置适合G的作业或者其他任务，减少其课堂行为。

特长支持。中山市特殊教育指导中心对个案进行评估，确定个案的优势和弱势，对优势能力进行培养，培养G的自信心。经过评估，G在音乐方面有一定的优势，对绘画有一定的兴趣，因此，介绍G接受市特殊教育指导中心为随班就读学生购买的融合教育支持课程的服务，每周二、三、四下午去参加支持课程。这样能减少G的在校的时间，减轻班级老师的压力，通过优势能力的培养，建立G的自信心。

2. 在学校建立支持体系。

（1）创设接纳的学校氛围。随班就读工作的开展以及随班就读学生的心理健康问题必然给学校管理带来变革，包括教育观念的改变、普教和特教管理一元化以及教育实践上的变革等。其中领导的支持是关键，领导必须充分体现以人为本的教育理念，给随班就读学生以人文关怀。因此，学校领导首先要接纳随班就读的学生，认同他是学校的一分子，同德育主任、心理教师、班主任一起行动起来，全员参与。领导认同以后，首先邀请中山市融合教育开展得比较好的学校领导来进行如何在普校开展融合教育的讲座。其次，同中山市特殊教育指导中心开展座谈，了解如何为随班就读学生提供支持。再次，在班级开展融合教育班会课，帮助学生更好地接纳特殊学生。第四，开展班级家长会，请家长分享孩子的成长经历以及目前对孩子的策略，获得普通学生家长的支持。

（2）行政管理支持。学校与 G 原来所读小学、中山市特殊教育指导中心联系，了解个案在小学的学习适应情况，共同探讨针对 G 的各种问题的应对方案。学校管理层面，安排教龄长，有随班就读学生班级管理经验的老师，并对有随班就读班级的老师减少一定的课时量，对班级教师采取更加多元化的评价标准。

（3）创设接纳的班级环境与同伴支持。与中山市特殊教育指导中心联系，在班级开展融合教育宣导活动，教导班上的学生认识自闭症学生的特点，并学会在生活中如何与之相处，安排同伴轮流担任 G 的融合教育伙伴，在班级做操、排队、综合活动、日常就餐、班级值日中给予帮助，引导他适应校园生活。开班级家长会，请专业人士向全班学生家长宣讲随班就读的相关政策，并请家长向大家介绍 G 的情况，让普通学生家长知道他是可以在班级学习的，并不会影响其他同学的学习，以此支持 G 随班就读。

3. 在家庭建立支持体系。

（1）引导家长认识并接纳自己的孩子。随班就读学生家长在诊断初期面临着孩子有残疾或者障碍的焦虑不安，失落与绝望，在随班就读过程中面临着不断接纳孩子与其他人不一样的压力，容易有一系列的心理问题。家长是孩子最重要的人，因此要引导家长正确认识孩子的能力，勇于面对孩子的困难。因此，学校请中山市特殊教育指导中心进行评估，告知家长 G 的真实能力，并对孩子报以积极合理的期望，对 G 可以学好的学科和技能（英语、音乐、乒乓球等）高要求，对数学语文降低要求。

（2）引导家长建立科学的教育理念。家长的养育方式要一致，不要在孩子面前起冲突，有问题协商解决。家庭成员之间互相支持，合作解决孩子的问题。向家长普及教育并不只是学习课本上的知识，除了学习学业内容，还要培养学生生活自理能力以及独自生活的能力。

经过一系列紧张有序的工作后，初步为 G 建立了简单的融合教育支持系统，基本上能适应在学校的生活，班主任和资源老师每周还会定期地跟踪和随访。通过这次融合教育支持系统的建立，老师也初步了解了随班就读学生融合教育支持系统建立的步骤和方法。虽然过程很辛苦，但一切都是值得的。

（四）对这一案例的思考

1. 融合教育支持系统的有效要素。

（1）儿童自身的特性。要根据随班就读学生的特点来进行支持系统的建立，要根据随班就读学生的特长来进行支持，并不是一味地提高学习成绩。在本案例中，个案有很好的歌唱能力和英语学习能力，这些能力让大家看到了他的价值，促进了对个案的接纳，也增加了个案的自信。

（2）专业者的支持能力。中山市特殊教育指导中心与相关的专业人员密切合作，家长、学校的行政领导和老师等在专业的指导下，关注个案 G 某的优势，进行个别化的教育干预，而不是简单地使其适应学校学科学习。同时建构包括同伴支持等在内的支持系统，让个案不仅在"物理场所"上融合，也在活动和功能上融合。

（3）家长的干预意识。家长是最了解孩子的人，G 的家长能在第一时间和班主任配合，争取到中山市特殊教育指导中心的资源，开展支持系统的建立，为 G 在普校进行融合教育提供支持。

2. 建立畅通的合作机制。

随班就读学生的融合教育支持系统的建设涵盖了临床心理学、社会心理学、特殊教育等学科的专业知识，因此需要多方面的合作和支持。心理咨询师可以提供心理咨询、心理辅导等服务，中山市特殊教育指导中心可以提供家长咨询、学生评估、个案跟进、特长支持课程等服务，特教专家可以根据学生的情况提供行为干预、教育生涯规划、个案自我认识等方面的支持，因此，要保持团队之间的协作和配合，落实执行，第一时间预防和应对随班就读学生面临的困扰和问题。

3. 家庭、学校、社区协同建立环境方面的支持。

学生不适应学校的原因是多方面的，周围环境如家庭、学校、社会都可能是诱发因素，因此需要各方面的改变和支持。其中家长在整个过程中起着重要的作用，因此首先要关注家长的心理，然后再改变家庭教育环境，改变学校环境以及社区环境来支持随班就读学生，建立成熟的融合教育支持系统。

## （二）对资源教室的指导

资源教室是普通学校中为有特殊教育需要的学生提供评估、咨询、教育教学、康复训练等个性化支持的场所，它是学校教育中不可缺少的专业支持系统，也是探索随班就读可持续发展，使学生获得良好教育的重要保障[1]。资源教室不仅发挥康复、补救教学等传统功能，还充当了艺术创作中心、沙盘游戏室、心理团体辅导活动室、绘本阅读中心、植物培育中心的角色。从学校层面来看，资源教室的实施既可整合区域内优质特殊教育与普通教育资源，提高教师专业化水平，推动学校教学与课程改革的发展，还能构建新型融合校园文化特色，实现学校机制创新[2]。

在资源教室的管理与指导上，中心根据《中山市资源教室建设与使用指南》开展建设指导、日常指导、专项检查，有效发挥了已建成的 31 个资源教室的功能与效用。

在资源教室的建设方面，中山市特殊教育指导中心全程参与其中，不遗余力地协助普校对资源教室进行建设与运作，贯穿申请项目、规划布局、整体设计、场地建设、设施设备目录、项目验收、绩效评价的整个过程（见图 3-4），形成了学校申请、镇街统筹、中心指导的流程。

图 3-4　普通学校提交的申报材料

1　彭霞光.把握资源教室建设指南的精髓 健全随班就读支持保障体系 [J].现代特殊教育，2016(05)：5-7.
2　王琳琳，马滢.我国融合教育资源教室建设与运作的思考 [J].残疾人研究，2019(01)：25-31.

在日常指导中，提炼资源教室运作中存在的共性问题，通过中心的常规项目工作予以支持。在此基础上，形成了各年度资源教室建设的不同主题，进而围绕某个主题重点开展巡回指导、教研、培训等工作，如 2017 年的主题是"资源教室的建设与设施设备的使用规范"，2018 年的主题是"资源教室的日常运作"，2019 年的主题是"资源教室的个别化教育支持"。在资源教室的运作过程中，还注重了专业人员的参与和协作，资源教室的日常运作一般由学校的兼职资源教师或心理老师负责，其背后的专业团队包括学校主管德育工作的行政人员、镇街特教专干以及中山市特殊教育指导中心的巡回指导教师团队。资源教师作为特殊教育与普通教育融合与沟通的桥梁，是对特殊儿童进行个别辅导、补救教学和挖掘潜能的指导者，也是对普通班教师和家长提供咨询与支持的专家。巡回指导教师就是资源教师的智囊团和支持者，会定期前往资源教室开展专题讲座、家长交流活动、教研活动、训练展示活动等，对资源教师予以协助。

此外，为加强对资源教室的业务指导和评估，中山市特殊教育指导中心定期委派巡回指导教师和特教方面的专家为资源教师提供培训和业务支持，并对全市资源教室的运行及成效进行考核评价，并将结果上报主管教育行政部门，通过"以评代检"的方式加强资源教室的功能建设。评比的内容包含四个方面：基本建设、制度与管理、资源教室课程与支持课程、学校融合教育整体评价（评价表具体内容详见附录）。并通过评估结果反馈，指导各资源教室进一步提升工作质量。目前中山市各个资源教室的使用受限于兼职资源教师等，有些资源教室使用情况不理想，但是也有很多学校将资源教室的相关工作打造成为学校的特色工作；因此，即便目前很多普通学校学位非常紧张，很难拨付场室建设资源教室，但仍有镇街、学校克服困难申请建设资源教室。部分镇街通过购买服务的方式，引入资源教师、社工、康复治疗师等进驻校园，由他们承担随班就读学生照护及辅助康复训练、辅助教学等工作，如东区各公办中小学通过购买服务的方式，聘请了相关康复机构的特教教师担任驻校特教老师，这些特教老师与普校教师、巡回指导教师协作，为随班就读学生制订个别化教育计划、调整教学策略、疏导情绪、改善问题行为等。

以中山市东区竹苑小学为例，学校立足于学校管理和整体发展的纵向视角，将资源教室作为整体发展的一部分，以融合教育为抓手，提出了"阶段式"融合教育学校的经营理念；主张分阶段、分步骤地推进融合教育，从准备阶段、探索阶段、深化阶段到巩固阶段逐步形成了"一体两翼"的融合教育学校经营模式，即以课程和个案为主体，以创建融合校园氛围和提供资源保障为两翼，先后开展了一系列有意义的探索。首先，召开多方研讨会，学校校长、德育行政、心理教师、特教督导、社工、家长、班主任代表、学科教师代表进行多方会谈，探讨面临的困难及解决策略。其次，针对全校教师，开展融合素养专题培训与现场答疑，给教师提供更多知识和技能准备，提高其融合教育素养，同时针对骨干教师开展业务技能培训。第三，组建融合教育团队，形成了以德育行政、班主任团队、心理老师、特教教师、社工为主的融合教育团队，明确了责任分工。第四，以资源教室为依托组建资源班，开展一对一教学，定制专属课程表，针对资源班的特殊需要儿童制定成长计划，坚持每课一反馈，每周一总结，每月一计划，分小步骤，帮助特殊需要儿童进步，且特教教师定期跟班主任反馈并为其提供支持和建议。

同样，东区水云轩小学也积极响应融合教育变革要求，致力于通过资源教室的运作满足所有学生多元的学习需求。资源教室除了为特殊儿童服务，也为每个孩子开放；无论是特殊教育需求学生，还是普通学生，他们都非常乐意到资源教室上课或参加活动，在资源教室模式下，他们的学业成就、同伴接纳、社会适应、情绪与行为等方面都得到了较好发展。

"没有爱就没有教育"，融合教育的魂就是"爱"，离开了爱就是无源之水，无根之花。顺利开展融合教育的前提是尽量让学校的每一名教师、学生和家长知道和了解融合教育。中山市沙溪中学在学校融合教育理念指导下，立足于全体学生的学习兴趣与多元化发展需求，以学校影视教育特色为依托，探索开发和应用相关影视资源，通过教师校本培训、家长学校、学生德育课程等渠道开展融合宣导，努力营造关爱随班就读学生的浓厚氛围，开发了教师电影课程，如"热血教师""三个'白痴'""心中的小星星""习惯的力量"等 12 个专题课程，通过教师电影课提升学校教师的师德水平，引导教师正确看待学生差异，在日常教育教学中平等友爱去对待每一位随班就读的学生；开发影视素材型家长学校电影课"小孩不笨 2"等 8 个专题课程、主题班会课如功夫熊猫、叫我第一名等 15 个专题课程、融合教育课如地球上的星星、听从我心等 5 个专题课程，引导家长、学生尊重和接纳随班就读的学生，让随班就读的学生在校不是受到歧视，而是得到关爱[1]。同时，考虑到艺术体育教育在随班就读孩子身上的特殊教育功能，学校通过开展丰富的社团活动，吸引随班就读孩子积极参与，积极促进他们的健康成长，为他们搭建成功之路。马同学是一个"星星的孩子"，他智力发育迟缓，难以与人沟通。在班主任和科任老师的倾心教育和资源老师的帮助下，他的沟通理解能力有很大提高。学校在与家长的沟通交流中，得知他有很高的艺术天赋，从小就参加了各种美术、书法兴趣班的培训，且小有成就，就建议为他开办个人画展。2017 年 5 月 23 日，沙溪中学初三（1）班马同学个人书画习作展开幕式在该校图书馆隆重召开。

---

1　本案例由中山市沙溪初级中学肖林森、卢桂权撰写。

　　中山的普通学校积极投身融合教育的潮流，抓住了资源教室这个"点"，带动了整个学校"面"的变化，从而推动了融合教育的发展。此外，中山市特殊教育指导中心对于普通学校，注重从工作机制的建设与完善、校园文化建设与环境氛围的营造、工作特色的挖掘三个方面入手进行指导。在工作机制上，指导学校建立并完善团队建设与管理、人员职责、具体工作制度等方面制度。在校园文化建设与环境氛围中，引导学校发掘融合教育理念与校园文化的契合点，在校园文化的母体中自然生长出融合教育的工作理念，进而有目的、有计划地开展各项融合教育环境的营造工作，进一步发掘学校原有的工作特色，突出融合教育的元素，让学校的特色更鲜明。

### 三、中山市巡回指导工作的展望

　　2020 年，教育部下发的《关于加强残疾儿童少年义务教育阶段随班就读工作的指导意见》（以下简称为《指导意见》）中强调："充分发挥资源中心在随班就读工作中的专业指导骨干示范作用。"那么如何抓住历史机遇，通过巡回指导切实发挥好中心的引领骨干作用，成为摆在我们面前的艰巨任务。中山市特殊教育指导中心在探索阶段已经解决了"为什么要去做巡回指导"的问题。在成长阶段，中心合理配置巡回指导教师，加强对区域内承担随班就读工作学校的巡回指导、教师培训和质量评价，形成了完善的工作运行机制、巡回指导制度和巡回指导体系，及时为普通学校和家长提供专业指导和咨询服务。解决了"怎么做"的问题，那么接下来我们的任务是如何解决"做得好"的问题。

　　一是创新巡回指导方式。《指导意见》中也提到了，要充分利用互联网＋、线上教育、远程教育、人工智能、大数据、区块链等技术手段，为普通学校教师和家长提供特殊教育专业知识、方法的精准服务。新冠疫情防控常态化的大背景极大促进了线上、线下教育的融合，因此，进一步创新巡回指导形式，为普校教师、家长、学生提供更精准的服务，应该成为我们的努力方向。

　　二是进一步提升巡回指导教师的专业能力。巡回指导工作是夯实融合教育发展的基础，巡回指导教师的素养则对于提高工作质量起关键作用。在实际工作中，巡回指导教师需要通过言传身教促进资源教师或普校教师等相关人员的成长，他们除了指导如何"教"特殊孩子，还在用自身的行为示范着"教"，这是巡回指导教师角色的特殊性所在。因此巡回指导教师既需具备扎实的特教理论知识，还应该熟悉普校的教育教学，为此，需要重构巡回指导教师素质的内核，加强对巡回指导教师的培训以提升其专业能力。同时，还需要进一步完善巡回指导教师的专业成长机制，从强化巡回指导工作制度，完善工作奖惩机制等入手进一步激发巡回指导教师的工作积极性。

中山市特殊教育指导中心的巡回指导教师在实践"多元、融合、共享"的同时，将以提升融合教育素养、提高综合能力为己任，进一步推进区域融合教育工作的发展。

# 第四章　随班就读学生的个别化教育计划

　　特殊教育是中国特色社会主义教育事业的重要组成部分。特殊教育的发展，对于实现教育和社会公平有着重要的意义。《国家中长期教育改革和发展规划纲要（2010—2020 年）》中指出全社会要关心和支持特殊教育、完善特殊教育相关体系和健全特殊教育保障机制。融合教育又称全纳教育，它具有广义的内涵和狭义的内涵，广义的融合指关注所有有特殊需求的学生，包括残障、天才、种族、疾病者等各种群体，通过一体化的教育满足其需求；狭义的融合教育指将残障学生融入健全学生群体中，主张普教与特教的融合。无论广义还是狭义，都主张和而不同，提倡接纳，反对排斥，通过相互合作，共同促进彼此进步[1]。融合教育作为继终身教育和全民教育之后出现的第三大国际教育思潮，其具有丰富的内涵，其出现和发展具有历史的必然性，体现了国际教育向全面化、民主化、个性化方向发展的趋势，同时也体现了教育思想发展中人文主义的价值取向[2]。邓猛通过比较我国随班就读学生的教育和融合教育特征，得出随班就读就是我国具有民族特性的融合教育模式[3]。

　　特殊教育的教育对象为特殊需要学生，特殊教育的目的是促进特殊需要学生的全面发展，而个别化教育是实现特殊需要学生全面发展的关键。《第二期特殊教育提升计划（2017—2020 年）》中明确提出要大力推进特殊教育课程教学改革，要推进差异化和个别化教学，提高教育教学的针对性的要求，该要求的内容反映了个别化教育计划的特点与功能。2020 年颁布的《教育部关于加强残疾儿童少年义务教育阶段随班就读工作的指导意见》中明确要求普通学校要针对残疾学生

---

1　王凯. 融合教育模式的探索与实践 [D]. 天津理工大学，2019：28.
2　唐盈盈. 终身教育·全民教育·全纳教育——对战后三大国际教育思潮的剖析 [J]. 教育与教学研究，2009，23(06)：14-16+49.
3　邓猛，朱志勇. 随班就读与融合教育——中西方特殊教育模式的比较 [J]. 华中师范大学学报（人文社会科学版），2007(04)：125-129.

的特性，拟订个别化教育方案，努力为每名学生提供适合的教育。个别化教育计划是个别化教育实施的总设计[1]，在特殊教育发展过程中发挥着重要作用，它是特殊教育的基石[2]，是特殊教育系统的心脏[3]、灵魂[4]，通过个别化教育计划的实施可以确保身心障碍学生获得适性教育，以及掌控特殊教育的品质[5]。

# 第一节　个别化教育计划的基本理念

## 一、特殊教育与个别化教育计划的关系

### （一）特殊教育的定义

党的十九大明确提出要优先发展教育事业，办好特殊教育。朴永馨主张特殊教育是教育的一个组成部分。它使用一般的或经过特别设计的课程、教材、教法和教学组织形式及教学设备，对有特殊需要的儿童进行的旨在达到一般和特殊培养目标的教育[6]。Hallahan 主张特殊教育是为了满足特殊需要学生的特殊需求而设计的教学[7]。特殊教育的教育对象是特殊需要儿童，不同的特殊需要儿童个体有着个性化的需求，要满足特殊需要儿童个体的特殊需求则需要根据个体进行特别设计。不同的特殊学生个体间的特殊需要是不相同的，具体表现在以下两方面，一方面，不同类型的残疾学生中属于同一类型的学生具有一定程度上类似的特殊需要。例如听力残疾的学生可能需要配置助听器或人工耳蜗，在教学中需要采用手语的方式教学；视力残疾的学生可能需要配备大字书或盲文书，进行定向行走的教学；另一方面，即使是同一类型的残疾学生，不同的个体特征也会有不同的特殊需要。例如同是听力残疾学生，有些听力残疾学生只需要配置助听器即可参与普通学校的教育，但是有些听力残疾学生不仅需要配置助听器、解决情绪或行为问题，还可能需要采用手语教学才能从学校教育中受益。为了更好地满足特殊

---

1　张文京. 特殊儿童个别化教学设计与实施 [M]. 重庆：重庆出版社，2008：26.
2　肖非. 关于个别化教育计划几个问题的思考 [J]. 中国特殊教育，2005(02)：9-13.
3　Johns B. H., Crowley E. P., Guetzloe E. Planning the IEP for students with emotional and behavioral disorders[J]. Focus on Exceptional Children, 2002, 34(9).
4　Bateman, B.D., & Linden, M.A.Better IEPs(4th ed.). Verona, WI: Attainment Co, 2006.
5　钮文英. 迈向优质、个别化的特殊教育服 [M]. 新北：心理出版社，2013：72.
6　朴永馨. 特殊教育辞典 [M].3 版. 北京：华夏出版社，2014：43.
7　Daniel P. Hallahan. 特殊教育导论 [M].11 版. 肖非，等，译. 北京：中国人民大学出版社，2010：9.

学生的特殊需要，让特殊教育更有效地运作，学校往往会为特殊学生提供一些符合其需求的相关服务，如心理评估、物理治疗、职业治疗、言语语言治疗等。在针对特殊需要学生的教育教学过程中为了实现教育目标会需要特别设计的课程、教材、教法、教学组织形式、教学情境、教学辅助方式及教学设备。

总之，特殊教育的特殊之处在于特殊需要儿童这一特殊的教育对象，特殊需要儿童的特殊之处在于其教育目标和相应的教育活动是以满足特殊需要学生的特殊需求为目的，并且要为满足特殊需要进行特别的教学设计。

### （二）个别化教育计划的定义

个别化教育计划（Individualized Education Program）简称 IEP。关于个别化教育计划的概念，不同的学者、政府部门或组织机构有不同的解释。1990 年美国"障碍者教育法案"B 篇中的条款规定了个别化教育计划包括个别化教育计划会议和个别化教育计划文件两大部分内容，其中个别化教育计划会议是指由家长和学校人员协商决定障碍儿童的教育计划，个别化教育计划文件及在会议中各项决定的书面记录[1]。而林素贞主张个别化教育计划是一项经由商议讨论而拟订的书面文件，提供所有参与身心障碍教育工作者一份蓝图及共同努力的目标[2]。学者张文京认为个别化教育计划是为了落实个别化教学而编拟的，为某位学生提供的最为适合其发展，给予最恰当教育的文件，是学生在一定期限内的学习内容。一般情况下，0~3 岁儿童三个月一个计划，3~6 岁儿童半年一个计划，年龄大一点的一年一个计划。在执行计划中和执行计划后，均需作评量[3]。此外，钮文英指明个别化教育计划是指运用专业团队合作方式，针对身心障碍学生个别特性拟订的特殊教育及相关服务计划；透过它，教师为每一位学生拟订学年和学期教育目标，而后依据学生的 IEP 设计课程[4]。

通过对以上定义的分析，我们可以归纳出个别化教育计划的三个基本属性：第一，个别化教育计划需要召开个别化教育计划会议。通过个别化教育计划会议，特殊学生的家人、教师和相关专业人员等协商以确定学生个体的特殊需求，拟订出符合需求的教育目标和预期规划所提供的特殊教育及相关服务计划。第二，个别化教育计划是一份书面文件。它具有法律效力，是个别化教育计划会议召开的最后结论和家长同意书。第三，个别化教育计划是一份对特殊教育实施的书面契约。

---

1　林素贞. 如何拟定"个别教育计划书"：给特殊教育的老师与家长 [M]. 新北：心理出版社，1999：235.

2　林素贞. 如何拟定"个别教育计划书"：给特殊教育的老师与家长 [M]. 新北：心理出版社，1999：128.

3　张文京. 特殊儿童个别化教学设计与实施 [M]. 重庆：重庆出版社，2008：25.

4　钮文英. 迈向优质、个别化的特殊教育服务 [M]. 新北：心理出版社，2013：75.

　　个别化教育计划是一份由家长、学校人员、专业团队等召开会议共同合作协商确定特殊需要儿童的特殊教育计划和相关服务计划的书面文件，为所有参与特殊需要儿童教育服务的工作者提供一份共同努力的教育目标。

### （三）特殊教育与个别化教育计划的关系

　　特殊教育的教育对象为特殊需要学生，特殊教育的目的是促进特殊需要学生的全面发展，而个别化教育是实现学生全面发展的关键。个别化教育能够充分尊重每个学生的发展特点，并最大限度地适应学生的差异性发展，能够真正地实施因材施教以促进学生的全面发展[1]。个别化教育计划是个别化教育实施的总设计[2]，作为特殊教育系统的基石[3]的个别化教育计划，是使特殊儿童获得合适教育服务的保证，也是实现个别化教育的必经途径。

　　特殊教育与个别化教育计划的关系，我们可以通过一份特殊教育实施的流程图（见图4-1）来理解。通过流程图我们可知，从疑似个案的转介、初步筛选、教育和心理以及医学之诊断与鉴定、教育安置皆属于特殊教育实施的前期工作，而拟订个别化教育计划、依据个别化教育计划实施教学，并通过个别化教育计划

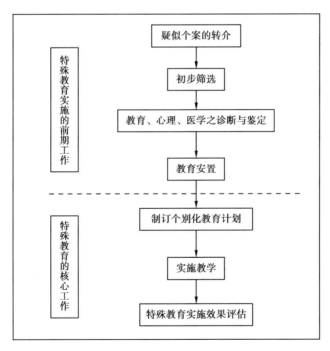

图4-1　特殊教育实施流程图

---

1　程瑞环.培智教育中个别化教育的问题研究[D].淮北师范大学，2018.

2　张文京.特殊儿童个别化教学设计与实施[M].重庆：重庆出版社，2008：26.

3　肖非.关于个别化教育计划几个问题的思考[J].中国特殊教育，2005(02)：9-13.

中长期目标的评量结果来判断个案的学习成效和特殊教育的成效才是特殊教育的核心工作。也就是说，个别化教育计划才是特殊教育真正运作的领航员，也是特殊教育成效评估的督查者[1]。通过对特殊教育实施的流程图的分析，我们可以得出结论，IEP 为特殊教育的心脏[2]与灵魂[3]。

## 二、个别化教育计划的核心理念

个别化教育计划一词最早出现在 1975 年美国的《残障儿童教育法案》，即 94-142 公法。该法案明确规定了需要为特殊需要学生拟订个别化教育计划。"根据此项法令的规定，凡 6 至 21 岁身心障碍学生，政府均应提供合适的教育，并依既定的程序与内容要求，拟订一份具有法律效力的书面契约，为身心障碍儿童的差异与不同，量身制作一份可执行的个别化教育计划以保障身心障碍者之受教育权，并满足个别最迫切的教育需求为导向。"[4] 之后，美国分别于 1986 年、1990 年、2004 年对此法案进行了修订。英国于 1981 年的《教育法案》中首次规定教育局必须为每一名特殊需要儿童设计个别化教育计划，并分别于 1988 年、1993 年和 1996 年进行了法案的修订。

诸多国家相继颁布与修订国家的特殊教育法以保障与推动个别化教育计划的拟订与实施，并将个别化教育计划作为有效的特殊教育管理工具。虽然各国在相继发展个别化教育计划的过程中对 IEP 的具体内容进行了规定，在内容上大同小异，但在个别化教育计划的核心理念方面却达成了共识。

个别化教育的核心理念是指为特殊学生提供适当的教育。1975 年的《残障儿童教育法案》中规定了政府要为 6—12 岁的身心障碍儿童提供免费的、适当的公立教育，其中适当的含义是指为特殊需要儿童量身制作，经由完整的评量，评估学生的特殊需要，并提供合适的服务。适当的教育从外在形式上而言，即为每一位身心障碍者设计一份个别化教育计划；提供适当教育的实质，即提供适合个体独特的需求的教育。

怎样的教育才是适合个体独特的需求的教育？在此问题上需要注意从两个角度进行思考。其一，注意不同障碍类别的需求：对于身心障碍者而言，不同障碍

---

1　林素贞.如何拟定"个别教育计划书"：给特殊教育的老师与家长 [M]. 新北：心理出版社，1999，43-45.

2　Johns, B.H., Crowley, E.P., & Guetzloe, E. Planning the IEP for Students with emotional and behavioral disorders[J]. Focus on Exceptional Children, 2002, 34(9).

3　Bateman, B.D., & Linden, M.A. Better IEPs[M]. 4th ed. Verona, WI: Attainment Co, 2006.

4　黄瑞珍，等.优质 IEP：以特教学生需求为本位的设计与目标管理 [M]. 新北：心理出版社，2007：2.

类别个体的特殊教育需求是不一样的。例如中重度智力障碍学生需要以生活自理能力或适应社会能力为主的教育，而听觉障碍者则强调沟通能力的培养。其二，注意同一障碍类别不同个体的需求。即使是同一障碍类别，不同个体之间的差异依然存在，个体所需的特殊教育也是不相同的。例如，两位具有相同状况之残余听力的听觉障碍小学一年级学生，一位曾接受学前听能沟通训练，一位未曾接受过任何特殊教育，假若两位学生同时进入小学一年级特殊教育学校班级里，他们所需要的特殊教育内容及项目将是不一样的 [1]。

　　总之，不论是不同障碍类别间的差异或是同一类别障碍中不同个体间的差异，均需依据个体的独特需求拟订个别化教育计划并提供适当的教育。

## 三、个别化教育计划的功能

　　个别化教育计划的具体作用与功能主要表现在以下几方面。

### 1. 通过个别化教育计划的方式来保障特殊学生的受教育权

　　在有特殊教育法立法的国家里，个别化教育计划是一份具有法律约束力的书面文件，给每个特殊需要学生制订与实施个别化教育计划就是执行特殊教育法的具体规定；同时在个别化教育计划中记录了诊断、鉴定和安置等相关信息，记录了特殊需要学生所接受的特殊教育、相关服务等内容，记录了特殊需要学生所接受的特殊教育的教学成效。也就是说，通过个别化教育计划的拟订与实施让特殊学生获得适当的教育，进而保障其受教育权。

### 2. 个别化教育计划是一种教学管理的工具，保障特殊教育的质量

　　个别化教育计划是为了满足特殊需要学生的独特需求来设计的，其中所设计规划的长期目标和短期目标是教师设计教学活动、安排教学环节、实施教学活动的依据。通过个别化教育计划中目标和教学计划进行方向性规划，据此指导实际教育教学过程，不至于使教学活动散漫无结构，也能够更有组织更有效率地影响教学。总而言之，个别化教育计划作为教学管理工具，它确定了教学方向，对整个教学过程起着导向作用。

### 3. 个别化教育计划也可以作为一种绩效评估工具来对特殊教育的质量进行评价

　　个别化教育计划的执行效果能反映特殊教育的质量，也就是说要评估特殊教育质量则需要评估个别化教育计划的实施效果，若要评估个别化教育计划的实施成效则必定会对个别化教育计划的长期目标达成情况进行评估。也就是说，个别化教育计划与特殊教育质量存在以下逻辑关系：通过个别化教育计划的长期目标

---

1　林素贞.如何拟定"个别教育计划书"：给特殊教育的老师与家长 [M].新北：心理出版社，1999：17-18.

达成情况来反映个别化教育计划的实施效果，通过个别化教育计划的实施效果最终呈现特殊教育的质量。

4. 个别化教育计划为与特殊需要学生的相关人员提供了一个有效的沟通渠道

通过个别化教育计划拟订过程中的个别化教育会议为家长、学校教师和相关专业人员等与特殊需要学生的相关人员提供了面对面的沟通机会。在沟通过程中协商确定诸如特殊教育需求、相关服务需求和转衔服务需求等相关特殊需求，进而确定教育目标，所有与特殊需要学生的相关人员在明确的目标指引下相互配合，从不同角度来实施个别化教育计划。

个别化教育计划它能保障特殊学生的受教育权，能作为一种教学管理的工具保障特殊教育的质量，也可以作为一种绩效评估工具来对特殊教育的质量进行评价，同时也为特殊需要学生的相关人员提供了一个有效的沟通渠道，所以个别化教育计划在特殊教育中发挥着举足轻重、不可替代的作用。

## 四、个别化教育计划的内涵

个别化教育计划的核心内容主要由个别化教育计划会议和个别化教育计划文本拟订两部分组成。个别化教育计划会议涉及参会人员的确定、个别化教育计划会议召开的流程、会议召开的时间、会议召开的地点等内容。此外，个别化教育计划文本拟订主要是指个别化教育计划书面文件中的具体项目及其内容。

Bateman 将个别化教育计划的核心内容归纳为五个"W"（how，who，what，when，where）[1]，参会人员（who）代表了谁是个别化教育计划委员的成员。根据美国特殊教育法的规定，委员会的成员应包括学区的行政人员代表、与该特殊需要儿童相关的普通教育和特殊教育教师、相关服务的专业人员、此特殊需要儿童的父母或者监护人、诊断或评量人员，如果有需要且状况允许，此特殊需要儿童本人也可列席参加。

个别化教育计划会议召开的流程（how）是指个别化教育计划委员会拟订个别化教育计划的过程。在召开第一次个别化教育计划会议前需要准备好每位特殊需要学生的个别化教育计划设计草案，家长和所有相关人员在会议中进行讨论和协商，以达成适合此个案独特之教育需求的共识。

会议召开的时间（when）是指何时召开个别化教育计划会议。法律规定个案被鉴定为身心障碍者的三十天内，就必须举行第一次委员会会议。然后至少一年内必须再召开个别化教育计划会议以评价该个别化教育计划的实施成效。此外，当个别化教育计划必须作出重大改变，或是家长或学区行政单位提出要求时，个

---

1  Bateman, B.D. Better IEPs[M].2rd ed. Longmont, CO：Sopris West.1996.

别化教育计划委员会都必须随时再召开会议。

会议召开的地点（where）具体是指在何处举行个别化教育计划会议。通常此会议会在此个案就读的学校召开，理由是大部分的委员会成员都是学校的相关人士[1]。

个别化教育计划文本拟订（what）意为个别化教育计划的书面契约的内容项目。虽然美国特殊教育法几经修订，但是个别化教育计划的书面契约的内容项目大致为儿童现阶段教育表现之叙述、年度教育目标和短期教学目标的叙述、特别的特殊教育提供和相关服务的叙述、参与普通教育的状况，以及不能接受普通教育课程的理由说明，十四岁及其以上之个案则须加入转衔服务的叙述，若有需要，约十四岁亦可开始转衔服务的拟订、此份个别化教育计划实施的起止时间、长期教育目标和短期教学目标的评量方式、评量标准和评量结果之通知。这五方面作为个别化教育计划核心内容，为拟订个别化教育计划提供了内容维度方面的重要参考。

## 第二节　中山市随班就读学生的个别化教育计划

《第二期特殊教育提升计划（2017—2020年）》实施以来，为全面贯彻落实习近平新时代中国特色社会主义思想和党的十九大精神，让每个孩子都能享有公平而有质量的教育，从而全面保障残疾儿童少年受教育权益，中山始终坚持特殊教育公平、优质、融合发展的理念，按照"全覆盖、零拒绝"的要求，多措施并举，最大限度保障适龄残疾儿童少年接受义务教育的权利，形成了"以特殊教育学校为骨干，以随班就读为主体，以送教服务为补充"的特殊教育格局。自2016年以来，特殊需要儿童少年义务教育阶段入学率保持在95%以上。2020年中山市义务教育阶段6—14周岁有残疾证的896名残疾学生中安置于普通学校随班就读的学生有373人，占41.6%。随着融合教育的推行，普通学校随班就读学生的入学率大大提升，但同时也出现了一些特殊需要学生从普通学校随班就读后又回到特殊教育学校就读的现象，即随班就读学生的"回流"问题。产生此问题的原因诸多，其中主要的原因之一是普通学校的教育无法满足随班就读学生的教育需求。面对随班就读的特殊需要学生类型多样，严重程度不一的现状，如何解决满足随班就读的特殊需要学生需求的问题则迫在眉睫。因此，为每个学生拟订

---

1　林素贞.如何拟定"个别教育计划书"：给特殊教育的老师与家长[M].新北：心理出版社，1999：18-23.

个别化教育计划便显得尤为重要[1]，由于拟订与实施个别化教育计划的目的在于针对特殊需求学生较大的个别差异，即满足不同的个别化需求，那怎样为随班就读学生拟订个别化教育计划并发挥其功能这一关于个别化教育计划的理论与实践的问题则成为值得深入研究的课题。

在此背景下，中山市特殊教育指导中心指导随班就读学生就读学校积极进行关于个别化教育计划的实践探索，响应 2020 年颁布的《教育部关于加强残疾儿童少年义务教育阶段随班就读工作的指导意见》中提出的普通学校要针对残疾学生的特性，拟订个别化教育方案，努力为每名学生提供适合的教育的要求。关于随班就读特殊需要学生的个别化教育计划的探索过程则聚焦于如何解决为随班就读学生拟订个别化教育计划的问题。

## 一、个别化教育计划的拟订流程

个别化教育计划的拟订过程具体包括组织个别化教育计划委员会，特殊教育教师事先拟订个别化教育计划的初稿，通过为学生召开个别化教育计划会议，在已有个别化教育计划初稿的基础上确定学生个别化计划的内容；个别化教育计划确定后则开始实施个别化教育计划并对实施效果予以评价，具体 IEP 的拟订与实施步骤[2] 如图 4-2 所示。

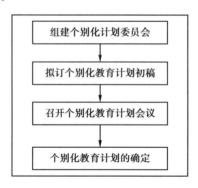

图 4-2　IEP 的拟订流程

### （一）组建个别化教育计划委员会

个别化教育计划委员会的组织需要确定参加委员会的成员、每名特殊需要学生的个别化教育计划会议的参会委员的组合规则以及委员会成员的职责。

1　李娟，马伟娜.布卢姆掌握学习理论在培智课堂教学中的应用 [J].绥化学院学报，2018，38(07)：59-62.
2　钮文英.迈向优质、个别化的特殊教育服务 [M].新北：心理出版社，2013：120.

### 1. 确定委员会成员

个别化教育计划委员会的成员包括：家长、学校行政人员、特殊教育教师（或者资源教师）、普通教育教师（若特殊需要学生现在或未来可能安置在普通班）、专业服务提供者、其他由家长邀请或要求陪同出席的人员（如其他家庭成员）、特殊需要学生本人（若适合参加 IEP 会议）、跨专业评量小组成员（依实际需要确定）、服务协调者（或个案管理员）、除上述人员外的其他成员（如其他家长或学校认为了解此特殊需要学生者，或是能符合他特殊需求的语言治疗师、社会工作师等特殊教育相关专业人员）、转衔服务机构代表（根据实际需要确定），注意需要确定其中的一名委员为个别化教育计划委员会的主席。

### 2. 委员会成员的组合规则

每名特殊需要学生的个别化教育计划委员会成员不一定相同，个别化教育计划委员会的成员组合基本上根据特殊需要学生个案独特性的需要进行组合，所以即使是安置在同一班级的学生，甲学生和乙学生个别化教育计划委员会的成员也不一定相同。学生的个别化教育计划委员会成员分为最基本成员和学生个案其他相关成员两部分。其中个别化教育计划委员会的主席、教育行政机构代表、特殊教育教师（或资源教师）和家长应是所有个案委员会的最基本成员，其他如普通班教师、个案本身、转衔服务的机构代表和相关服务的专业人员则是依个案的需求再加入的其他相关成员。

### 3. 委员会成员的职责

个别化教育计划委员会成员有不同的职责，需要明确具体职责内容，其中个别化教育计划委员会主席的职责主要有主持会议，协调委员会活动进行，与家长沟通，在团体计划和做决定的过程中给予协助，督导程序记录；家长的职责主要是为提供学生的学习和发展资料，提供学生接受其他服务的资料，协助拟订教育目标和其他服务目标；学校行政机构代表则需要承担安排特殊教育相关服务或转衔服务、促成不同学校或机构间的联系与合作，提供与协调个体安置学校或机构内的各项资源等责任；特殊教育教师（或资源教师）主要负责提供有关学生障碍的各项资料，明确指出学生目前的能力现状，明确指出学生的特殊教育需求，参与相关资料的解释，参与拟订学生的长短期目标并提供课程设计的构想；普通班教师则负责提供学生在教室内的学习表现资料，明确指出学生在普通教育的学习能力与限制，提供课程设计的资料，参与拟订学生的长短期目标；而专业团队人员（如语言治疗师、物理治疗师、职业治疗师等）需要解释相关评量资料，提供此个案的独特需求和相关服务的执行与建议；参加 IEP 会议的学生个案本人可以提供自己在课程及教室表现资料，提供自己生涯目标或兴趣的资料，分享自己在过去计划中所定目标的表现资料，协助确认适合自己学习的教育目标，转衔目标或服务目标。个别化教育计划委员会成员在召开 IEP 会议过程中发挥各自的职责以利更有效地进行沟通与合作 [1]。

每位特殊需要学生的个别化教育计划委员会的成员数目和构成结构依据学生的实际情况有可能不同，例如甲同学的个别化教育计划委员会的成员有家长、学校行政人员、普通班教师、特殊教育教师（或资源教师）、语言治疗师；而乙学生的个别化教育计划委员会的成员可能是家长、学校行政人员、特殊教育教师（或资源教师）、普通教育教师、特殊需要学生本人、转衔服务机构代表等。虽然不同学生个案的个别化教育计划委员会的组合可能不同，但是所有参与个别化教育计划委员会的成员都需要明确各自的职责，进而有效地进行沟通，为拟订出适合学生的个别化教育计划而服务。

### （二）拟订个别化教育计划初稿

召开个别化教育计划会议之前需要提早准备好会议讨论的个别化教育计划初稿，那么作为个别化教育计划委员会的基本成员之一的特殊教育教师（或者资源教师）则要事先根据评量结果及其相关资料拟订 IEP 的初稿。IEP 初稿的主要内容分为两个部分，第一部分内容为学生的基本资料，注意特殊需要学生在第一次拟订 IEP 时需要填写学生基本资料表格，学生基本资料填好后放入档案中，其后每年拟订 IEP 的过程中则从档案中调取即可，如果学生基本资料有变动或需要修改时则进行学生基本资料的添加与修改；第二部分内容为 IEP 初稿的核心内容，包括发展现状的评估、需求分析、目标和教学调整与支持服务四方面内容，这四方面的内容之间是具有内在的逻辑关系的。首先通过评估来明确特殊需要学生在主要障碍及其特征、心理特征、学业表现、行为表现等方面的实际能力情况；然后在分析评估资料的基础上进行能力现况的描述并确定需求；接着根据所确定需求的内容来选择与确定满足学生个别化需求的目标，目标则分为长期教育目标和短期教育目标。最后，根据长期教育目标和短期教育目标的内容提供相应的特殊教育服务与支持内容以及相关服务的内容。

### （三）召开个别化教育计划会议

召开特殊需要学生个别化教育计划会议的目的在于确定学生的个别化教育计划。特殊需要学生个别化教育计划会议召开的时间一般为学年开学前后，对于刚入学新生与转学生均应在入学后一个月内召开 IEP 会议。

特殊需要学生个别化教育计划会议在召开前需要确定参与个别化教育计划会议的人员、提早与委员会委员沟通并决定召开个别化教育计划会议的时间、决定

---

1　钮文英 . 迈向优质、个别化的特殊教育服务 [M]. 新北：心理出版社，2013：120.

召开会议的地点、决定会议的负责人、决定召开的形式和程序、准备相关资料（如鉴定评量报告、个别化教育计划之初稿、个别化教育计划之评量记录以及会议议程、会议记录表等），确认能参与个别化计划会议的成员及不能出席者事先沟通必要事项、发出通知和提供相关资料、准备与布置会议场地、积极鼓励家长参与个别化计划会议等具体事项的准备。

在召开个别化教育计划会议的过程中需要注意的是，不要进行学校整体特殊教育业务的宣导，而应以学生的 IEP 内容的确定及学生情况作为讨论的焦点；在整个会议进行过程中需要维持会议讨论的方向和焦点，不要岔开话题；参会的个别化教育计划委员会成员在会前需要了解个别化教育计划初稿的内容并且明确自己在会议中的角色和职责。

### （四）确定个别化教育计划

个别化教育计划会议结束后，需要整理个别化教育计划会议讨论的内容，并完成个别化教育计划会议中提出的其他待完成事项；对未能参加个别化教育计划会议的团队成员和家长，告知会议结果，并且询问其意见，并根据个别化教育计划委员会的意见修改个别化计划。

个别化教育计划会议讨论的主题是确定个别化教育计划是否恰当。如果个别化教育计划内容恰当则接下来实施个别化教育计划，如果内容不恰当则进行修改，修改后需要再次确认个别化教育计划的内容是否恰当，若内容不恰当应一直修改至完全适当为止，修改协调一致后最终需要个别化教育计划委员会的委员签名认可表示同意之后，才能视为个别化教育计划的确定，并将个别化教育计划付诸实践。

完整的个别化教育计划拟订经过组建个别化教育计划委员会、拟订个别化教育计划初稿、召开个别化教育计划会议并确认个别化教育计划四个步骤，一旦确定好个别化教育计划后则可以继续进行个别化教育计划的实施并对个别化教育计划的实施成效予以评价。

## 二、个别化教育计划文本的拟订

### （一）个别化教育计划书表格设计

通过综合分析个别化教育计划的内容构成，我们确定了中山市随班就读学生个别化教育计划书面文件的内容。随班就读学生的个别化教育计划书面文件内容主要分为两个部分，第一部分内容为学生的基本资料，第二部分内容为评估、需求、目标及服务。具体表格如下所示（见表 4-1）：

表4-1　中山市随班就读学生个别化教育计划

编号：＿＿＿＿＿＿＿　　　　　　　　学校：＿＿＿＿＿＿＿

# 个别化教育计划

姓　名（性别）：＿＿＿＿＿＿＿

年 级/班 级：＿＿＿＿＿＿＿

学　　　年：＿＿＿＿＿＿＿

个案管理者：＿＿＿＿＿＿＿

制订完成日期：＿＿＿＿＿＿＿

## 个别化教育计划委员会

| 参会委员类别 | 委员称谓或与学生关系 | 签名 | 意见 |
|---|---|---|---|
| 家长或监护人 | | | |
| 学校行政人员 | 校长 | | |
| 教师 | 班主任 | | |
| | 资源教师 | | |
| 相关专业人员 | | | |
| 其他（家长邀请陪同人员、本人） | | | |

## 第一部分　　学生基本资料

1. 姓　　名：　　　　　　性别：
   出生日期：　　　　　　身份证号码：
2. 残疾证：□有残疾证　　残疾类别：　　　　　残疾程度：
   　　　　　□无残疾证
3. 户籍地址：　　市/县　　区/市/乡镇　　路/街　　栋　　号
   住址：　　　市/县　　区/市/乡镇　　路/街　　栋　　号
4. 父亲姓名：　　　　　教育程度：　　　出生日期：　　□离异□监护人□身故
   工作单位：　　　　　　　　　　　　手机号：
5. 母亲姓名：　　　　　教育程度：　　　出生日期：　　□离异□监护人□身故
   工作单位：　　　　　　　　　　　　手机号：
6. 常用语言：□普通话　□粤语　　□其他：＿＿＿＿＿＿

7. 成长史（学生成长过程中的生长发育、医疗、教育、家庭等相关资料）

编号：_____　　　　　　　学校：_____

# 第二部分　评估、需求、目标与支持

## 一、评估

## 二、能力现况与需求分析

## 三、目标
### （一）长期教育目标

| 长期教育目标内容 | 评量结果（是/否） | 原因备注 |
|---|---|---|
| 1. | | |
| 2. | | |
| 3. | | |
| …… | | |

### （二）短期教育目标

| 短期教育目标内容 | 评量结果（是/否） | 原因备注 |
|---|---|---|
| 1.1 | | |
| 1.2 | | |
| 1.3 | | |
| 2.1 | | |
| …… | | |

## 四、服务与支持
### （一）特殊教育服务与支持

### （二）相关服务

### （二）个别化教育计划书撰写指南

个别化教育计划分为封面部分、学生基本资料部分、评估需求目标与支持部分，在实际拟订过程中可以具体参考以下要点进行撰写。

#### 1.封面部分

封面部分的信息包括编号、学生照片、姓名、性别、年级班级、学年、个案管理者、拟订完成日期、家长或监护人签名、学校行政签名、教师签名等内容。个案管理者需要注意封面信息填写的完整性及要根据真实信息进行填写，具体而言，封面部分页眉处的编号填写学生的学籍号；学校则填写就读学校名称；委员称谓或与学生关系栏中内容可填写"父子"或"母女"关系；签名栏填写部分若为IEP纸质稿，则可手写签名，若为IEP电子稿则输入实际信息即可；意见栏则由参加个别化教育计划会议的成员填写"同意"或"不同意"。

#### 2.学生基本资料

学生的基本资料主要内容为学生个人的背景资料，包括姓名、性别、出生日期、身份证号码、残疾证信息、地址、父母信息、常用语言、成长史等内容。注意学生基本资料若有更新在每年拟订IEP时需及时修改基本资料的变更部分。本部分的撰写重点为学生的成长史部分，个人的基本信息资料可以通过家庭访谈或调查进行收集。学生的成长史是指在学生成长过程中对生长发育过程、医疗过程、教育过程、家庭教养等相关内容的描述。下文为某校一名7岁特殊需要学生小华(化名)的成长史描述。

#### 案例1：小华的成长史

小华的母亲在怀孕期间曾因感冒服用过药物，曾经受过X光照射，并在孕后期出现出血的情况；小华为自然分娩、提前30天出生的早产儿，出生时体重不足2500克，出生时即诊断为21三体综合征，以及先天性地中海贫血，有新生儿黄疸，出生后没有吸吮能力，体质差。婴幼儿期间很少啼哭，表现得很安静，动作、语言以及自理等各方面能力都有明显的发育迟缓。2岁时，确诊对蚕豆类食物过敏，对蚕豆病类的药物过敏，无定期服药及特别医嘱。4.5岁时诊断为重度智力障碍，领有残疾证，6岁时才能够自己大小便，6岁后开始有少许语言能力。

小华从1岁半到3岁期间在康复中心接受康复培训，主要接受动作康复和语言康复训练；3岁到6岁在小学就读三年，主要学习认知类和生活自理方面的内容，期间曾多次接受过语言康复方面的支持。家长对小华时而严厉，时而民主，做错事情的时候家长采用的方法为耐心跟孩子讲道理，直至帮助孩子解决问题。家长对小华的生活自理能力非常重视，希望该生能够多动手做事情（如做手工、洗碗筷、扫地、擦桌子等），提高其独立生活的能力，长大之后能尽量减少父母在照顾该生方面的压力。家长希望小华能够学习一定的劳动技能（如洗车、餐具清洁等），以后可以找到一份自食其力的工作来养活自己。

以上小华的成长史中包括了其生长发育史、医疗史、教育史以及家长的教养方式与家长对学生的期望等信息。小华的生长发育史与医疗情况则依据出生前、出生时、出生后、婴儿时、幼儿期不同阶段的发展情况进行陈述；接受的教育情况则按就读学校或机构的先后顺序呈现就读学校名称、就读持续时间、学会的主要技能或主要教学内容以及学生的进步状况；家庭教养信息主要通过家庭教养方式以及家长对学生的期望等内容来反映。

3. 评估、需求、目标与支持

（1）评估。评估的目的是采用科学的方式客观地了解特殊需要学生实际能力情况，借由正式评估方式或非正式的评估方式来明确学生目前在学业成就或能力发展上的最高水准。正式评估主要是指采用标准化测验的方式进行评估，例如韦氏幼儿智力量表、韦氏智力量表（第四版）等标准化测验属于正式评估；而问卷、调查表、检核表、非标准化量表等都属于非正式评估。学生发展现状的评估主要从学生的主要障碍程度及特征情况、学生的心理特征情况、学业表现和行为表现等方面来进行。在撰写评估部分内容时，一方面注意尽可能地收集填写已有的评估资料，另一方面需要根据学生个体需要增加一些评估项目实际评估学生，以便进一步了解学生。

评估项目内容可以包括智力测验如韦氏幼儿智力量表和韦氏智力量表、适应性行为量表以及有关认知、沟通、情绪、人际关系、生活自理、身体动作与行动、学习习惯、语文成绩及语文学科表现、数学成绩及数学学科表现和其他学科成绩及学科表现的正式评估或非正式评估。具体进行评估内容呈现时，注意明确地描述评估内容中的主要信息，结果摘要具体明确有意义，并对摘录出来的量化数字得分记录结果进行解释。案例二为学生小红（化名）的部分评估信息陈述。

### 案例 2：小红的部分评估内容描述

小红于 2007 年 4 月 30 日在儿童医院由李医生进行韦氏幼儿智力量表和儿童适应性行为评定量表的评估，其中韦氏幼儿智力量表的正式施测结果为言语智商得分 40 分，操作智商得分 32 分，全智商 IQ 得分为 49 分，处于中度智力低下水平；儿童适应性行为评定量表得分为 47 分，标准分得分为 42 分，其社会生活能力与一般同伴比较发展迟缓，处于中度低下水平；小红为智力障碍，智力残疾程度为中度。

上文学生的评估内容中完整地说明了评估资料的评量日期、评估工具的名称、施测者以及结果，并对结果摘要进行了有意义的解释，清楚地反映了学生小红的现有能力情况。

（2）能力现状及需求。能力现状是指学生目前在学科成就或能力发展上的最高水准，需要由正式评估或非正式评估结果得到这些资料。能力现况描述的内容包括智力测验、适应性行为、认知、沟通、情绪、人际关系、生活自理、身体动作与行动、学习习惯、语文成绩及语文学科表现、数学成绩及数学学科表现和其他学科表现等与学生评估相关的各个维度，详见案例3。

需求分析是考虑学生的障碍特征及已有能力现状，从优势和弱势两个角度进行分析来思考学生的需求，并考虑哪些需求可以通过参加普通班级课程得以实现、哪些需求可以通过资源教室的个别化课程来实现、哪些需求通过相关服务或情绪行为的正向支持方案来满足。优势主要指表现出明显优异的能力，这项能力可以提升或者发挥个人的功能；弱势则强调明显表现出来的困难会阻碍或影响个人功能的发挥；注意完成优势弱势的分析后要记录分析的结果，并在已有优势弱势描述的基础上考虑增加优势的表现机会、发展优势能否协助发展弱势、弱势是否能补救、弱势是否有适用的替代方式；对优势弱势特征的处理过程中即发展出需求的内容，学生的需求主要体现在特殊教育需求、相关专业支持的需求和其他需求如转衔服务或情绪行为问题处理的正向支持方案等方面。如案例3所示。

### 案例3：小刚的能力现况及需求分析

依据小刚（化名）学生档案袋里的韦氏智力测验结果可知，全智商IQ得分为49分，与一般同伴比较智力落后，智力障碍程度为中度。其韦氏测验的言语智商得分40分，操作智商得分32分，从言语智商和操作智商两项分测验分析得知言语智商略优。目前根据评估结果和老师平时观察来看，他的注意时间短暂且容易被外部信息干扰或吸引；记忆事情容易遗忘并缺乏记忆策略；很难理解几何图形和文字；他在逻辑推理能力的发展上明显滞后于同龄儿童；他的认知能力与班上同学比较明显落后。建议在课堂教学过程或日常生活中与小刚互动时，放慢说话的速度且注意语言的简短和精确。

根据教师课堂观察和家长访谈，他有一定的生活自理能力。有较好的进食习惯，能够使用勺子吃饭；能独立如厕、洗手；能辨认简单的衣服类别，能穿简单套头衫，但有时分不清衣服正反面，需要老师的语言提示；能认识班级老师、熟悉班级同学，认识自己的教室；他性格外向，对陌生人好奇，有与人交往和交流的欲望，但欠缺交往技巧及恰当的表达方式。注意与他沟通时放慢说话的速度，并延长等待他回答的时间，辅以言语语言治疗。

　　依据《儿童行为评估量表》的结果分析可知，该生比较多动，注意力不集中，做事的耐性不是很好；语言理解和表达的能力较弱；组织能力不佳，经常弄乱东西，双手协调性欠佳。在课堂上可以调整其座位，安排到距离讲台较近的位置。

　　在语文学习方面，他的语文成绩在班上最后几名，对生活中常见的物品名称比较熟悉，知道很多常见的水果、动物以及生活物品的名称，能听懂常用的词语并有适当的回应，能用简单的短语表达自己的基本需求，能跟读简单短句，说话发音不清，多用词语表达，识字能力较弱，能描红基本笔画；在数学学习方面，他的数学成绩也是班上最后几名，只会唱数10以下的数，不会加减法，对颜色、图形反应不敏感，大部分时间概念、基本图形概念和空间概念还不能掌握。在教学过程中，教师注意减少并简化教学内容，根据实际需要提供课后学习辅导，并采用替代的学业成绩评价方式。

　　根据教师课堂观察，他的课堂规则意识较弱，容易分心，经常会左看右看；上课坐不住，会在课堂上随意走动；无情绪和行为问题。班上可以形成简单明确具体的班规，在小刚上课时，可以安排同伴提醒他遵守课堂规则，课后增加自我控制方面的训练内容。

能力现况的描述需要具体明确。首先需要说明所使用的评量工具名称或资料的来源，然后描述此方面具体的表现情况；接着需要考虑与一般的同伴进行个体间的能力比较，主要参考普通班学生的表现情况；最后对个体自身内在能力不同方面进行比较即个体自己不同方面能力的比较。详细说明了现有能力情况之后，进行优势与弱势的分析，并在考虑优势与弱势所产生影响的过程中提供满足需求的具体支持内容。

（3）目标。目标的内容源于学生能力现况所确定的需求，选择与确定写入IEP中的需求内容后，撰写相应的长期教育目标和短期教育目标。实施个别化教育计划的目的就是为了满足身心障碍者的独特需求，学生个案的独特需求如何决定是IEP会议委员们共同商议的问题；只有确定了需求，才能在需求导向下确定特殊教育的教学目标、相关服务、转衔服务等内容。

目标具体包括学生的长期教育目标与短期教育目标，注意确定长期教育目标时需要考虑此目标是否依据学生现况描述和需求拟订，是否处于学生最近发展区内，不要选择学生很难或不可能达到的长期教育目标，要选择学生需要学习的并且在学习了之后能够有学习效果的目标。每年开学前都需要根据现阶段学生的独特需求编拟个案下一学年的长期教育目标和达到长期目标所需的短期目标。长期教育目标是指个别化教育计划委员会根据学生的现状、学习能力和其独特的教育需求以及家长的期待等，决定一学年之后，此学生可以达到的某学科学习、某项能力的发展的教育目标。短期教育目标是指在长期教育目标的指引下，将学科学习、能力发展的教育目标，依据课程架构、技能组织或能力发展程序的原则，再考虑时间分配因素，细分为若干小目标，以作为实施教学或辅导的依据，可参考案例4来撰写目标。

**案例4：小张部分长期教育目标和短期教育目标**

学生小张（化名）的长期教育目标内容

1.2020-9-1至2021-9-1，能够阅读日常生活中餐厅里的菜单，提供两份菜单，能根据菜单点菜，并选择自己喜欢的内容，连续3次正确说出点菜内容，正确率为85%。

2.2020-9-1至2021-9-1，能够独立笔算用数图表示的10以内的加法，正确率80%

……

学生小张的短期教育目标内容

1-1.2020-9-1至2020-11-1，每次提供两份快餐店（麦当劳或肯德基）的菜单，能够根据菜单选择自己喜欢的内容，每两周评估一次，连续3次正确说出点菜内容，正确率为85%。

1-2.2020-11-1至2021-1-1，每次提供两份中餐店的菜单，能够根据菜单选择自己喜欢的内容，每两周评估一次，连续3次正确说出点菜内容，正确率为85%。

1-3.2021-3-1至2021-5-1，每次提供两份西餐店的菜单，能够根据菜单选择自己喜欢的内容，每两周评估一次，连续3次正确说出点菜内容，正确率为85%。

1-4.2020-5-1至2021-7-1，每次提供两份菜单（任意选择快餐店、中餐店、西餐店菜单），能根据菜单点菜选择自己喜欢的内容，连续3次正确说出点菜内容，正确率为85%。

2-1.2020-9-1至2020-11-1，每次提供5以内的加法的学习测验卷，能够在规定时间内独立笔算完成用数图表示的5以内的加法，每两周评量一次，连续3次正确率为100%。

2-2.2020-11-1至2021-1-1，每次提供用数图表示的含0的加法（5以内）学习测试卷，能够独立笔算完成，每两周评估一次，连续3次正确率100%。

2-3. 2021-3-1 至 2021-5-1，每次提供用数字表示的 5 以内的加法学习试卷，能够独立笔算完成，每两周评估一次，连续 3 次正确率 100%。

2-4. 2021-5-1 至 2021-7-1，每次提供用数图表示的 10 以内的加法学习试卷，能够独立笔算完成，每两周评估一次，连续 3 次正确率 100%。

……

注意长期教育目标和短期教育目标的主体是学生，且侧重从学生的学习结果角度叙述目标，具体目标内容为目标的主体能够完成的一个具体的行为结果，并清晰地说明评价此行为的情境与评价标准、评价方式。

（4）服务与支持。服务与支持包括特殊教育的服务与支持、相关服务两方面的内容。服务的内容源于学生的长期教育目标与短期教育目标，根据学生的长期教育目标与短期教育目标提供特殊教育服务与支持和相关服务；由于特殊需要学生的障碍会对其正常上课或者进行正常的日常生活产生影响，所以提供保障学生能参与正常的上课和生活所需要的支持，从而达到最大限度地发挥学生的潜能和补偿学生的不足的目的。

在撰写特殊需要服务内容时主要说明为特殊需要学生个体提供的课程内容与参与不同类型课程的学习时间安排，并以学生个人课表的方式呈现。特殊需要的支持内容特指在融合教育背景下以班级授课制为主要教学组织形式的情境中根据学生的需求对课程内容、上课环境、上课时间、教学策略、考试方式等进行具体的调整。

相关服务的内容包括：语言病理诊断和语言治疗、物理治疗、职业治疗、听力检查、心理辅导、儿童早期鉴定与评估、咨询服务、以诊断为目的的医疗服务、休闲娱乐（包括治疗性的娱乐活动）。相关服务项目的选择需要根据学生个体实际的障碍特征来确定相应的必需的项目。此外，根据学生的实际情况增加转衔服务以及情绪行为问题的正向行为支持方案等内容。

# 第三节　个别化教育计划案例

## 一、个别化教育计划案例背景

学生小明，男，现就读于 XX 学校小学一年级，经中山市 XX 医院诊断为自闭症谱系障碍。小明自小与爸爸妈妈、弟弟和奶奶一起生活，弟弟上幼儿园，与家人感情良好。刚上学时妈妈到校陪读了一个学期，后来家长需要工作改由奶奶陪读。他在家有自己独立学习的空间，妈妈平时很关注他的学习情况，周末偶尔会带他一同参与活动。在学校不适应学校的校园生活，喜欢跑，喜欢动，不喜欢排队，排队时自己随便乱走动。上课时，有时喜欢开灯关灯玩，会在班级里乱翻东西，乱画本子，乱画黑板，搅乱课堂秩序；有时喜欢脱了鞋子在座位上玩，还会只穿着袜子就走出教室到外面自己玩；老师要求他回教室，他不愿意进教室上课，就会自己独自在学校乱走；喜欢在操场独自逗留，有时独自爬上学校高楼层找地方玩，也会去老师办公室乱跑、乱翻、找东西吃。在学校里不与人主动交流，别人与他讲话他不听。很难习得学校的课堂教学知识，学习能力欠佳。

## 二、个别化教育计划内容举例

### 案例5：小明同学的个别化教育计划

学生小明的个别化教育计划

（照片）

姓名（性别）：　小明（男）

年级/班级：　一（1）班

学　　年：　2020

个案管理者：　★★★

拟订完成日期：　★★★

个别化教育计划委员会

| 参会委员类别 | 委员称谓或与学生关系 | 签名 | 意见 |
|---|---|---|---|
| 家长或监护人 | 母子 | ★★★ | 同意 |
| 学校行政人员 | 校长 | ★★★ | 同意 |
| 教师 | 班主任 | ★★★ | 同意 |
|  | 资源教师 | ★★★ | 同意 |
| 相关专业人员 |  |  |  |
| 其他（家长邀请陪同人员、本人） |  |  |  |

第一部分　学生基本资料

1. 姓　　名：小明　　　　　　　　　性别：　男
   出生日期：＊年＊月＊日　　　　　　身份证号码：　＊＊＊＊＊＊＊＊＊
2. 残疾证：□有残疾证　　　　残疾类别：　　　　残疾程度：
   　　　　　√无残疾证
3. 户籍地址：　＊市/县　＊区/市/乡/镇　＊路/街　＊　栋＊　号
   住址：　　　＊市/县　＊区/市/乡/镇　＊路/街　＊　栋＊　号
4. 父亲姓名：＊　　教育程度：本科　　出生日期：＊＊　　□离异√监护人□身故
   工作单位：＊　　　　　手机号：＊＊＊＊＊
5. 母亲姓名：＊＊　教育程度：本科　　出生日期：＊＊＊　□离异√监护人□身故
   工作单位：＊＊＊　　　手机号：＊＊＊
6. 常用语言：□普通话　√粤语　□其他：＿＿＿＿＿＿＿＿

7. 成长史（学生成长过程中的生长发育、医疗、教育、家庭等相关资料）

出生前，母亲怀孕时状况良好，无特殊问题，产检没有异常表现；出生时，父亲32岁，母亲26岁，足月剖腹产出生，体重7斤多；出生后，婴儿健康状况良好；婴儿期生活表现不安静；幼儿期，经医院诊断，动作发展、语言发展迟缓，生活自理能力异常，主要表现在大小便不能自理，与同龄、同性别孩子比较，表现出注意力短暂、情绪不稳、人际互动不佳、认知发展落后等方面的差异，临床诊断为自闭症。

小明听觉状况良好；视觉状况，视力正常，眨眼睛频率较高；语言发展迟缓，主动语言较少，偶尔发出怪异的声音，说话的声音低沉，较多地用气息发声。因其患有自闭症，在幼时有较为严重的情绪障碍，曾服用安定类的药物，出现睡觉较多的情况，精神涣散，影响到学校学习效果，后期逐渐减轻药量，直至断绝药物。

2岁零8个月开始，在中山市＊＊接受语言和认知方面的康复训练，持续了9个多月，但效果甚微；3岁半开始在＊＊机构接受感觉统合训练，各方面都有明显的进步，特别是认知和运动能力；6岁开始，边训练边就读于＊＊托儿所的学前特教班，此阶段开始，生活自理能力进步明显；＊＊年9月起至今，就读于中山市＊＊小学，目前为一年级。

他排行老大，还有一个妹妹，和爸爸妈妈和奶奶一起生活，妹妹上幼儿园，他主要由妈妈和奶奶照顾，与家人感情良好。常用语言为粤语。家长对他要求比较严格，由于特教专业知识欠缺，出现问题时会有大声呵斥的情况。家长也愿意多腾出时间陪伴孩子，愿意带领他参与尽量多的运动、旅游和社交类活动，创造机会让他接触更多的社会情境。但是由于始终带有怜悯心，对孩子教育过程中采取尽量满足其要求的方式，有时会因该生的倔强和发脾气而较多妥协，顺从学生的意愿，降低要求。家长希望他能够配合老师，学习生活自理与生活技能，学会和小伙伴交往互动，能健康、快乐地成长。

## 第二部分  评估、需求、目标与支持

### 一、评估

小明于 2019 年 8 在 * 医院由 * 医生进行韦氏儿童智力评估（C-WISC）测验，正式施测的结果为言语智商得分 39、操作智商得分 40 和全量表智商为 33，全智商得分为 48 分，其百分位分别为 0.10、0.10、0.10，也就是说该生与同年龄组的人进行比较，其言语智力比 0.10% 的人好，比 99.90% 的人差；操作智力比 0.10% 的人好，比 99.90% 的人差；而总智力比 0.10% 的人好，比 99.90% 的人差，小明处于中度智力低下水平，伴随智力障碍，并被诊断为言语发育迟缓。

通过教师对小明在校学习与生活的观察可知，上课时由于课堂学习内容高于小明的认知理解范围，所以他在上课时经常会发呆、会特别留意窗外或教室内的声响，一旦环境里有点风吹草动就会四处张望。他认知能力较弱，对于老师的部分指令需要同学协助或提醒才能完成（如：体育课或到室外集队，需要同学叫名字或牵着，才不会落下）。小明在课间活动时，多数是自己在教室里坐着或跑到资源教室门口，更多的是在奶奶的引导下和同学一起互动（甚少与固定的小伙伴互动）或是奶奶提醒小明自己去上厕所。

### 二、能力现况与需求分析

依据小明被诊断为自闭症以及采用韦氏儿童智力评估（C-WISC）测验正式施测的结果资料可知，他与一般同伴比较存在注意力短暂、情绪不稳、人际互动不佳、认知发展落后等方面的差异，并伴随智力障碍。他上课注意力分散，无法独立参与课堂学习，学习也无法跟上班级的学习进度。在参与课堂教学过程中，教师需要注意多次提醒学生或者对教学材料的呈现方式进行调整以支持小明的注意力不足问题。

依据教师对小明的在校生活与学习行为的观察，他不遵守校园生活的基本规则，不排队，在班级里乱翻东西，随意脱鞋子在座位上玩，不愿意进教室上课，会去老师办公室乱跑、乱翻、找东西等。但是视觉提示与接收能力较好，受到老师的表扬会很开心，对简单指令的执行与跟随能力较好，能够配合老师反复练习课程内容。由于小明有时不愿意进教室上课，需要组织资源教师或者学校教务处老师等人员合作处理突发情况。需要强化小明同学的学校适应能力，使其能够遵守上课响铃了要进教室、不随便离开座位、专心听课等课堂规则，同时需要陪读家长与资源老师较多地采用视觉策略和语言提示，辅助学生认识和巩固班级行为规范。教师在课堂教学设计中，结合他总体认知理解能力欠佳的特点，学业上降低对该生的学习要求，有针对性地调整小明的学习难度，也可以选择一些替代性的学习内容供他课堂学习并调整对他的学习评价方式。

依据教师对小明的观察，学生有较强的社交渴望，但缺乏规则意识，在学校里不与人主动交流，别人与他讲话时他不会倾听，需要学习人际互动技巧。

三、目标

（一）长期教育目标

| 长期教育目标内容 | 评量结果（是/否） | 原因备注 |
| --- | --- | --- |
| 1. 2020-9-1 至 2021-9-1，能够与一名同学建立好伙伴关系，提供一份一天的同伴关系观察表，能够在一天的校园学习与生活中观察到他有一次主动叫出同学的姓名，上学时与同学问好，放学时能够道别，有一次独立与伙伴的互动行为。 | | |
| 2. 2020-9-1 至 2021-9-1，能够说出生活中常见的物品名称，提供一份有 30 种生活常见物品图片，能够说出 30 种物品的名称，正确率达到 100%。 | | |
| 3. 2020-9-1 至 2021-9-1，能够使用小面额人民币（5 角、1 元、5 元、10 元），提供 5 种价格为 20 元以内的常用物品，能够自己选择购买两种物品，正确地使用人民币与好伙伴完成模拟购物，正确率达到 100%。 | | |

（二）短期教育目标

| 短期教育目标内容 | 评量结果（是/否） | 原因备注 |
| --- | --- | --- |
| 1.1 2020-9-1 至 2020-11-1，每天上学放学见到好伙伴时，能够和好伙伴说早上好与再见，每两周评估一次，连续 3 周正确说出社交语言内容，正确率为 100%。 | | |
| 1.2 2020-12-2 至 2021-4-1，每周的融合资源课上，能够有一次独立与好伙伴一起进行游戏互动，每两周评估一次，连续 3 周有一次独立的互动行为表现。 | | |
| 1.3 2021-4-2 至 2021-7-1，在上课时当老师提问小伙伴的名字是什么时，能够准确地说出好伙伴的名字，每两周评估一次，连续 3 次说出名字，正确率为 100%。 | | |
| 2.1 2020-9-1 至 2020-11-1，每次提供常见的 5 种食品图片和 5 种生活用品图片，能够说出图片上的食品和生活用品名称，每两周评估一次，连续 3 次正确地说出名称，正确率为 100%。 | | |
| 2.2 2020-11-2 至 2020-12-1，每次提供常见的 5 种人物名称图片和 5 个数字图片，能够说出图片上的名称，每两周评估一次，连续 3 次正确地说出名称，正确率为 100%。 | | |

续表

| 短期教育目标内容 | 评量结果（是/否） | 原因备注 |
|---|---|---|
| 2.3 2020-3-2 至 2020-6-1，每次提供常见的 5 种功能性建筑物图片和 5 种交通工具与设施图片，能够说出图片上的建筑物和交通工具与设施的名称，每两周评估一次，连续 3 次正确地说出名称，正确率为 100%。 | | |
| 3.1 2020-9-1 至 2020-11-1，每次提供 5 种价格为 5 元以内的常用物品，能够选择使用 5 角、1 元面额纸币选择购买两种物品，每两周评估一次，连续 3 次正确地使用人民币与好伙伴完成模拟购物，正确率为 100%。 | | |
| 3.2 2020-12-2 至 2021-4-1，每次提供 5 种价格为 10 元以内的常用物品，能够选择使用 5 角、1 元、5 元面额纸币选择购买两种物品，每两周评估一次，连续 3 次正确地使用人民币与好伙伴完成模拟购物，正确率为 100%。 | | |
| 3.3 2021-4-2 至 2021-7-1，每次提供 5 种价格为 20 元以内的常用物品，能够选择使用 5 角、1 元、5 元、10 元面额纸币自己选择购买两种物品，每两周评估一次，连续 3 次正确地使用人民币与好伙伴完成模拟购物，正确率为 100%。 | | |

四、服务与支持

（一）特殊教育服务与支持

1. 特殊教育服务：根据小明的长期教育目标和短期教育目标内容对学校班级课表的内容进行调整，形成了以下小明的个人课表，具体课表内容如下：

| | 星期一 | 星期二 | 星期三 | 星期四 | 星期五 |
|---|---|---|---|---|---|
| 第一节 | 数学 | 音乐 | 英语 | 语文 | 语文 |
| 第二节 | 语文 | 语文 | 综心 | 特教资源课 | 体卫 |
| 第三节 | 信息 | 特教资源课 | 数学 | 数学 | 数学 |
| 第四节 | 体育 | 数学 | 语文 | 体育 | 特教资源课 |
| 第五节 | 班队 | 美术 | 特教资源课 | 科学 | 劳动 |
| 第六节 | 特教资源课 | 思品 | 音乐 | 英语 | 美术 |
| 大课间 | | | | | |

2. 特殊教育支持：根据学生的障碍特点对他正常参与学习与生活产生的影响，需要进行学业内容的调整与环境的支持，具体内容如下：

小明同学大部分时间参与班级集体教学课程，每天有一节特教资源课，通过个别化的一对一的教学、融合小组学习、融合活动等方式进行教学。资源老师提早与授课教师沟通教学内容，布置班级上课随堂作业，让小明在陪读家长的提示下通过抄写、描画等式参与班级课堂学习。班主任及任课教师配合资源老师设计课堂任务，并与陪读家长同监督执行。小明在参与班级集体上课过程中，教师也需要结合他整体认知理解能力佳的特点，学业上降低对该生的学习要求，有针对性地调整小明的学习难度，也可以择一些替代性的学习内容供他进行课堂学习。在实际呈现学习材料时可以提供视觉性料，在指导小明的学习过程中提供简单的指令与清楚的操作步骤，小明一旦有进步表现，多给予表扬和鼓励。同时，也需要调整学习评价方式，采用个别化教育计划中的目标现评估方式来评估学生的进步状况，把学生小明资源课表现积分计入班级个人积分。外，学生会有不愿意进教室上课的情况，需要组织资源教师或者学校教务处老师等人提供合作，处理突发情况。

### （二）相关服务

小明同学目前没有接受任何相关服务。

## 三、个别化教育计划案例分析

上文小明的个别化教育计划案例中，小明的个别化教育计划的封面资料信息填写完整，也填写了完整的个人基本资料，详细地描述了他生长发育过程、医疗、教育及家庭教养情况。

在小明的 IEP 中尽可能地收集了与学生能力现况相关的正式评估与非正式评估资料，并且对评估资料的评量日期、评估工具的名称、施测者以及对评估结果摘要进行了恰当的解释，能更清晰地反映出学生的能力情况。虽然教师对小明进行了校园学习与生活的细致观察，但是根据小明的障碍类型与已有的特征描述，如果能对小明增加一些关于认知、情绪、生活自理和学科成绩与表现方面具体的评估则有助于进一步客观地了解学生的能力情况。

能力现况与需求分析部分采用正式评估量表和非正式观察的评估方式对小明的障碍情况、认知和行为特征从优势和劣势两个角度进行了细致的分析，并澄清了他的需求、为他参加正常的课堂学习和生活提供了支持性的建议。不过根据小明的已有能力现况，可以推测他在学科学习及学习习惯方面也可能会存在需求，可以补充他关于认知、学科学习现况与学习习惯特征等方面的能力现况信息和与之相应的需求分析内容。

目标部分的内容撰写部分根据学生的需要拟订了 3 条长期教育目标和与之相应的短期教育目标，长期教育目标和短期教育目标的撰写详细具体，具有可评估性，清楚地说明了评价的方式、评价的标准。但是根据小明的个体能力表现情况和需求还有待调整优先选择的目标顺序，小明存在不遵守校园生活的基本规则和上课学习规则的情况，对自己和他人的学习产生了不利影响，可能最优先考虑的长期目标需要包括小明的行为问题内容。

IEP 中根据小明的目标内容提供了相应的特殊教育服务与教育支持建议。此外，由于小明家庭教育中家长的关注度较高，可以在特殊教育支持部分中加入家长家庭教育合作部分建议的内容。

特殊教育通过提供符合特殊需要学生需求的适性教育，促进特殊需要学生的发展。在实际的特殊教育实践过程中尊重不同特殊需要学生的个体间差异，实施依据个体的独特需求而拟定个别化教育计划，进而保障特殊需要学生接受特殊教育的质量。科学地拟订个别化教育计划是实施个别化教育计划的前提条件，在实际实施个别化教育计划过程中需要遵循特殊教育课程教学的基本原理，结合本校的实际情况因地制宜地实现个别化教育计划，并验证个别化教育计划的可行性。此外，注意对特殊需要学生个体的学习表现情形进行系统的评量以及对个别化教育计划整体进行全面的评价，进而探索与发展个别化教育计划的评价模式，为进一步深入探究随班就读学生个别化教育计划的实施与评价积累实践经验。

# 第五章　融合教育师资培训

百年大计，教育为本。教育大计，教师为本。教师是影响融合教育发展成效的关键因素，融合教育师资队伍的培养是落实为每个特殊儿童提供合适教育的重要环节。

## 第一节　中山市融合教育师资培训概述

### 一、中山市融合教育师资培训定义

教师教育，顾名思义是对教师培养和培训的统称，即在终身教育思想的指导下，按照教师专业发展的不同阶段，对教师实施职前培养、入职培训和在职研修等连续的、可发展的、一体化的教育过程。为适应新时代教育发展的新使命，2018年印发的《教师教育振兴行动计划》中明确教师教育是教育事业的工作重心，是提升教育质量的源泉。

不同于国家统筹、高校培养的职前"师范教育"和"教师资格考核"，本章中的教师教育是指中山市范围内，根据长期规划、按专项、有主题地，为更好地完成教育教学工作而针对在职教师进行的教师培养和训练。"中山市融合教育师资培训"是指在中山市教育和体育局领导下，由中山市特殊教育指导中心承担，以推动融合教育的深化和发展为目标，对我市各镇街教育部门、融合学校的相关教育工作者进行融合教育专业理念、专业知识和专业技能的专项培训。

### 二、中山市融合教育师资培训背景

#### （一）政策文件对融合教育师资培训的要求

1987年，原国家教委在《关于印发〈全日制弱智学校（班）教学计划〉（征求意见稿）的通知中》中首次提及"随班就读"，并将其作为我国特殊儿童的一种教育安置形式。进入 21 世纪，随着我国加快特殊教育改革发展步伐，并受到世界范围特殊教育实践的影响，随班就读在特殊儿童教育安置中的主体地位日益强化。2006 年，修订的《中华人民共和国义务教育法》第十九条规定："普通学校应当接收具有接受普通教育能力的残疾适龄儿童、少年随班就读，并为其学习、康复提供帮助。"这标志着随班就读政策已上升至国家法律层面。2010 年出台《国家中长期教育改革和发展规划纲要（2010—2020 年）》提出了"不断扩大随班就读规模，完善特殊教育体系"的具体实施策略。

进入 21 世纪，我国不断地在政策文件上多角度、全方位地为融合教育教师培训和师资队伍建设提供强有力的政策支持和实践指引。先后出台的《关于"十五"期间进一步推进特殊教育改革和发展的意见》《中国残疾人事业"十二五"发展纲要（2011—2015 年）》《中国残疾人事业"十三五"发展纲（2016—2020 年）》《关于进一步加快特殊教育事业发展的意见》等文件中，都明确提出"加强特殊教育教师队伍建设，提高教师专业化水平"。2012 年 9 月颁布的《关于加强特殊教育教师队伍建设的意见》，是新中国成立以来第一个专门针对教师队伍建设的指导性文件，文件中对融合教育教师的培养和培训进行了统筹规划，对在职期间的教师培训提出"开展特殊教育教师全员培训，对包括随班就读教师在内的特殊教育教师实行 5 年一周期，不少于 360 学时的全员培训，促进特殊教育教师专业发展常态化，提高培训的专业性、针对性和实效性"及"将特殊教育相关内容纳入教师资格考试，研究设定随班就读教师的岗位条件"。教育部等七部委颁布的《特殊教育提升计划（2014—2016 年）》中再次强调"加强普通学校随班就读、资源指导、送教上门等特殊教育教师培训"。《特殊教育提升计划（2017—2020 年）》提出"健全特殊教育专业支撑体系，加强专业化特殊教育教师队伍建设"。2014 年 8 月，《教育部关于实施卓越教师培养计划的意见》指出要坚持理论与实践结合，促进学科交叉，培训一批富有爱心、素质优良、具有复合型知识技能的卓越的特殊教育教师。

《广东省中长期教育改革和发展规划纲要（2010—2020 年）》《广东省第二期特殊教育提升计划（2017—2020 年）》，除了明确"统筹推进，普特结合；尊重差异，多元发展"的基本工作原则，还要落实加强特殊教育教师的培训工作，提出继续把特殊教育教师培训纳入广东省"强师工程"，并在经费投入上予以倾斜。加大培训力度，对特殊教育教师实行 5 年一周期不少于 360 学时的全员培训。健全分级负责的教师专业发展体系，组织特殊教育学校校长和骨干教师参加"国培计划"的培训，省、市级承担特殊教育学校教师培训，市、县级承担普通学校随班就读教师、资源教师和送教上门教师培训，省、市、县分级负责对儿童福利机构、残疾儿童康复教育机构从事特殊教育的教师实行全员培训，增强培训的针对性和实效性，为融合教育教师培训提出更详细的工作指导和要求。

### （二）融合教育的发展对师资培训提出了新要求

在国家政策的有力推动下，随班就读模式迅速发展。根据教育部 2019 年全国教育事业发展统计公报数据显示，招收各种形式的特殊教育学生 14.42 万人，随班就读在校生 39.05 万人，占特殊教育在校生 49.15%。与此同时，融合教育发展所面临的困境也日益明显。胡智锋等人的研究指出，由于我国教育实情，家长更看重不被贴标签的名声而非学习成绩；而大部分学校，包括二三线城市，一般教师不能充分认识到特殊儿童的个体差异，无法进行定制教育，甚至无法为特殊儿童营造理解与尊重的环境[1]。李泽慧等人的研究发现，在大力推行随班就读、特殊儿童入学率不断提高的同时，还出现了教育的"回流"现象——特殊儿童因种种原因从普通学校回流特殊教育学校。不容乐观的教学质量和严重匮乏的教师资源是目前融合教育发展所面临的突出问题[2]。2019 年全国教育事业发展统计公报显示，全国共有特殊教育学校 2192 所，特殊教育学校共有专任教师 6.24 万人，特殊教育学校在校生 39.49 万人，师生比例约为 1：6，相比合理的师生比 1：3 的差距有所缩减，但师资储备依然存在较大的缺口。江小英、钱丽霞的调查显示：在我国随班就读工作中，经过有效的融合教育专业培训的教师不及教师总数的三分之一[3]。马红英、谭和平的调查发现：上海市的融合教育工作者中，有三分之二未接受特殊教育相关的专业培训，另外三分之一表示现有的专业知识和技能不足以应对工作需要[4]。由此可见，即使在教育经济都较为发达的地区，其融合教育教师培训的情况也不容乐观。同时，在师范阶段，融合教育师资的建设和储备与融合教育发展的需求之间存在巨大的落差。目前我国已有近百所高等院校开设特殊教育专业，但各高校在融合教育教师培养方面方式各有不同。南京特殊教育师范学院于 2005 年在特殊教育专业下开设初等教育（随班就读方向），2012 年开始改为资源教师方向。重庆师范大学也于近十年开启特殊教育通识性师资培养工作。

1　胡智锋，樊小敏.中国融合教育的发展、困境与对策[J].现代教育管理，2020(02)：1-7.
2　李泽慧，加强教师教学能力研究，提高随班就读教学质量——近二十年来我国随班就读教师研究的综述.南京特教学院学报，2006,(4)：5-8.
3　钱丽霞，江小英.全纳教育发展的历史背景及相关政策[J].现代特殊教育，2003(09)：32-34.
4　马红英，谭和平.略论融合教育教师的特殊教育专业培训[J].现代特殊教育，2009(10)：18-20.

### （三）其他地区融合教育师资培训所带来的启示

王红霞、王秀琴等人在北京市海淀区特教中心对促进区域融合教育发展的作用研究中指出，面对融合教育教师对特教知识与技能的强烈学习需求，特教中心扮演着融合师资培训支持者的角色，应该根据教师需求开设各类融合教育相关课程，定期展开培训课程[1]。

我国香港地区于 1997 年开始实施融合教育先导计划，之后通过新资助模式的推动，逐步形成"全校参与"的融合教育模式。在此模式下，将融合教育师资培训分为职前教育、在职培训、自修三种途径。其中，由香港大专院校承担开办职前教育训练课程，将特殊教育需要列为必修的课程；在职教师可选择教育局委托香港大学特殊教育学习需要与融合教育中心开办为期 5 年的"三层课程"，即基础、高级、专题融合教育教师专业课程，也可以选择大专院校的在职兼读学位课程；自修是指教师利用教育局下设资源中心和网络平台、行业内交流等形式进行学习和自我提升[2]。

上海市长宁区特教指导中心从 2013 年开始，依托华东师范大学、挪威奥斯陆大学等高校资源，借助上海先进的医疗资源，以区域特殊教育教师专题中心组项目的形式，分批次完成自闭症谱系障碍儿童教育教师中心组、注意缺陷多动障碍学生教育教师中心组、无语言障碍儿童教育教师中心组等 9 个专题中心组的教师培训。

杭州市特殊教育指导中心确立培养"复合型"教育教师队伍，实施"新锐教师培养工程"。由基层推荐，经过各种审核选拔出青年教师，作为培训对象，即"新锐教师"。邀请华东师范大学特殊教育导师对教师的教学课堂进行点评，指导教师明确未来三年专业发展规划。依托杭州师范大学开展导师制的"教学观点报告"指导活动，帮助"新锐教师"不断优化自身专业知识结构与执教能力，形成个性化的教学风格。该培训工作在着力提升教师个人能力的同时，还建立覆盖特殊学校与普通学校的教学实践基地，推进普特融通[3]。

广州市依托广州市教育研究院，在近年来针对不同对象、不同学段、不同类别、不同领域的特殊教育需求，以"强人计划"、自闭症儿童辅导、情绪行为学

---

1　王红霞,王秀琴,王艳杰,牛爽爽.融合教育教师对区级特殊教育资源中心职能期望的调查研究[J].中国特殊教育，2018(12)：10-14.

2　余玉珍,尹弘飚.香港融合教育政策下的教师专业发展[J].华南师范大学学报（社会科学版），2014(06)：44-49+161-162.

3　童骏华.提高融合教育师资培养质量的实践思考——以"杭州市新锐教师培养工程"为例[J].现代特殊教育，2019(21)：70-72.

生辅导、学困生辅导、职业教育训练等项目，分别聘请国内外专家讲学，以修读学分的形式对在职教师进行培训。制定具有系统性、针对性、实操性的研习课程，请专家走进课堂，在实战中指导。在解决实际教学困难的同时，打造一支有理论、能实战的特殊教育专业教师队伍。[1]

综上所述，不同的地区在师资培训工作上做出形式各异的探索，有的是先健全政策文件，再组建整体全面的融合教育师资培养系统；有的是利用地缘优势资源，引入高等院校专业资源、地方先进医疗资源等组织主题式的师资团队培训；也有的是从教师个人成长出发，通过对日常工作的督导，依托实践，实现一线普教教师的转型；还有依托原有的教师教研和继续教育体系，加设特殊教育相关的内容的主题式研修。其共同点是：挖掘并利用地区可以利用的资源，依托现有的培训模式开展融合教育教师培训。

## 三、中山市融合教育教师培训的发展历程

中山市地处粤港澳大湾区的枢纽，在国际教育改革浪潮的带动、国家教育政策的推动之下，中山特教人致力于打造服务本地辐射周边的特教平台。2011年中山市教育局在中山市特殊教育学校成立中山市随班就读指导中心，有计划地开展我市随班就读的各项工作。2016年11月经中山市机构编制委员会批复同意，中山市教育和体育局成立中山市特殊教育指导中心，全面统筹管理中山市特殊教育各项工作。而中山市的融合教育师资培训也相应地分为两个阶段：

### 1. 从特殊教育到融合教育过渡的教师培训（2011—2016年）

2011年11月中山市随班就读工作指导中心成立后，中山市融合教育工作更加迅速而有序地推进。中心在中山市教育局的领导和支持下开展资源教师、特教管理干部行政培训。该阶段的教师培训工作主要分为两个方面：一是特校在职教师培训，系统学习并在教学工作中引入IEP，开展行为功能分析、正向行为引导、特殊儿童语言功能及运动功能的康复训练等专题培训课程，为巡回指导工作提供专业基础；二是培训、组建巡回指导教师队伍，以融合教育思想为指导，组织特殊儿童的评估专题、个案巡回指导工作专题等培训，开启本土化特殊教育支持服务体系，为巡回指导工作提供专业支撑；三是以主题讲座的形式，定期对承担送教上门及随班就读工作的骨干教师进行培训。

---

1　邱举标. 融合教育视角下广州市特殊教育教师专业发展的探索与实践 [J]. 教育导刊，2018(10)：31-35.

**2. 融合教育理念下的教师培训（2017—2020 年）**

中山市特殊教育指导中心成立后，组织开展融合教育教师培训，培养核心职能。以中心为主导的中山特教人群策群力，整理、学习其他国家或地区的师资培训工作经验，对各地的培训工作的形式、对象和内容等进行深入分析。结合自身实际情况及发展需求，在循环往复的探讨中，一点点明确中山市融合教育师资培训的界限及目标。从 2017 年开始，通过长周期规划、分项目推进的方式开展融合教育师资培训，培养中山市融合教育师资团队，推动融合教育发展。

# 第二节    中山市融合教育师资培训的实践

中山市 1989 年创办中山特校、2011 年开始系统推进随班就读工作、2013 年开展适龄重度残疾儿童少年送教上门工作，逐步形成了随班就读为主体、特教学校为骨干、送教上门为补充的特殊教育安置格局，初步满足了不同特殊学生的教育需求。但在发展过程中，作为人口集聚的地市，中山市的教育面临着学位、师资等方面的巨大压力，融合教育师资团队特别是普校的融合教育教师人员更是不足。在此背景下，中山特教人迫切地意识到现如今需要全面思考与规划融合教育教师的建设与培养工程，因此，2016 年年底中山市特殊教育指导中心从中山市融合教育发展的背景文化、教师教育经验出发，因地制宜，开启融合教育师资培训本土化的探索之路。

## 一、明确中山市融合教育师资培训目的

### （一）提升教育质量，实现教育公平

自 1994 年《萨拉曼卡宣言》颁布以来，融合教育已成为当今全球教育发展的潮流，我国对融合教育的重视程度也在不断提高。教育部等七部门共同发布的《特殊教育提升计划（2017—2020 年）》在基本原则中强调以普通学校为主体、以特殊教育为骨干、以送教上门和远程教育为补充，全面推进融合教育。教师作为融合教育的主要践行者，其专业水平的好坏决定着融合教育质量的优劣。

在随班就读的工作实践中，管理者群体大部分缺乏融合教育理念，普教教师缺乏相应特殊教育专业知识与技能，这是造成普通学校不愿意接纳特殊学生的主要原因。刘春玲等人的研究证明对普通教师进行有效的随班就读培训会提高教师对特殊儿童及随班就读安置方式的接纳度。除此之外，融合教育思想不仅强调对有特殊教育需要的学生提供公平的教育机会和教育资源，也强调在其科学的引导下普通学生得到更好的教育支持和教育条件。通过系统的、专项的教师培训，向

一线教育实践者传递融合教育理念，传达国家教育精神，宣导教育公平的理想，使其成为融合教育的践行者，成为有特殊教育需要学生资源体系的支持者，以提升教育质量，让每一位学生得到公平而合适的教育。

### （二）提升教师素养，引领专业发展

推动教师的专业化发展是加强教师队伍建设的核心，是实现教育现代化的内在要求，也是实现科教兴国、实现中华民族伟大复兴的现实需要[1]。1993 年国家颁布实施、2019 年启动修订的《中华人民共和国教师法》中确定了教师职业的专业地位，也明确了教师专业化是我国教师队伍建设的必由之路和发展方向。教育部陆续出台各学段教师专业标准，以标准指引发展方向。其中，《特殊教育教师专业标准（试行）》为特殊教育学校、从事随班就读工作及其他涉及特殊教育工作的教师提出：在专业理念上，恪守教师职业道德、尊重生命差异和保障学生权利的教育信念；在专业知识上，学习具备多学科、复合型的知识和综合化知识结构；在专业能力上，兼具教育评估、环境创设、个别化教育、课程整合和沟通及辅助技术的运用等教育教学能力。

综上所述，提升教师素养，不仅是提升和保障教育质量的现实需求，也是教师专业标准的要求，是教师队伍发展的方向，更是开展教师专业培训的目标。

## 二、制定中山市融合教育师资培训规划

### （一）制定"五个一"培养工程

2016 年年底，中山市特殊教育指导中心拟订《中山市新一轮"强师工程"方案（2017—2020 年）》并经中山市教育和体育局审定，开始规划实施中山市特殊教育"五个一"师资培养工程（见表 5-1），致力于打造一支人才梯队合理的"复合型、专家型"特校教师团队，打造一支能教育评估、善特教宣导、会支持干预的"专家型"巡回指导教师队伍，打造一支能在普通学校承担特殊教育教学实践、具有持续专业发展能力"专业型"普校特教骨干教师（含资源教师及送教服务骨干教师）队伍，打造一支能积极推动镇街、学校（幼儿园）融合教育发展的"服务型"特教管理干部队伍，打造一支理解、接纳、支持特殊教育需要学生的"支持型"普通学校随班就读班主任、普通教师队伍。同时，组织教育管理干部、基层学校校长和骨干教师参加"国培计划"及"省培计划"，培养融合教育的支持者、践行者和推动者。

---

1　教育部师范司.教师专业化的理论与实践 [M].北京：人民教育出版社，2003：4.

表 5-1    中山市融合教育"五个一"师资培养工程

| 培训对象 | | 培训目标 | 培训项目 |
|---|---|---|---|
| 行政管理人员 | 市特教专干、教研员，市特教中心成员 | 培养能推动本地融合教育发展，推动政策落实，指导区级、校级相关工作的管理人员 | 特殊教育指导中心探索与发展 |
| | 镇街特教管理干部 | 培养能组织、推进区域融合教育相关工作的管理者 | "服务者"特教专干培训项目 |
| 专业教师团队 | 巡回指导教师 | 培养能教育评估、善特教宣导、会支持干预的"专家型"的"旗手" | "旗手"巡回指导教师培训项目 |
| | 资源教师 | 培养有资质的资源教师，成为引领各镇街随班就读工作发展的"薪火"，成为校本乃至区域资源支持体系的核心 | "薪火"资源教师培训项目 |
| | 送教服务教师 | 培养承担送教上门服务骨干教师，提升送教上门教育质量 | "同行者"送教上门骨干教师 培训项目 |

### （二）长周期规划、分项目推进

中山市特殊教育指导中心根据不同的培训对象和目标，以长周期规划、分项目推进的方式实施培训。

#### 1.长周期规划培训

大卫·库伯提出任何学习过程都应遵循"学习圈理论"，即学习的过程是一个由"具体经验—反思性观察—抽象概念化—主动实践"四个部分组成的环形结构。这一理论对师资培训规划有着重要启示[1]。融合教育教师的培训应当基于参训教师所涉及工作的实际情况，配合中心对融合教育工作的推进，结合由浅入深的培训内容，指导教师立足实践，发现问题、尝试解决问题及分享经验，从而实现专业成长。这就决定了融合教育教师学习过程中的师资培训需要较长的周期。不同于主题性的知识培训或单一工具的操作性培训，融合教育师资培训包含了理念、知识及各项专业技能全面的、系统的培养，因此，短期的、主题式的培训并不能满足培训需要、达成培训目标。同时，以年计数的培训周期，让培训所得持续地或影响或指导教师的教育教学，不断积累成果，有助于教师个人成长的同时，也将正向作用于学生的教育质量。

#### 2.分项目推进培训

在每个独立的培训项目中，"培训项目、培训对象、岗位要求"一一对应，既符合了中山市融合教育教师的现实需要，也有助于实现培养目标，保证了同一

---

1    丁青.融合教育视角下随班就读管理者研训模式的区域建构与实施 [J]. 江苏教育，2020(06)：51-54.

主题下培训内容有不同的侧重点，更加贴合不同岗位的要求。以专业知识中特殊儿童障碍类型及其特征为例，"服务者"特教专干培训的内容为不同类型障碍出现的比例、影响、预后及其长期的发展；"薪火"资源教师培训的侧重点是：与集体学习相关的注意力障碍、语言障碍、社交障碍、情绪行为障碍等的表现及其教育策略；"同行者"送教上门教师培训的则是：特殊儿童重度或极重度障碍的发病原因、治疗及相关的康复或辅具障碍、语言障碍、社交障碍、比例、影响、预后及其他特殊儿童社交需求和家庭教育。

### （三）规划融合教育师资培养的三级体系

#### 1. 普通教育环境中，融合教育教师团队培训的"三级规划"

随着融合教育工作的推进，中山市义务教育阶段特殊学生在普通学校就读的比例已过半，随班就读的质量既是融合教育的重点，也是融合教育的难点，因此融合教育师资培养的重要性不言而喻。在"五个一"师资培养工程中，构建普通教育环境中融合教育教师培训的巡回指导教师、资源教师、其他一线教师的三级培养体系是重点（见表5-2）。通过"旗手"巡回指导教师培训项目，培养一支兼具理论储备和个案经验的巡回指导教师队伍，可以在个案巡回支持中协助一线教师、资源教师解决和突破教育过程中的困难和瓶颈。通过"薪火"资源教师培训项目，培养一批拥有特教理论和教育策略，同时熟悉普教教学模式的资源教师，在日常教学中沟通联系各个环节，为特殊学生实施个别化的教育支持策略及介入。通过与宣导活动相结合的入校培训，对一线教师进行融合教育理念通识培养，引导其认识差异、尊重多元以创造接纳、理解的校园环境。通过"三级规划"培训形成一支专业、专项又相互支持的师资团队。

表5-2　中山市融合教师团队培训的"三级规划"

| 三级规划项目 | 培训对象 | 培训课程内容 |
| --- | --- | --- |
| "旗手"<br>巡回指导教师培训项目 | 受聘于市特教指导中心的巡回指导教师 | 特殊教育学生评估 |
| | | 梳理各类型特殊教育需要学生支持策略 |
| | | 融合教育宣导 |
| "薪火"<br>资源教师培训项目 | 普校中资源教师（兼职）及资源教师储备师资 | 个案支持策略 |
| | | 资源教室管理及课程规划 |
| | | 校园宣导活动的设计和组织 |
| 入校专题培训 | 相关学校全体教师 | 融合教育理念宣导 |
| | | 绘本、电影等融合资源的应用 |

同时，对于确实无法到校就读的重度、多重残疾学生，则以家庭康复和教师定期送教上门为方式进行安置。需送教上门学生虽然数量少，但因其身心状况与

教育需要的特殊性，对教师的要求也不尽相同。送教上门教师需要特别兼顾该类型学生个体康复和社会化学习的双重需求，其培训内容包括了解重度或极重度障碍特殊学生的身心特征、教育需求及支持策略、家庭教育指导，乃至不同成长环境下的普特融合交流等。分项开展"送教上门"教师师资培训是完善融合教育师资培训的一个支持，也是落实融合教育"一个都不能少"理念的重要保障。

2. 融合教育行政管理团队培训的"三级规划"

考虑到融合教育行政支持在融合教育推进中的重要作用，中山市特殊教育指导中心规划了以区域特教专干为核心的特教管理干部培训项目——"服务者"特教专干培训项目，以期培养一批理解与支持融合教育理念的特教管理干部，依靠其规划镇街融合教育发展，落实政策和经费到位，支持学校及教师开展随班就读、送教上门等特殊教育相关工作。通过一年一期的交流培训，解读国家省市最新的政策资讯，交流学习其他地区先进的工作模式和经验，掌握最新的教育发展动向。

在培训推进过程中，通过培训项目逐层渗透融合教育理念，构建融合教育管理支持体系，为一线教师及有特殊教育需求学生提供行政支持。同时，中心从培训资源、培训经费等方面进行统筹协调，每年定期支持并指导区级教育行政部门组织所在区域校级主管领导和行政开展融合教育相关培训。行政管理团队培训的"三级规划"（见图5-1）将培训全面渗透"市—镇街—校"，形成系统的、有层次的行政支持体系。

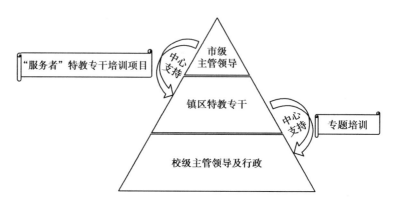

图5-1　中山市融合教育管理人员团队培训的"三级规划"

## 三、中山市融合教育师资培训的实施

### （一）中山市融合教育师资培训内容本土化

融合教育作为一种新的教育形式，旨在为不同教育环境中的特需生提供适应其需要的教育教学。为在特殊教育领域贯彻落实国家文件精神，加强教师队伍建设，实践党的十九大提出的 "办好特殊教育" "让每一个孩子都能接收公平而有质量的教育"，教育部颁发了《特殊教育教师专业标准（试行）》，该标准对特殊教育教师进行了界定。特殊教育教师是指在特殊教育学校、普通中小学幼儿园及其他机构中专门对特殊学生履行教育教学职责的专业人员，并从专业理念与师德、专业知识和专业能力三个维度提出特殊教育教师的基本行为规范。

2016 年，王振洲、汪红烨等在研究中指出：融合教育教师既不同于单纯的特教教师，也不同于普教教师，而需兼具二者于一身。在融合教育的开展和实施过程中，需要教师具备能力素养结构，包括专业素养、专业能力及其他能力（见图 5-2），以适应融合教育的需要以及未来融合教育学校的建设与发展[1]。

| 专业素养 | 专业能力 | 其他能力 |
| --- | --- | --- |
| *自我调整能力和义务<br>*热爱特殊教育<br>*尊重接纳学生<br>*融合教育理念 | *学科教学能力<br>*课程调整能力<br>*资源整合能力<br>*特殊教育教学能力 | *沟通合作能力<br>*融合教育班级建设能力<br>*自我调整能力 |

图 5-2　融合教育教师能力需求

2017 年，邓猛、江小英等在《融合教育理论指南》中参照我国融合教育教师的工作性质和特点，综合参考美国特殊儿童委员会 2012 年颁布的特殊教育教师专业标准、英国托尼·布思和梅尔·艾因斯考制定的《融合教育指南》及欧洲特殊教育发展局颁布的《融合教师教育——融合教师形象》，提出融合教育教师专业素养的框架（见图 5-3）[2]。

| 专业理念和师德 | | 专业知识 | |
| --- | --- | --- | --- |
| *理解融合教育的意义<br>*尊重学习者的多样性<br>*树立融合价值观 | | *学生发展和个体学习差异<br>*融合教育教学知识<br>*学科内容知识 | |
| 专业能力 | | | |
| *差异评估能力<br>*激励与评价能力<br>*专业发展能力<br>*制订教学计划和策略的能力<br>*学习环境创设的能力<br>*教育组织与实施能力<br>*个别辅导与训练能力<br>*沟通与合作能力 | | *课程调整的能力<br>*班级管理能力<br>*自我反思能力 | |

图 5-3　融合教育教师专业素养（邓猛、江小英等）

---

1　王振洲 . 我国随班就读学校资源教师队伍建设的问题与解决策略 . 绥化学院学报，2013，33(07)：20-23+34.

2　邓猛 . 融合教育理论指南 [M]. 北京：北京大学出版社，2017：03.

在《特殊教育教师专业标准（试行）》的指引下，我们借鉴现有研究成果，结合中山市的文化背景、实践需求和师资培训工作目标，归纳整理中山市融合教育教师能力素养，形成本土化的融合教育教师能力需求结构（见表5-3）。

表5-3　中山市融合教育本土化师资培训内容

| 国家专业标准 | | 本土化师资培训内容 |
|---|---|---|
| 专业理念 | 职业理解与认识 | 尊重生命尊严，创造生命价值 |
| | 对学生的态度与行为 | 尊重差异的多元教育理念 |
| | 教育教学的态度与行为 | 融合教育理念 |
| | 个人修养与行为 | ICF指引下的功能障碍观念 |
| 专业知识 | 学生发展知识 | 正常儿童发展规律、特殊儿童障碍及其特征 |
| | 学科知识 | 特殊教育教学策略 |
| | 通识性知识 | 医学、康复、心理及相关知识 |
| 专业能力 | 环境的创设与利用 | 宣导、构建融合教育、无障碍环境的能力 |
| | 教育教学设计 | 实施、拟订IEP的能力、课程调整的能力 |
| | 组织与实施 | |
| | 激励与评价 | 正向行为支持 |
| | 沟通与合作 | 沟通能力、资源的搜集和整合能力、自我调节能力 |
| | 反思与发展 | |

### （二）中山市融合教育师资培训的课程实施

#### 1.特教专干培训项目的课程实施

"服务者"特教专干培训旨在培养一批以各镇街、相关直属学校特教负责行政为核心的"服务型"的特教管理干部。首先，作为"市、镇街、校"三级支持体系中重要的一环，特教专干们承担着区域融合教育工作布局规划、推进实施、监督反馈等重要的职责。其次，中山市各镇街的特教专干们身兼数职，德育、安全、团队一把抓是常态。本项目的主要培训内容如下：国家、省、市特殊教育法规及融合教育政策的解读，中山市年度融合教育工作的梳理，其他地区推进融合教育工作的经验（见图5-4）。

在每一期特教专干培训项目中，中心会邀请国内各高校专家或先进地区省市融合教育负责人，从法律法规的层面剖析国家教育改革与发展的脉络，解读最新的政策文件，帮助特教专干更深刻地理解文件精神，把握工作重心。同时，培训既是学习，也是与其他地区融合教育工作者的交流，不同地区结合地方的文化底蕴或自身的工作实际，无论是各有特色的切入点或结合点，或是利用现有的资源

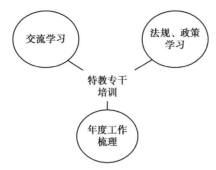

图 5-4　特教专干培训的课程内容

所形成的最有效的工作模式，都会对区域融合教育工作开展带来启发和思考。结合培训研讨组织融合教育工作年会，缕清年度工作思路，同时也为我市各镇街特教专干之间、特教专干与市特殊教育指导中心之间提供深入沟通的契机。

2.资源教师培训项目的课程实施

（1）树立专业理念。理念引领工作方向，眼界决定工作深度。为此，我们从理论学习和实践跟岗两方面入手，设计了第一期培训的内容（见表5-4）。首先，学习掌握融合教育理念及其相关的基础的理论知识，培养尊重生命价值的人道主义情怀，了解在ICF指引下的功能障碍观念，建立尊重差异的多元教育理念，帮助参训教师构建"融合教育"轮廓。其次，安排参训教师分批到国内融合教育先进地区进行现场观摩，让资源教师培训参训教师对其工作场所——资源教室，有形象、直观的认识。同时，通过交流学习、小组研讨总结，让参训教师明确融合教育理念下资源教师的工作内容和职能。

表 5-4　资源教师培训课程内容（第一期）

| 项目名称 | 特殊教育工作基础知识培训 | |
|---|---|---|
| 项目内容 | 课程安排 | 培训时间（天数） |
| 理论学习 | 融合教育概论 | 2017 年 11 月（3 天） |
| | 上海市长宁区随班就读"供给侧"改革 | |
| | 上海市长宁区资源教室工作及随班就读个案分享 | |
| 跟岗实践 | 北京市资源教室设置及运作跟岗学习 | 2017 年 5 月（6 天）<br>2018 年 5 月（6 天） |
| | 北京市各区资源教师工作交流 | |
| | 北京市特殊学生职业教育各岗学习 | |

（2）学习专业知识。在了解、掌握普通儿童成长发育规律的同时，我们选取了教学实践中最常见且最难处理的三种障碍类型——自闭症谱系、学习障碍及注意力障碍缺陷学生的教育及支持策略。了解这三类特殊学生的差异及其特征，

掌握其障碍的原因，学习如何观察、收集及整理特殊学生个案资料，通过行为的功能分析厘清问题行为出现的原因及其常用的支持策略。具体培训安排详见表5-5。

表5-5　资源教师培训课程内容（第二期）

| 项目名称 | 资源教师基础技能培训 | |
| --- | --- | --- |
| 项目内容 | 课程安排 | 培训时间（天数） |
| 理论学习 | 自闭症儿童的教育支持策略 | 2019年11月（4天） |
| | 学习障碍的教育支持策略及辅具的运用 | |
| | ADHD的教育支持策略 | |
| | ABA应用行为分析的理论及运用 | |

培训前，请参训学员收集学生个案资料。理论学习后，抽取学生个案进行小组研讨。学以致用，在巩固、练习培训内容的同时，将所学所得应用于实践问题上。在学习组织形式上，通过小组研讨，体验团队合作的优势，对学生的表现进行厘清和分析，明确个案的特殊教育需要，并设计教育方案和教学支持策略。

（3）提升专业技能。随着资源教室工作和特殊学生个案支持工作的开展，参训教师对个案的基本情况和需求已经有了全面而明确的概念。如何拟订符合学生需求的个别化教育计划？如何运作资源教室？如何调整常规课程与资源教室课程，保障个案能得到最适合的教育？甚至如何在繁复的工作中进行自我调节，搜寻、整理可以被利用的资源，以期达到事半功倍的效果？基于以上考虑，我们安排了第三期培训的内容（见表5-6），有意识地指导和帮助参训教师发展相关的意识和能力。

表5-6　资源教师培训课程内容（第三期）

| 项目名称 | 资源教师技能提升培训 | |
| --- | --- | --- |
| 项目内容 | 课程安排 | 培训时间（天数） |
| 理论学习 | ICF观念下的个别化教育支持 | 2020年11月（4天） |
| | 融合教育课程的教学调整策略与方法 | |
| | 基于课标的课程调整策略 | |
| | 资源教室的通用化设计 | |
| | 家校合作的分工和沟通策略 | |

## 四、中山市融合教育师资培训的形式

### （一）主题式的集体现场培训

以"旗手"巡回指导教师培训为例，通过理论研习、案例分析与研讨、实践操作（学生评估、特教宣导）等多形式结合，在罗心美老师指导下，完成了特殊教育需要学生评估、特殊教育需要学生支持策略和融合教育理念宣导工作三大核心课程，培养出一批能教育评估、善特教宣导、会支持干预的"专家型"巡回指导教师，能系统地梳理各类型特殊教育需要学生支持策略并深入学校指导个案教育支持工作，成为引领全市融合教育工作发展的"旗手"。

### （二）借助各方资源开展入校专题讲座

自中心成立以来，已邀请特殊教育专家教授、融合教育发达地区的融合教育工作者、优秀的家长代表及中山市积极实践融合教育单位负责人等，深入一线学校开展主题讲座，向学校全体教职员工传播理念、分享实践经验。这些讲座也同时向本镇街和相邻镇街的老师、家长开放，共享资源、发挥区域辐射作用。

### （三）依托资源教室，结合个案，组织个案研讨

在各个培训项目的需求调研中显示，对于特殊教育业务培训的内容，超过80%的一线教师最关注的是对其校内特需生个案的教育策略。从个案入手，能最好地引发教师学习的积极性；以个案为例，能高效地让教师将学习的理念和技术应用于教学实践；将个案作为教研的内容，能无缝衔接巡回指导教师、资源教师和班级任课教师的工作，既能解决实际工作的困难和疑惑，又能促进交流、引发思考。

### （四）结合宣导主题，提供资源，组织课堂教学研讨

中心分别以"4月2日世界自闭症日"和"12月3日国际残疾人日"为契机开展上下半年的宣导活动。在宣导活动筹备阶段，中心会以主题资源包的形式向行政管理人员、教师及家长分享特殊教育相关的理念、知识和国内外的最新发展，并发动部分学校筹备主题班会课、普特融合课，统筹相关专业教师协同课堂，支持教学，组织评课交流。

# 第三节　中山市融合教育师资培训的成效与思考

## 一、中山市融合教育教师师资培训的成效

### （一）为融合教育的发展储备人力资源

#### 1. 通过师资培训，加强理念宣导

融合教育政策成功实施的一个关键要素是负责融合教育实施工作的教师对融合教育的态度、观点与信念，霍尔和霍得在关注本位采纳理论中将此统称为关注[1]。研究表明，接受融合教育培训次数越多的教师，对融合教育实施的影响关注越强。[2]我市融合教育师资培训也证明，不论是市、镇街、各校负责特殊教育相关工作的负责人，还是服务于不同安置形式下各障碍类型特殊儿童的巡回指导教师、资源教师、送教上门教师抑或是其他一线教师，每一次的培训都促使他们通过师资培训对特殊儿童及融合教育产生新的理解和思考，并在教育实践中不断的去印证，帮助他们在融合教育的道路上不断坚定信念。

#### 2. 通过师资培训，组建教师团队

围绕"资源教室"这个工作载体，系统规划阶段性的专项培训，从"是什么""做什么"到"怎么做"，即资源教室的建设、功能到运作为切入点，"薪火"资源教师四年三期的专项培训顺利结束。经过该培训项目，中山市已形成一支80人的、拥有较为稳定的融合教育理念和特殊教育基础知识技能督导兼职资源教师队伍。他们除了做好校内本职的教学工作，还一直兼职承担资源教师及资源教室管理者的工作，以所学服务于学生的需求；在一线的教育教学中，不断地研究所面对的问题、总结融合教育方方面面的经验，结出累累硕果，在省市主题案例、教学课例和教育论文等各项竞赛中崭露头角，真正成为推动中山市融合教育前进的星星之火。

#### 3. 通过师资培训，促进中心工作

在专家学者及融合教育资源中心资深教师的指导下，"旗手"巡回指导教师团队的老师们边学边做，边做边学。从每一项评估工具的系统操作，到评估结果的分析解读；从教师、家长的访谈、教育现场或生态评估的观察记录，到个案相关信息的收集和整理；从单一个案的评估指导，到教育安置评估的系统流程；从独当一面地开展中心各项目的工作，再到齐心合力推进区域融合教育工的发展；

---

1　霍尔，霍得.实施变革：模式、原则与困境 [M].杭州：浙江教育出版社，2004：74+81.
2　颜廷睿.随班就读教师对实施融合教育的关注研究 [J].教育科学，2016，32(05)：31-40.

巡回指导教师的成长极大地促进中山市特殊教育指导中心教育评估服务工作的系统化、规范化，提高了巡回指导服务的质量和效率。

### （二）形成体系，优化流程，保障融合教育师资培训有序开展

为践行区域融合教育培训的职能，中山市特殊教育指导中心构建"一个重点、两个支持、三级规划"的本土化的融合教育师资培训体系。通过五年的培训实践，完善培训工作流程（见图5-5），保障师资培养工作长期、有序地开展。

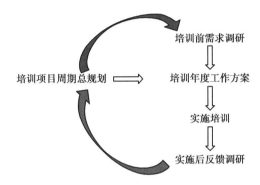

图 5-5　中山市融合教育师资培训工作流程

### 1. 开展培训前需求调研

由于培训对象不同的学科背景、工作经历和接触特教事务年限的长短，自然而然带来了培训内容、形式、重点的不同需求，因此培训前的调研就显得尤为关键。培训前需求调研主要包括：培训对象的基本信息，培训对象开展相关工作的情况，培训对象对于培训内容、形式、时间安排等的需求。掌握以上信息有助于确定培训内容重点、了解培训对象对培训成果的预期。

以"服务者"特教管理干部培训项目为例，2018的一次培训前需求调查报告反映出了如下信息：①我市各镇街特教管理干部最关注的工作由高到低分别为：相关政策、经费支持，占33.33%；特殊学生的认定、信息统计及个案跟进，占23.81%；德育及融合宣导工作的推进，占28.57%；资源教室的建设与管理，占14.29%。而这些问题也恰恰反映出了中山市融合教育推进过程中日常工作中所涉及的重点和难点，也是中山特殊教育指导中心需要在日常的工作及融合教育教师培训方面突破的问题。②我市特教管理干部在融合教育相关政策方面的需求又有不同：镇街的特教专干着重关注政策的由来和对发展方向的引导，校级的领导和行政人员更关注现行的、可以依托执行的政策条文，而其中刚接手特教工作的管理干部，则更重视相关政策下其他地区的规划和工作体系，3年以上相关工作经验的管理干部会更关注政策执行过程中产生的问题和相关保障的落实。

## 2. 在规划之下，结合年度工作制定培训方案

师资培训内容除了要实现我市融合师资团队的培养目标和培训模式的规划，更重要的是为了指导和引领实际工作的落实和推进。

以"薪火"资源教师培训项目为例：至 2016 年底，中山市已完成"一镇街一中心校一资源教室"的基础场地建设。为配合资源教室的运作和引领更多基础建设的投入，2016 年至 2017 年的"薪火"资源教师培训项目的主题都是围绕资源教室展开，围绕着资源教室的建设、功能、内部的布置和功能分区、教辅用具的配置，资源教室中资源教师的工作内容、服务对象、课程的形式等，通过组织理论学习、跟岗观摩交流学习和实践规划研讨等培训形式展开。从传统的"培养资源教师，开设资源教室"调整为"建设资源教室，培养运作教室的资源教师"，紧密结合我市的工作内容和进度，将培训和工作紧密结合，帮助学员学以致用。

## 3. 重视培训后的总结及反馈

参训教师的心得体会是对中心培训工作成效最直观的反馈，既是对当期培训工作的总结，也有利于进一步做好接下来的培训工作的开展，因此，我们很注重在培训之后收集学员们的培训反馈，做好培训的总结工作。

### 案例：培训学员的反馈

"同行者"送教上门骨干教师培训项目学员："通过培训我知道，特殊教育的工作极其难做，在教学中会遇到这样那样的问题，了解特殊孩子的特点和需求就成了我当前工作中最重要的目标。"

"薪火"资源教师培训项目学员："作为普通学校一线老师，如何把特殊教育与普通教育相融合，做好融合教育，让每个孩子都快乐成长，是需要思考和不断去实践的问题。"

"旗手"巡回指导教师培训项目学员："这次评估培训让我们了解到了一个比较系统、全面的评估支持体系。特殊教育的各个环节和流程都离不开评估，要把学生情况弄清楚，搞明白，然后有针对性地分析指导，进而提供相应的特殊教育服务。不同年龄段的学生有不同的量表，各量表在使用时的注意事项，在培训中一一厘清，并且通过对学生评估的实际操作和实例分析，让我们能够更深入了解评估的过程和作用。"

2018 年的特教专干培训项目的反馈报告中显示：参训学员有 68% 觉得本次培训最大收获来自李拉教授"我国随班就读政策及区域推广实践"的专题演讲；在南京市特殊教育指导中心的工作分享交流中，学员们最关注的是随班就读学生的认定及安置工作。这提示我们日常在传达各级政策文件时，提炼政策要点和解读文件精神对于指导实践工作是非常必要的，要继续配合中心不断完善特殊学生

评估及安置，规划实施相应的培训以提高评估的全面性、准确度和效率。

### （三）积累培训资源，为建立融合教育师资培训课程奠定基础

过去数年中心与教育发达地区如北京、上海、南京、苏州等，地域相近、文化背景相似的广州、佛山、厦门等地区，以及港澳台地区的融合教育单位建立起了友好关系；邀请数十位高等院校、省市残联或医疗单位的专家学者为五个项目17个主题培训积累了培训资源；通过培训，充实了我市融合教育师资培训资源库，为下一步整理、建设中山市融合教育师资培训课程奠定了坚实基础。

## 二、中山市融合教育师资培训面临的挑战

### （一）融合教育相关岗位编制未落实，人员时有变动

目前国内多数地区，无论是区域融合教育管理或教研人员，还是普通学校中资源教师大多数都是非专人专职，相关岗位编制暂未落实。中山市目前暂无专职的融合教育教师，参加融合教育师资培训项目的教师在繁重的工作之外，能抽身参与培训确属不易。

在长周期的培训过程中，参训人员的变动也是令人困扰的难题。造成该现象的原因主要有：镇街和学校希望扩大培训的覆盖面，尽量多培养融合教育师资，因此希望每期培训选派不同的教师参训；参训教师通常是镇街、校级优秀或骨干教师，常常同时承担多个不同项目工作，若出现工作冲突则无法兼顾；三是教师职务变动或个人原因导致无法继续参训。

### （二）疫情防控下，培训形式变革

一场突如其来的新冠疫情，给全中国人民的生活带来巨大的改变。在疫情紧张的管控期间，信息技术支持下的线上教学极大地冲击了传统面授教学形式和教师固有的教学习惯。而现实的需求也使得各种网络直播、录课、线上交流的软件急速地开发、更新和完善。即使在疫情管控逐渐常态化的 2020 年下半年，我市融合教育师资培训仍有四分之三的项目以线上形式进行。为此，我们开始思考并分析师资培训中现场集中式培训与线上培训的优劣势（见表 5-7），利用并结合不同培训形式的优势，顺应时代发展的趋势，从保证培训的质量、最大限度地为参训教师提供便利的目的出发，对新一轮培训规划的内容及形式做相应的调整成为未来师资培训工作的新挑战。

表5-7　集中式培训与线上培训的优劣势对比

|  | 集中式培训 | 线上培训 |
|---|---|---|
| 优势 | 参训教师培训的集中度，避免工作事务干扰；<br>面对面交流信息互通准确且高效 | 自由度大，培训时间、场地和参与人数基本不受限制；<br>资源共享方便 |
| 劣势 | 培训的时间、空间、范围受限；<br>疫情防控压力 | 专注度难以保证 |

### 三、中山市融合教育师资培训的思考

#### （一）完善培训体系，专项培训与通识培训并举

现有融合教育师资培训体系主要是针对区域特教管理干部、巡回指导教师、资源教师等特定的岗位所进行的专业的项目式培训。融合教育所追求的融合、共享、支持的教育环境需要全员的参与。中山市特殊教育指导中心将尝试拓展现有培训体系，通过与中山市教师发展中心合作，争取将融合教育的通识性课程作为公共课程，加入教师在职继续教育项目。在专项培训的基础上，打开通识培训的新路径，增加培训受众、扩大培训影响，进一步宣导融合教育理念。然后在前期专项培训的基础上，整理不同项目融合教育师资课程的内容，为"资格考核式"培训做准备，以应对逐步完善教师体制后对师资培训的更高要求。

#### （二）改革培训思维，协同推进宣导教研工作

改革培训固有思维。一是利用先进的多媒体和信息技术，将虚拟与现实的培训形式相结合，以最便利的途径达成最优质的培训效果。二是明确培训不是目标，而是服务于中心融合教育各项工作的手段。协同推进师资、宣导、教研等各项工作，使之有机整合，围绕中心的日常工作、重点工作确定培训的主题和内容，让培训为中心的各项工作服务。以绘本在融合教育中的应用为例，从绘本的选取、解读到教学运用和教学策略进行主题式培训；完成培训后，选取具有代表性的绘本来组织教师进行教学研讨，指导教师撰写教学案例、展示主题课例等；将教研成果收集、整理、共享，成为中山市融合教育资源中心的教育资源，也可转化成班级、校园乃至社会宣导的资源。

#### （三）灵活培训周期，长短期结合构建课程

根据不同项目的特点和实践经验，调整培训的周期。巡回指导教师及资源教师的培训以五年为一个周期，管理干部团队及送教上门教师团队的培训以一年为

之周期；与宣导、教研相联系的培训采用主题式短期培训。

### （四）拓展培训对象，构建项目孵化平台

以培育教育教学成果为导向，将培训对象从融合教育教师个人拓展到融合教育团队或单位，中山市特殊教育指导中心将继续用好国内各高校的特殊教育专业资源，构建教研、科研项目的孵化平台，以培训带动研究，以研究促进实践，以实践指导培训。

# 第六章　融合教育教研

## 第一节　融合教育教研概述

### 一、融合教育教研的定义

　　教研是从教育中的问题出发，运用一定的方法技术，对教育现象和事实进行理论分析，求得结论，目的是发现教育中的规律，指导教育实践，解决实际问题[1]。一般认为，教研是教学研究的简称。教学始终是教研活动研究的主要内容[2]。教研活动是教师有目的、有过程、有方法地分析和解决学校课程实施、教育教学过程中所面临的各种具体教育教学问题，以促进教师专业发展为宗旨的一种实践性、反思性的专业发展研究活动[3]。广义的教研，包括教育、教学、管理等多个内容，宏观、中观、微观等多个层面研究，理论、应用、实践等多个领域研究。狭义的教研，通常是指教师对教学实践的微观研究[4]。

　　参照以上定义，本章节中的融合教育教研特指由特教中心牵头组织，面向特教学校、普通学校的相关融合教育一线教师，以促进教师专业发展为宗旨，有目的、有过程、有方法地分析和解决融合教育实践过程中所面临的各种教育教学问题的一种实践性、反思性的专业发展研究活动。

1　田学峰.特殊教育学校教育科研工作的误区及对策[J].中国特殊教育，2005(08)：66-69.
2　栾传大，赵刚.教研科研手册[M].大连：大连出版社，1991：21.
3　龚兴英.中小学教师教研活动研究[D].西南大学，2014.
4　雷树福.教研活动概论[M].北京：北京大学出版社，2019：80.

## 二、融合教育教研的目的和意义

### （一）落实政策要求

2019 年 10 月教育部发布的《加强新时代教育科学研究工作的意见》指出"教育科学研究是教育事业的重要组成部分，对教育改革发展具有重要的支撑、驱动和引领作用。"对于中小学及中小学教师的教研工作也分别提出了要求："中小学要积极开展教育教学实践研究，改进教学方法，提高教育质量。""鼓励支持中小学教师增强科研意识，积极参与教育教学研究活动，不断深化对教育教学改革的规律性认识，探索适应新时代要求的教书育人有效方式和途径"。2020 年 6 月发布的《教育部关于加强残疾儿童少年义务教育阶段随班就读工作的指导意见》要求"各级教研部门要定期组织随班就读教师开展专题教研活动，通过公开课或优质课评选、优秀成果培育推广、专题讲座等多种方式，有效支持随班就读教师专业发展，不断提高随班就读教师工作水平"。因此，推进融合教育教研活动是落实相关政策要求的必然选择，特教中心应切实发挥教研职能，组织好区域内的融合教育活动。

### （二）提升教师融合教育素养

融合教育素养是融合教育教师的必备特质，也是融合教育教学质量提高的重要保证[1]。无论地区经济发展水平较高或较低，"教师缺乏必要的知识和技能"已成为影响随班就读质量的主要因素[2]。许多研究者提出，融合教师的素养应该包括特殊教育基本知识和普通教育基本知识。[3] 但普通学校从事随班就读的教师多毕业于师范学校的普通教育相关专业，缺乏系统的职前特殊教育培养，融合教育专业知识与实践技能不足。邱举标指出师范院校的课程设置落后，知识结构不合理，大部分师范院校的必修课程中都只是开设普通心理学、教育学和学科的教材教法，没有开设特殊教育通识课程，也没有系统的个别化教育、差异化教学的课程，缺乏多元及可操作的教育评量课程[4]，更没有强调满足各式各样学习者的"全方位教学设计"[5] 课程，解决实际问题的能力较弱，实践技能匮乏。王琳琳等发现全国接受过有效培训的随班就读教师数量不足三分之一，在上海市接受调查 410 名的随

1　杜林，冯秋涵.国际融合教育研究进展综述及对我的启示 [J].残疾人教育，2019(01)：19-24.

2　严淑琼.融合教育视野下的教师专题中心组建设 [J].现代特殊教育，2016 (03)：18-20.

3　Donnelly V., Watkins A.. Teacher education for inclusion in Europe[J]. Prospects, 2011, 41(3)：341.

4　邱举标.融合教育视角下广州市特殊教育教师专业发展的探索与实践 [J].教育导刊，2018(10)：31-35.

5　陈东甫，刘江钦.资讯科技融入特殊教育领域——以全方位教学设计推动融合教育的实施 [J].教师之友，2007，48(3)：69-74.

班就读教师中仅有 151 人接受过相关培训[1]。邓猛进一步指出特殊教育专业人才培养中存在的三个问题："特殊教育专业人才培养范围狭窄，不适应发展需求；传统的通识化教育模式导致特教人才培养专业化程度严重不足；特殊教育专业人才培养不适应融合教育的发展"[2]。

为了保证从事融合教育教师的素养，需要加强对教师的职前与职后培训，而实践证明，教师教研活动是实现教师专业发展的重要途径[3]。通过融合教育教研活动，可以帮助教师树立科学的融合教育观念，帮助教师在融合教育的实践中通过反思、研究、学习、创新来提高自身的特殊教育教学实践能力，促进包括特殊儿童少年在内的所有学生的全面发展[4]。融合教育教研活动为融合教育教师提供了理论和实践技能本土化的应用平台。

## 三、国内部分地区融合教育教研现状

特教中心在区域特殊教育、融合教育工作发展中处于枢纽作用，是各地特殊教育发展与提升的管理中心、研究中心、资源中心、服务中心，发挥着专业引领、资源支持等作用，最重要的功能是以中心为基点构建区域性的特殊教育支持服务体系，以满足区域内不同对象对专业支持服务的需求，其肩负着提升融合教育教师科研水平与专业素养、为其创造反思和学习平台的使命，最终实现区域特殊教育发展质量的整体提升[5]。

特教中心通过组织区域的教研活动，对区域融合教育管理、教育教学、康复训练等工作中的热点、难点等问题进行研究，总结与推广融合教育学校及教师开展融合教育工作的先进经验与研究成果。国内的部分特教中心在教研工作方面已逐步形成具有各地特色的融合教育教研模式。

北京海淀区特殊教育研究与指导中心从政策保障、专业支持、学校实践三个层面构建了融合教育可持续发展的"生态系统"[6]，组建了融合教育课题基地校，带领各校教学领导与教师参与融合教育相关课题研究，提升教师科研能力，解决

1　王琳琳，赵斌.论随班就读课堂教学适应性调整的必要性和可行性 [J].现代特殊教育，2012（7-8）：34-35.

2　邓猛，潘剑芳，关文君.融合教育背景下我国高等院校特殊教育专业建设的思考[J].现代特殊教育，2015(06)：1-7.

3　于生丹.特殊教育学校教师教研团队类型的建构——基于教师专业发展的视角 [J].郑州师范教育，2016，5(01)：15-18.

4　邓猛.融合教育导论 [M].北京：北京大学出版社，2012：122-123.

5　旮飞.发挥特教指导中心功能，构建高水平支持服务体系 [J].现代特殊教育，2019(1)：8-9.

6　王红霞.打造融合教育可持续发展"生态系统"[J].现代特殊教育，2018(23)：5-7.

教师教学困扰[1]。成立了区域融合教育教研组和资源教室教研组，举行各类教学研讨展示活动。聘请专家为区域融合教育发展进行前瞻性指导，同时走进融合教育中小学校，开展个案研讨会，在教育现场解决问题。注重引导融合校将融合思想从办学理念渗透到学生及家长参与的各级各类课内外活动中。

上海长宁区特殊教育指导中心面向随班就读教师建立教研培训机制，定期组织随班就读教师中心组活动和网络论坛活动[2]，形成了研修项目成果年度评选、出版及定期交流（每年学术年会）机制。开发并实施随班就读学生康复课程，开展长周期叙事研究。建立了学科细分的专题中心组，建了学前融合教育、中小学随班就读课程建设、资源教学等 10 个多领域教师专题中心组[3]。邀请各高校专家，为区域内随班就读教师提供线上和线下的绘本讲座，组织了全国范围内的优秀绘本故事评选活动[4]。

常熟特殊教育指导中心作为全国首个特殊教育指导中心，以基础性、差异性为重点，构建普通课程、特教课程、生本课程三种融合课程。在学前教育阶段推行医教结合，组建了由医院康复师、教师以及家长组成的康复工作团队。通过建立言语康复、运动技能康复、情绪行为和社交康复三个子课题和多个微型课题的集约型研究网络，形成了集体教育与个训相结合的具体操作模式[5]。构建城乡随班就读业务研究系统，根据地理位置每 3—4 所中心校建立一个区域性的特殊教育协作组，负责开展该区域随班就读工作和教学研究活动，包含课题研究、公开教学、评优评先、技能比赛、随堂听课等内容。分别建立了视障、听障、智障、脑瘫（肢体残疾）、自闭症五大教学研究小组，研制出了"随班就读教学学科教学目标管理评估指标体系"和《中重度随班就读学生数学练习册》等，细化随班就读对象的管理，做到有章可循[6]。

厦门市依托完善的特教教研组织体系和特教教研运行机制，在全市特教教研工作中有序推进融合教育教研活动。一是建成了以厦门市教育科学研究院特教科牵头、各区教师进修学校特教教研员组织、各区特教学校教科研室和各教研组实施的教研组织体系，形成了项目化形式为主的市—区—校三级教研运行机制。二

1　王红霞，王秀琴，王艳杰，等.特教中心对促进区域融合教育发展的作用研究——以海淀区特教中心为例 [J].中国特殊教育，2017(04)：41-45+52.
2　邵春安，夏峰，等.精准施策务求实效：长宁区随班就读的"供给侧改革"[J].现代特殊教育，2018(17)：11-14.
3　夏峰，黄美贤，等.加强专业引领团队协作推进，提升区域随班就读质量 [J].现代特殊教育，2018(17)：15-18.
4　夏峰，黄美贤，等.构建生涯发展体系，实现融合教育终身服务 [J].现代特殊教育，2018(17)：19-21.
5　孟春芳.特殊教育多元融合的价值意蕴和实践向度 [J].教育学术月刊，2019(03)：82-87.
6　孟春芳，陆振华.随班就读发展模式的实践与思考 [J].现代特殊教育，2016(19)：18-20.

是建成了以厦门市教育科学研究院特教科牵头、市级特教学科中心组引领、8个市级特殊教育教研组实施的教研组织体系，以主题化的形式运作的市—组—校三级教研运行机制。两个双线并行的教研模式把全市特教教师技能练兵项目、学校教师研究项目与全市特殊教育质量提升改革实践项目思路结合在一起，全面推进特殊教育课程教学改革[1]。在这个模式中，厦门市专门设立了融合教育组，开展全市的融合教育、引领全市融合教育教师的专业发展。

由此可见，可以看出各地特教中心皆借助高校专家的力量来确保融合教育发展正确的方向，注重教研活动对教学实践的有效指导，但在方法、手段及工作侧重点等方面形成了不同的特色。

## 第二节　中山市融合教育教研实践

中山市特殊教育指导中心秉承"多元、融合、共享"的融合教育理念，在各项常规教研活动的基础上，注重融合教育教研与师资培训工作等相互配合、相互助力，鼓励融合教师将培训中学习的知识、技能迁移到教育现场使用，指导教学实践；通过课题研究，试点学校集中于融合教育的某个领域进行突破，提炼发展特色，带动区域融合教育工作整体发展；逐渐形成了高校专家引领，特教中心区域协调，各学校特色发展的融合教育教研工作模式。

### 一、注重教研与其他工作协同推进

#### （一）组织融合教育常规教研活动

2011年10月，中山市随班就读工作指导中心成立，在市教体局的领导下，借鉴其他地区的经验，尝试开展一些常规性的融合教育教研活动。2016年年底，中山市特殊教育指导中心成立后继续将其作为常规活动推进。

1. 组织各类评比、评选活动

自2009年开始，中山特校、中山市随班就读工作指导中心以4月2日世界自闭症日为契机，在每年的4月份举行中山市自闭症谱系学生美术作品展览活动，近几年还组织了自闭症谱系学生的美术作品评选活动，以此鼓励随班就读教师发展特殊学生的特长。自2014年开始，中山市随班就读工作指导中心在中山市教育教学研究室的指导下举办了中山市特殊教育各类征文评比活动，征集优秀的融合教育案例及论文，在中山市特殊教育指导中心成立后延续了这一做法。

---

1　本段内容引用自李玉影，厦门市教育科学研究院特教科学年工作总结（2018—2019）。

### 2. 主办教研杂志

中山市特殊教育指导中心自 2016 年起接手《中山特殊教育》（见图 6-1）杂志的主办工作，并将杂志定位为中山市特殊教育与融合教育发展成果的展示平台、特殊教育教学实践的交流平台、特殊教育与融合教育实践者的学习与交流平台。这一杂志以特殊教育教师、融合学校教师、家长及其他关注特殊教育和融合教育发展的人士为对象，开设了"平台""探索""专题""故事"四大栏目。"平台"栏目推介特殊教育和融合教育课题研究成果，介绍国内外特殊教育的新思想、新理念、新方法、新经验，报道国内外特殊教育发展的最新信息动态；"探索"栏目围绕特殊教育和融合教育的教育管理、课程开发、教学与康复等相关实践进行组稿；"专题"栏目围绕特殊教育和融合教育相关理论、政策与教育思考进行组稿；"故事"栏目面向教师征集有关特殊学生的教育故事，面向家长征集养育特殊子女过程中的思考与收获。为进一步扩大杂志覆盖面，《中山市特殊教育》自第 11 期开始实行纸质版和网络版双刊，以便利读者随时随地阅读、分享杂志，更好地了解中山市特殊教育的发展。

图 6-1　《中山特殊教育》杂志第 15 期封面及目录

### 3. 组织听、评课及经验交流、工作汇报等

听、评课是教研活动中的一种重要形式。在中山市特殊教育指导中心组织的听评课教研活动中，如何在集体教学的基础上有效地满足随班就读学生的差异需求则成为了融合教育课堂教学听评课活动中的重要议题。讲课教师在课前应精心

准备教学设计，在准备好集体教学安排的基础上，还应体现差异教学、体现对班级中随班就读学生现有学情的分析、教学目标及过程的个别化调整等。评课教师则更加关注针对随班就读学生做出的调整是否合理、教学成效是否有效达成等。同时，中山市特殊教育指导中心还定期组织各融合教育学校进行融合教育工作汇报交流，鼓励学校的领导、行政人员、资源教师在此过程中梳理总结工作经验、提炼工作特色、思考工作方向等。通过汇报交流拓宽各学校的工作思路，借鉴参考成熟经验，从而推进全市融合教育工作以点带面、均衡发展。在融合教育教师的专项交流活动中，中山市特殊教育指导中心一般会优先邀请融合教育经验丰富的教师承担主讲任务，围绕特定主题如情绪行为问题的解决方法、培养"小天使"等互助同伴的方法、特殊教育宣导的常用策略等进行分享，并引导其他参会教师积极讨论、相互学习。

### （二）注重教研活动与师资培训等其他活动的协同开展，注重教研活动的主题性和综合化

#### 1. 注重教研活动与师资培训等其他活动的协同开展

为促进融合教育教师专业化发展，中山市特殊教育指导中心以特殊教育五大教师队伍培养培训与建设为抓手，每年开展巡回指导教师"旗手"培训、资源教师"薪火"培训、送教教师"同行者"培训、特教管理干部"服务者"培训等对象型、主题型专项培训，努力打造人才梯队合理的融合教育领航团队。参考其他特教中心教研、培训一体化的工作模式，中山市特殊教育指导中心在推进融合教育教研与师资培训的过程中，注重两项工作的相互配合与助力：师资培训帮助融合教育教师掌握融合教育理念，提升其理论素养与实践技能；融合教育活动则引导融合教育教师将培训所得的知识、技能迁移到教育现场使用，从而提高一线实践能力。2020年3月，结合世界自闭症日的相关工作安排，在新冠疫情背景下，中山市特殊教育指导中心通过在线培训的方式开展了融合教育绘本宣导的专项培训，在此基础上于9月份组织了融合教育绘本课例的专项征集评选活动。2021年4月，中山市特殊教育指导中心组织了融合教育宣导活动案例的专项评选活动，拓宽宣导的题材和形式，鼓励普特校教师借助绘本、影视、海报等题材，通过班队会课、综合实践课、普特融合活动等形式开展专项的融合教育宣导活动。

#### 2. 注重教研活动的主题性和综合化

在日常的巡回指导工作中，中心成员及时整理、汇集融合学校实践中遇到的困难与实际需求，在此基础上归结共性的问题，进而确定教研活动的主题；再由中心邀请相关高校融合教育专家有针对性地选择某一所学校开展专题教研活动，注重活动形式的综合化。2019年5月，针对自闭症谱系学生在课堂中的参与问题，

我们专门在 2 个片区的两所融合学校组织了 2 场教研活动。我们先将巡回指导过程中收集的学生案例的详细信息提供给专家，之后由该学生所在班级的教师开设了一门公开课，让专家及参与教研的教师了解学生在班级教学中的表现，接着组织听评课，开展案例研讨、讨论学生的表现和教师的应对策略等，最后再请专家以自闭症谱系学生的身心特点及教育教学策略为题为参与教研活动的教师开展讲座。

## 二、构建以特教中心为桥梁的融合教育教研模式

教研工作是中山市特殊教育指导中心的主要职能之一，在中心团队组建之后，我们一直在思考如何在前期各项常规性教研活动的基础上，通过项目的方式逐渐完善中心的教研工作机制，打造适合中山特色的融合教育教研模式，以支持和带动中山市一批有一定工作基础的普通学校提炼和打造出自己的融合教育工作特色、进而发挥其示范引领作用。

为落实党的十九大关于"办好特殊教育"及《残疾人教育条例》等关于"全面推动融合教育"的要求，破解中山市融合教育发展难题、进一步提升中山市融合教育工作质量，经过前期的细致谋划，2017 年年底中山市特殊教育指导中心与北师大教育学部融合教育研究中心合作开展中山市融合教育质量提升课题项目，邀请邓猛教授等专家及其团队对全市融合教育支持体系的整体构建与完善进行指导。这一项目围绕中山市特殊教育指导中心的建设与运作以及中山市融合教育示范校的建设两个维度开展，致力于完善中山市特殊教育指导中心运作和管理机制的同时，打造若干所具有区域影响力、引领区域融合教育发展的中山市融合教育示范学校（幼儿园），打造出一支专业素养高的融合教育师资团队，探索中山市融合教育学校的建设路径。

### 1. 组织行动方案申报活动，指导合作学校提炼特色

2018 年 3 月，我们遴选了一批有较先进的办学理念，有一定的融合教育工作基础的融合教育学校（幼儿园），并邀请邓猛教授、林潇潇老师等专家走进融合教育学校，听取了 18 所学校的融合教育行动方案的专项汇报，对各校开展融合教育课题研究的研究方案、进度安排、面临的问题以及预期成果进行了详细的规划和研讨，对其制定的工作发展规划给予专业指导，帮助各校提炼、梳理本校特色工作思路，生成切实可行的课题行动方案，形成了"一校一特色"的融合教育工作模式。

### 2. 组建教研团队，按项目开展教研活动

教研团队是以教学理论、教学实践研究为内容，由为数不多的技能互补，愿

意为共同的教研目的、教研目标和工作方法而相互承担责任的教师组成的群体[1]。
1957 年，教育部制定了《中学教学研究组工作条例（草案）》，文件确认了教
研组织的性质是教学研究而非行政，主要任务是组织教师进行教学研究工作，以
提高教学质量。这是新中国历史上第一个以教研组为主题的正式文件。中心对于
参与融合教育课题研究的 18 所学校，根据其已有的工作基础与研究意愿形成了 5
个研究方向的教研团队，分别是资源教室、绘本、影视、支持策略及融合教育文
化教研团队（见表 6-1）。教研团队由各合作学校的领导者、融合教育工作负责
行政、资源教师等人员构成，力图在专家的指导与引领下，借助融合教育教研团
队的合力解决融合教育实践中的瓶颈问题，形成本土经验。

表 6-1　中山市融合教育教研团队一览表

| 教研团队 | 研究内容 | 学校 | 特教中心成员 |
| --- | --- | --- | --- |
| 资源教室教研组 | 资源教室的运作、资源教师的作用 | 坦洲同胜小学、石岐实验小学、东区远洋学校、大涌安堂小学、港口中心小学 | 林沁苑 |
| 绘本教研组 | 融合教育绘本教学课程开发 | 石岐中心小学、东区朗晴小学、南朗中心幼儿园 | 王丽维 |
| 影视教研组 | 融合教育影视课程资源开发 | 沙溪初级中学、开发区香晖园小学 | 覃薇薇 |
| 支持策略教研组 | 融合教育课堂的行为管理与特殊学生支持策略 | 东区竹苑小学、西区铁城中学、东区柏苑小学、古镇古一小学、板芙湖洲小学、黄圃培红小学、小榄永宁中心小学 | 张国涛 |
| 融合教育文化教研组 | 融合学校文化构建 | 港口民主小学 | 杨萍 |

　　5 个融合教育课题教研组共有教研人员 108 名，其中一线教师有 72 名、占
66.7%，学校主任以上干部 36 名、占 33.3%。其中除资源教师外，教研组成员还
有学校负责德育工作行政、资深班主任等。多样的教研队伍组成有助于教研员以
不同的身份和视角参与教研工作，扩大教研工作的覆盖面和受益面[2]。具有研究生
学历的教师有 14 名、占 12.9%，学士学历的教师有 79 名、占 73.1%，保障了教
研工作人员具有较高的专业水平。为确保教研活动的有效开展，每个教研组都由
一名特教中心成员负责，根据实际需求邀请高校专家团队。
　　中山市特殊教育指导中心根据中山市融合教育发展的方向及各教研组的需

---

1　陈素平.基于团队的教研组织设计类型及运用 [J].教师教育，2007(07)：42-44.
2　孙颖，王善峰，冯雅静.北京市特殊教育教研队伍建设与教研工作开展研究 [J].中国特殊教育，
2013(11)：54-57.

求，制订教研活动计划，确定教研主题，各教研组向中心申请承办（见图6-2）。各教研组提交活动承办申请，在获得承办资格后提前15日向中心提交教研活动的具体方案，中心审核通过后根据教研组需求邀请专家团队指导教研活动，并向其他教研组及其他有兴趣参与的融合学校发出活动通知。其中要求每个教研组每学年至少承担一次教研活动；各教研组成员在优先参与本教研组活动的基础上，可选择参与其他组的教研活动。各教研组的活动同时面向本组融合教育教师和其他的融合教育教师开放。承办单位须及时做好区域教研活动的记载和相关资料的收集工作，如教研活动相关方案、会议记录、教研活动记录、通讯、图片、视频等资料。

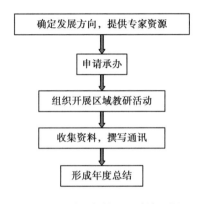

图6-2 教研组教研活动流程图

### 3. 发挥桥梁作用，逐步构建中山融合教育教研工作模式

作为融合教育学校和专家团队之间的枢纽与桥梁，中山市特殊教育指导中心根据各教研团队的研究内容定期将教研团队需求反馈给专家团队，并邀请相关高校融合教育专家、老师开展专题教研活动。在组织形式上有课题指导、专题讲座、课例研讨等方式，以2018—2019学年为例，共组织了十余场全市性的融合教育研讨活动，惠及教师400余人次。如面向绘本教研组，中心邀请了西南大学教育学部江小英老师开展"绘本与融合教育"教研活动、世界自闭症日线上教师绘本宣导系列教研活动等，引导绘本组教师选择并运用合适的融合教育绘本进行融合教育宣导；面向支持策略教研组，中心则邀请天津体育学院李芳副教授来开展结构化教学与融合教育教研活动等，让教师在融合教育环境中探索和实施结构化教学策略以及正向行为支持的应用策略，在融合教育班级中开展行为管理方案；面向融合文化教研组，中心邀请北师大教育学部融合教育研究中心主任邓猛教授开展融合教育专题讲座指导各校融合学校文化构建。通过系列教研活动的组织，逐渐形成了高校专家引领，特教中心区域协调，各学校特色发展的融合教育教研工作模式（见图6-3）。

通过课题研究，试点学校集中于融合教育的某个领域进行突破，提炼发展特色，带动区域融合教育工作整体发展；有的学校从资源教室的心理辅导课程开始，逐渐向普通教室的核心课程过渡；有的学校从校园"和"文化着手，做有温度的教育，以渐进的方式推动融合；有的学校从学生行为干预着手，建立学校行为管理机制。参与研究的普校将融合教育工作纳入学校已有工作体系，整合校内外的资源，为所有特殊教育需求学生提供润物细无声的支持，朝着建立全校支持的融合教育工作模式的方向努力。部分合作学校融合教育工作已形成品牌，并承担了各类的检查及资源教师跟岗培训和交流任务。

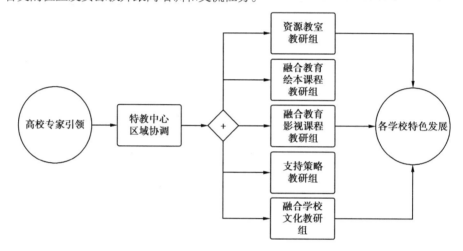

图 6-3　中山市融合教育课题教研工作模式图

## 第三节　中山市融合教育教研实践案例

自 2017 年开始，中山市特殊教育指导中心发挥融合教育学校和专家团队之间的桥梁作用，围绕不同的主题，组织了课题指导、专题讲座、课例研讨等各类型的融合教育教研活动，现以绘本教学主题系列教研为例说明中心的教研活动的组织方式。

### 一、普校教师融合教育绘本课的初步尝试

2018 年 12 月，中心邀请了西南大学教育学部江小英老师开展了中山市融合教育课题教研系列活动二："绘本与融合教育"教研活动，采取了专家入校指导教研活动的方式，绘本教研组成员石岐中心小学的王丽老师运用绘本《不可思议的朋友》呈现了一节公开课，教学设计如下：

【课题】不可思议的朋友 [1]

【教学目标】

1. 学生能够了解自闭症儿童的表现和症状。

2. 学生能够理解并接纳自闭症儿童的不同。

3. 学生能够掌握和自闭症等特殊儿童相处的方法：理解，帮助，微笑。

【教学重难点】

接纳自闭症儿童的不同点并且能够和谐相处是本节课的重难点。比如，有的自闭症儿童上课时会尖叫，如何引导学生包容这种行为，不起哄、不模仿是本节课的重难点。

【教学准备】

自闭症宣传视频、绘本《不可思议的朋友》、工作纸

【教学对象】

小学 3 年级学生

【课程框架】

| 活动名称 | 活动时间 | 设计意图 |
| --- | --- | --- |
| 视频导入 | 2 分钟 | 引导学生观察绘本封面，理解"不可思议"，引出主题。 |
| 绘本展开 | 23 分钟 | 带着问题听绘本故事。引导学生思考自闭症儿童的表现，进而指导学生认识自闭症。 |
| 活动探索 | 10 分钟 | 通过活动"我说你做"使学生认识到相同的意思有不同的表达方式。自闭症儿童只是表达方式不同。 |
| 总结升华 | 5 分钟 | 给安安的一封信，以观察学生对自闭症儿童的接纳度。 |

【教学过程】

1. 绘本封面导入

（1）教师提问引出"不可思议"

教师：最近老师在读一本绘本，叫作《不可思议的朋友》。通常什么样的朋友是"不可思议"的朋友呢？

（2）观察封面

教师：观察绘本封面，你看到了什么？猜猜这绘本讲的是什么故事？

教师：大家猜得都对，我们一起来读下故事吧。

设计意图：观察封面引起学生的阅读兴趣的同时观察学生对"不可思议"已

---

1　该课例由中山市石岐中心小学王丽老师提供。

有的理解水平。

2. 绘本展开

（1）故事前置问题

教师：我们带着这样的几个问题来读绘本。

故事中的主人公是谁？

安安二年级时不可思议的表现是什么？

三年级时，安安不可思议的表现是什么？

六年级时，我和安安发生了什么不可思议的事？

长大工作以后，安安做投递员，我做邮寄员。我们之间又发生了什么不可思议的事？

（2）师生开始共读绘本（绘本以PPT形式呈现）。

（3）问答式理解绘本

教师：我们一起来回顾下绘本，安安不可思议的表现都有什么？

绘本中有没有提到安安为什么会有这些不可思议的表现？你了解什么是自闭症吗？

（4）观看自闭症宣传视频：他们生病了，患有自闭症。

设计意图：学生通过安安的故事进一步了解自闭症儿童的表现，利用自闭症宣传视频，加深学生对自闭症儿童的理解和接纳。

3. 活动探索

（1）体验活动"我说你做"

教师：自闭症儿童和我们有相同的感受，只是表达方式不一样。

游戏规则：教师邀请每组比较积极和安静的同学到讲台前做"我说你做"的活动，其他同学做观察员。教师发出几个指令，比如："举起手来""抬起一只脚""竖起大拇指"。

教师提问：

几位同学做的动作一样吗？

虽然动作不一样，但是表达的意思是一样的吗？

我们会因为他们动作不一样而觉得他们是奇怪的人吗？

自闭症儿童的表达的方式和我们不一样，他们就是奇怪的人吗？

教师总结：原来每个人都是不同的，有不同的感觉，不同的行为。

（2）相处之道

教师：你发现我们可以怎样和安安这样的自闭症儿童相处呢？

设计意图：通过"我说你做"的活动使学生体验到面对同样的指令，每个人的动作也是不同的，进而去接纳并且探究与自闭症儿童的相处方法。

4. 总结升华

（1）教师示范

教师：看了绘本，学习了本课的内容，我觉得自闭症的孩子像天空中的星星，活在自己的世界中，不愿意和人玩。他们好孤独。

教师：你有什么话想对自闭症儿童说呢？请你把它写在工作纸上吧。

（2）学生分享

江老师对王丽老师的这堂课给出了如下指导建议。

亮点：①选择了一本获过大奖的、经典的、广受欢迎的有关特殊儿童和同伴关系主题的优秀绘本，蕴含了融合教育所倡导的价值观：理解、接纳、尊重、合作等。②重视引导学生观察封面，猜想这是一个什么样的故事。听故事之前，老师提出了一个关键性的问题"请留意二年级、三年级、六年级和初三时小安不可思议的表现分别是什么"，让学生带着问题听故事，有利于突出重点，突破难点。③老师在选择关于自闭症儿童的短片时，非常切题，短片是从儿童的角度切入，用电视的技术和手段再现了自闭症孩子的感受，让学生能够听到特殊儿童的心声，从而更容易达到共情。④通过学生喜欢的游戏性的体验活动"我说你做"，让学生更加深刻地理解自闭症儿童的感受和那些看起来不可思议的行为，从而改变学生对于自闭症儿童的认识和看法。

改进建议：①进一步细致地引导学生去观察封面中的人物以及人物的这个关系，做出有依据的猜想。②绘本故事由老师自己声情并茂地现场朗读，可能更能够打动在场的学生。③课堂多一些开放性、生成性，更重视学生的阅读的体验。④工作纸的内容，可以让学生自己先说一说自己想对自闭症的孩子说些什么，做些什么，而后老师以课堂中平等的一员的身份，分享自己的看法，不用老师的解读去代替学生的解读，让学生先入为主。⑤板书的设计中，要更加突出关键词，老师要进行适当的提炼。

随后江老师进行了题为"运用融合教育绘本进行残疾儿童同伴关系的干预"的精彩讲座，江老师提出融合教育绘本作为"普通学生的窗户、特殊学生的镜子"具有促进融合教育发展的作用，针对8类不同障碍类型的特殊学生，分别为融合教育教师们推荐了相应的优秀绘本，讲座后中心鼓励融合教育教师运用绘本为开展融合教育宣导工作，为普通学生介绍特殊儿童的特点，引导普通学生了解、接纳特殊学生。通过一段时间的尝试，教师们纷纷表示借助绘本开展融合教育宣导班会课效果很好，班级逐步形成了普特学生间互帮互助、相互关爱的氛围，并希望能够在实践教学中得到进一步的指导。

## 二、普特校教师对融合宣导课的不同探索

2019年1月中心在邀请邓猛教授进行指导的过程中组织了"中山市融合教育课题教研系列活动三：特教宣导及融合教育教研活动"，安排了水云轩小学苏伶娴老师（见图6-4）和中山市特殊教育指导中心的杨萍、张国涛老师分别以课例《我会倾听——注意力训练》《没有耳朵的兔子》进行融合教育宣导课展示。

图6-4　苏伶娴老师上课照片

【课例1】我会倾听——注意力训练[1]

【学情分析及设计意图】小学一年级学生因生理心理的发展特点，再加上进入小学后，注意力容易分散，自控能力相对比较差，在课堂上很难长时间认真听讲，常出现一边听一边玩的现象。这些情况都会影响他们的小学学习生活兴趣与习惯，直接影响到学习效果。因此，有必要对一年级学生进行注意力训练。针对他们没能很好运用身体各部位（如手、眼、嘴等）协作来集中注意力的现象，本课主要通过游戏活动的方式，从活动中让他们懂得身体各部位团结协作的重要性，从而提升聆听能力，对培养良好的学习习惯有一定指导作用。班上有一位随班就读学生（7岁、发育迟缓），他更需要训练如何集中注意力去适应校园生活。因全班绝大部分都是普通学生，所以本课例在面对普通学生的基础上，根据随班就读学生的实际认知能力，设定了相应的学习要求。另外，如何在课堂里让更多普通孩子接纳、帮助这位学生，实现融合教育的目的，更需要在环节设计方面加入融合的元素。

---

1　该课例由中山市东区水云轩小学苏伶娴老师提供。

【学习目标及重难点】

| | 普通学生 | 随班就读学生 |
|---|---|---|
| 学习目标 | 1. 认知目标：通过活动让学生明确懂得聆听的重要性，知道聆听不只是耳朵的任务，还需要其他身体部位配合<br>2. 情感目标：通过活动的成功体验，让学生体会到运用身体各部件来参与聆听，能给自己带来光荣感和成就感，产生要努力提升聆听水平的愿望<br>3. 能力目标：通过活动提升学生的聆听能力，加强自我约束的能力，学会运用身体各部件来协助、提升聆听能力 | 1. 认知目标：能进一步巩固自己的"眼、耳、口、手、脚、鼻"，能指出其中两个部位；辨认形状（圆形、三角形、长方形、爱心形、星形），能找出圆形、三角形和爱心；辨认数字0-9<br>2. 情感目标：通过同学的帮助，能提升与他人互动的意愿，体验参与活动的乐趣<br>3. 能力目标：巩固遵守常规能力（起立、坐下等）；提升一定的认识能力（身体部分器官、简单形状、数字）；与他人互动、模仿等促进学生行动主动性 |
| 重点 | 训练专注地听的能力 | 辨认简单图形和数字、训练课堂常规 |
| 难点 | 协调身体各部件来提升聆听能力 | 守规则（能听指令、遵守游戏规则及安坐） |

【课堂教学过程（节选）】

| 具体步骤 | 主题名称 | 主要内容 | 普通学生内容 | 随班学生内容 |
|---|---|---|---|---|
| 三、训练聆听能力 | 1. 听、写训练（听描述画图，找城门）<br>2. 听、记训练（听音乐数蚊子，找密码）<br>3. 听、说训练（传话活动，找暗号） | 1. 听描述画图：专心听指令画图<br>2. 听音乐数蚊子：专心听三段音乐，记住每段音乐出现蚊子的次数<br>3. 传话找暗号：每组最后一人把暗号悄悄告诉前一人，一个告诉一个往前传。最后一人选择词语，组成暗号<br>内容：<br>今天真高兴，一起来寻宝。上课认真听，嘴巴不乱说。眼睛看老师，手脚不乱动。身体小助手，专心我做到！ | 1. 边听边写训练（听描述画图）：要求学生根据老师说的指令画图，画好后核对所给的8扇城门，选择唯一正确的进城门<br>2. 边听边记训练（听音乐数蚊子）：把三段音乐中蚊子的次数记下来组合，就知道正确通往藏宝室的路<br>3. 边听边说训练（传话找暗号）：暗号已分成几个部分。要求每组同学看句子记住内容，然后悄悄告诉下一位，再由一位一位往下传，直到最后一位同学出来选择句子，贴在黑板上。（目的：①创设寻宝情景、合唱等，符合学生认识特点，激发学生学习兴趣；②明确规则，懂得遵守规则；③通过写、记／背、说来协助听的游戏，进一步强化身体助手对听的作用；④传话游戏可以全班参与，提升孩子参与课堂的积极性。） | 1. 叫名字要回应，眼神对视。<br>2. 听写训练中找出圆形和三角形，其他图形由同学协助找出，独立拼图<br>3. 听记训练中可安坐听。同学说出数字后由其找出正确的数字：359，并贴在黑板上<br>4. 听说训练中，由同学陪同，一起到讲台选语句，一起贴黑板。（目的①巩固并学习图形和数字的辨认；②促进与他人的互动；③通过同学的帮助，能提升与他人互动的意愿；通过模仿动作，提升其自我成功感，体验参与活动的乐趣。） |

【课例 2】没有耳朵的兔子[1]

【教学目标】

1.认知目标：通过听故事，理解绘本的内容。感受没有耳朵的兔子的心理变化。

2.情感目标：通过活动探索，感知肢体残缺带来的不便，理解肢体残疾人的艰辛。

3.能力目标：接受自己和别人的不一样之处，学会理解和尊重与自己不一样的人。

【教学难点】

接受自己和别人的不一样之处，学会理解和尊重跟自己不一样的人。

【教学准备】

《没有耳朵的兔子》绘本 PPT、《I Can》视频、游戏用玩具

【教学对象】

小学一年级学生

【课程框架】

| 活动名称 | 活动时间 | 设计意图 |
|---|---|---|
| 封面导入 | 3 分钟 | 引导学生观察绘本封面，对绘本产生好奇和期待，引出主题。 |
| 绘本展开 | 17 分钟 | 讲读绘本故事，理解绘本内容，体会没有耳朵的兔子的变化。 |
| 活动探索 | 10 分钟 | 通过活动探索，切身体会肢体残疾人的不方便，感受他们受到的限制。 |
| 视频体验 | 5 分钟 | 通过视频《I can》，体会肢体残疾人背后付出的努力。 |
| 总结升华 | 5 分钟 | 通过谈自己的感想和体会，学会如何和他人相处。 |

【教学过程】

（一）绘本封面导入

1.封面导入

师：同学们下午好！老师最近读了一本非常有意思的绘本，很想分享给大家，这本绘本是关于一个小动物的，同学们猜一猜是什么动物呢？（出示 PPT 没有标题的封面）

2.观察封面

（PPT 呈现封面）这本绘本的名字就是《没有耳朵的兔子》（指读书名）。一只兔子，怎么会不长耳朵？一旦兔子没了耳朵，他还能生活下去吗？同伴们能

---

1　该课例由中山市特殊教育指导中心杨萍老师提供。

认同他并接纳他吗？有没有人愿意和他做朋友？如果你想知道答案，就一起来认识这只没有耳朵的兔子吧！

（二）和协同教师一起讲读绘本

1. 我们看书的扉页。细心的同学会发现，这儿还有一张图片。点击（师读）"你知道我是谁吗？"

（学生猜测，师：她到底是谁，走进故事，我们就知道了。）

2. 分享故事情节（PPT 两名老师共同讲读）。

PPT 第 16 页：没有耳朵的兔子总是孤孤单单的。

师：同学们，你们有没有孤孤单单的时候？那个时候你的感觉是怎么样呢？（学生回答问题）

师：孤孤单单的时候你会感觉很难过，没有耳朵的兔子心里肯定特别难过，你们觉得，没有耳朵的兔子会一直孤孤单单的吗？让我们一起再来读绘本吧！

3. 问答理解绘本。

（1）这个故事讲完，同学们，你们最喜欢故事中的谁？为什么？

（2）你想对故事中的谁说些什么呢？

对没有耳朵的兔子说什么？

对其他兔子说什么？

对小鸡说什么？

师总结并引出活动。

（三）活动探索——不用手传送物品

老师和协同教师一起示范如何传送玩具。

协同教师组织，每一纵队为一组，从前往后传一只毛绒玩具，不能用手。

同学们，你们都出色地完成了活动，老师想知道：不用手来传输这个玩具是什么感觉呢？

师总结：同学们刚才体验到了不用手的艰辛，我们的体验只是短短的几分钟，有些人，却是用一生去体验，但是他们像绘本中的小兔子一样，努力地奔跑、努力地跳、努力地挖洞、努力地吃胡萝卜，就是为了得到大家的认同，实现自己的价值，下面我们通过一个视频了解一下。

（四）观看残疾人运动视频

通过视频更深刻地理解到残疾人背后付出的努力。

师：我们看着他们很轻松，但是他们背后付出了我们想象不到的艰辛，同学们想一想，如果你的生活中有这样的人，你该如何跟他们相处呢？如果想帮助他们，该从哪些方面着手呢？

（师总结）①了解他们，尊重他们，接纳他们。②在需要的时候，能够搭把手帮忙。③如果你以后是个建筑师，那你在设计房子的时候，要记得有一些人是跟我们不一样的，需要无障碍设施。如果你是个商人，那你记得摆放物品的时候，如何能让跟我们不一样的人也能拿到。

（五）总结升华

师总结：我们今天读了这本绘本，认识了里面的没有耳朵的兔子，他努力地奔跑、跳高、挖洞、吃胡萝卜，就是为了靠近那些兔子，但是却被拒绝了，还被他们嘲笑。这样是不对的，我们要像有耳朵的小鸡一样，用一个问候，一个拥抱，告诉那些跟我们不一样的人：不管你有多特别，我都喜欢你，如果你不喜欢和他们玩，也没有关系，但一定要尊重他们，不要攻击和伤害他们。因为我们每个人，都可能会成为一只没有耳朵的兔子。今天的课就上到这里，谢谢大家，下课！

【板书设计】

没有耳朵的兔子

想对他们说：没有耳朵的兔子　有耳朵的兔子　有耳朵的小鸡　……

活动体验我觉得：　　1.……　　　　　2.……　　　　　3.……

如何相处？　　　　　1.……　　　　　2.……　　　　　3.……

在两节课结束之后，邓猛教授做了点评（见图6-5），他提到目前国内对于融合教育多停留在理念和原则的倡导，所以需要各所学校不同专业背景、不同经验的教师根据学生的不同情况，在课堂教学等一线工作中去实践和探索融合教育的理念和做法，因而任何探索都是有价值的。这两个课例，分别由普校的心理老师、特教中心的特教老师来设计和执教，特点非常鲜明，在很多方面做了新的探索。苏老师的课首先是在大班额的情况下体现出了融合教育课堂教学的要求，在集体教学中做个别化的安排、体现分层教学的理念，比如学生的任务是一致，但是根据特殊学生的情况对任务进行了区分和调节，很符合融合教育的精神，其体现出了在班级集体教学中对个体的支持，强调个体性与整体性的结合、共同性和一般性的结合、个别化和一般化的结合。同时，苏老师的这一节体现出了综合化，注意力是第一要务、有意注意的保持和分配是很重要的能力，而孩子年龄越小、这方面越困难。这节课针对低年级的学生，通过游戏等丰富、有趣的教学手段，在游戏中提升了学生注意分配的和保持的能力，并将如何与老师交流、课堂秩序的学习、数学能力、音乐节奏等方面的要求结合进去，体现对学生德智体美劳的全面发展的要求。同时邓老师也建议苏老师进一步增加趣味性，以提升参与度，同时在师生关系中让学生往前站、教师适当后退，发挥好学生的主动性。在点评杨老师、张老师的课例时，邓猛教授认为这节课对于宣导课的功能和形式做了很好的思考，宣导不是在宣导课当中完成的，宣导课不仅仅是做宣导、还要在其中促进学生德智体美劳全面发展，还要考虑如何在其他教育教学过程中完成宣导任务。在形式上这节课利用了协同教学，有效提高了教学效果。邓猛教授提到绘本适合学生的年龄特点、心理特点、兴趣特点，通过绘本教学可以充实学校的课堂教学、带动学校课堂教学改革，利用绘本做宣导，学生更感兴趣，是很好的抓手。本节课通过讲绘本、根据绘本提问、学生回答，再通过视频录像、将绘本中的相关内容扩展到残障领域，进而提出对学生的要求。在组织形式上，这节课的协同教学特别值得提倡，对于资源教师和普通教师如何开展协同教学提供了很好的借鉴。邓猛教授认为，融合教育有 2 个核心要素，教师层面要强调协同教学，学生层面要强调合作学习、小组学习。协同教学，是改变一个教师讲、一班学生听的局面的基本路径和方法。如果资源教师能够加入普通课堂中和任课教师一起开展合作教学等，那么课堂的生态、教学方式都会发生变革，课堂将会充满无限的生机，也能够从实质上落实新课程改革关于探究式、参与式教学的要求，进而提升课堂教学效果，这种先进的教学方式，也是与当前教育教学改革的方向是一致的。而学生之间同伴关系的处理则是融合教育最关键的环节，融合教育之所以重要，就是因为给不同特质的孩子提供了相互交往的机会。融合教育体现着现代教育教学理念的内在要求，并体现在课堂教学中，要用现代的教育教学理念和手段解放班级中包括残疾学生在内的所有学生。对这节课，邓猛教授建议：更多地给学生以机会，给学生留舞台和空间，多给学生表达，比如最后的环节可以设置问题：遇到特殊的人士应该怎么办？从而给学生提供更多回答和表达的机会。

在此基础上，邓猛教授特别强调，通过这两节课，要特别思考，如何把融合教育理念和学校的主要任务、教学工作相结合，以利于融合教育在普校的扎根、发展。之后邓猛教授通过《融合教育实践若干问题的思考》的讲座，讲述了融合教育发展现存的问题，如何接纳、理解多元，以及引导教师利用"反拨效应"促进融合教育为普通教育所带来的正向推动，并介绍了资源教师应具备的能力等。

图 6-5　邓猛教授点评

### 三、线上教研活动保障活动持续开展

2020 年 3 月，因新冠疫情普特校的师生通过线上学习的方式继续开展教育教学工作，在这段特殊的时期里，中心也从未停止对融合教育教师的支持。中心借助钉钉软件开展线上教研活动"中山市融合教育课题教研系列活动六：世界自闭症日教研活动"，再次邀请西南大学教育部江小英老师为包含绘本教研组在内的一百余位资源教师、其他随班就读教师和特校教师带来了以《融合教育绘本宣导的方法》为主题的精彩讲座。江老师指出融合教育绘本是一类特殊主题的绘本，蕴含融合教育的平等与理解、尊重与欣赏、支持与合作等价值观，能够增进普通儿童对特殊儿童的接纳，促进特殊儿童的学校参与、社会参与；江老师还讲解了融合教育绘本的作用，她提到融合教育绘本能增进大家对特殊儿童的理解，改变人们对特殊儿童的态度，促进特殊儿童参与。之后，江老师建议选择融合教育绘本时要注重绘本的趣味性、故事性、图画风格以及主题与目标契合，强调融合教育绘本要诚实，积极向上，尊敬特殊儿童、要有适合儿童年龄的语言。接着江老师还从宏观、中观、微观层面详细解释了融合教育绘本宣导和宣导活动的注意事项。最后，江老师针对学员们实际工作中的疑惑进行解答。一个上午的分享交流，开拓了教师们的眼界和工作思路，在活动调查反馈中，教师们分享了自己的收获，如"我们日后将更多地关注弱势学生及家庭，让学校教育可以更平等地给每一个孩子与家庭服务""江老师很好地解决了我的疑问，希望有更多这种学习研讨活动""非常感谢特教中心提供这样的学习渠道，让我们发掘更多的教育资源"等，肯定了中心提供的研讨学习平台，并提出了切实期望，如"录制面对普校学生和家长的融合主题课，让普校其他未受相关培训的老师也可以推广给自己的学生和家长，让融合思想更易推广""希望能出更多经典的绘本课例"等，中心也将根据融合教育教师们的需求进一步开展相关课例评选活动，形成实用性强的绘本教学资源库及课例集，为融合教育教师们提供实践参考。

### 四、课例征集引领活动走向深入

2020 年 9 月，在做好前期教研及培训的基础上，为鼓励教师通过融合教育绘本宣导开展融合教育宣导教学活动，中山市特殊教育指导中心面向广大教师组织了融合教育绘本宣导课例征集评选活动，进一步提升各学校融合教育宣导特色工作水平。活动要求参赛教师利用指定目录中或者自选的融合教育绘本面向普通学生开展的特殊教育宣导活动课例，学科、学段不限，主题自定，需要提交开展课堂教学的完整教学设计（包括教学目标、学情分析、教学内容分析、教学环节与活动、教学资源、教学评价等）及配套的多媒体课件（素材如视频、声音等）。

在收到的课例中，不同专业背景、学科背景、教学经验的教师，根据自己班级学生的特点，设计了各具特色的教学设计。接下来，中心将继续在此基础上，组织微课征集等活动，进一步丰富融合教育绘本宣导的资源。

【课题】《与众不同的朋友——尊重与接纳》教学设计 [1]

【教学设计思想与理念】

根据我市融合教育宣导活动的理念将课程目标设定为增进普通儿童对人的差异性和多元化的理解，增进普通儿童对特殊儿童的接纳，侧重于同理心的培养。针对本课程教学内容具备综合性，开放性等特点，将遵循"教师为主导、学生为主体"的基本原则开展融合教育绘本阅读的教学。同时，在教学过程中加入盲童体验活动及视频欣赏环节启发学生尊重、接纳及帮助失明儿童，培养学生的同理心及促进亲社会行为的产生。

【学情分析】

目前国家虽已开放二孩政策，但大部分小学生习惯以自我为中心，缺乏同理心，难以尊重理解他人，影响人际交往。随着年龄的增加，小学高年级学生的人际交往关系方面的心理问题越发凸显，如师生关系、亲子关系、同学关系等。但有利的是学生随着知识的不断积累，接触的事物更丰富，他们对事物的体验变得更为深刻细腻，更注重主观的感受，能够独立思考，针对事物进行分析，这些都为小学生培养同理心创造了条件。

【绘本分析】

《"怪"男孩和他的无字书》是"与众不同的朋友"绘本系列中的一本，适合小学阶段儿童阅读。绘本主要讲述甘泉镇调皮的小孩们与失明特殊儿童星辰之间发生的故事。起初，镇上小孩因不理解新邻居"怪"男孩的行为，偷拿他的无字书，以研究无字书上奇怪的密码来"对付"这位新来的"怪"男孩。但在这过程中，孩子们逐渐发现了"怪"男孩失明的真相，他们伸出温暖的双手，把无字书还给"怪"男孩并愉快地接受了这位与众不同的朋友。该绘本插画色彩多样，故事富有童趣，能激发学生阅读兴趣。绘本就像普通儿童和特殊儿童心灵之间的一座温馨而无障碍的沟通桥梁，能帮助儿童正视自己的不同和接受他人的不同，培养儿童同理心，引导普通儿童尊重、理解及关爱特殊儿童。

【教学目标】

小学阶段的心理健康课应当让学生通过课堂活动，达到认知、情感、行为三方面素质的共同提高。而针对本课主题内容，学业目标是在认知上让学生了解失明儿童的困难、认识尊重和互助的重要性；情感上能尊重理解有缺陷的同学并体

---

1　该课例由中山市港口镇华南师范大学中山附属中学欧绮婷老师提供，获得中山市融合教育绘本宣导课例评审一等奖。

验助人自助的快乐；行为上不嘲笑有缺陷的同学，在日常的生活和学习上主动对身边的有需要的人给予帮助。

1. 认知目标：学生通过失明儿童体验活动，了解失明儿童生活的困难，认识尊重他人的重要性。

2. 情感目标：通过《"怪"男孩和他的无字书》绘本阅读及体验活动，培养学生同理心并感受助人之乐。

3. 行为目标：不嘲笑及不戏弄特殊儿童，尊重特殊儿童，主动且运用正确方法给予失明儿童帮助。

【教学重点难点】

重点：了解失明儿童生活学习的困难，培养同理心。

难点：尊重理解失明儿童，主动且运用正确方法给予失明儿童帮助。

【教学策略与手段】

1. 导入情景，激发兴趣。

同学们，本节课老师要介绍一位新朋友让大家认识，老师先向大家透露一下这位新朋友的一些有趣的特点。他有一本很特别的无字书，他呢，也不爱出门，不爱说话，唯独喜欢和白猫咪待在梨树下。同学们，这位新朋友给你感觉是怎样的？（老师也觉得他有些奇怪，与众不同。）下面，我们就一起来认识一下这位与众不同的新朋友（展示主题）。通过绘本故事人物与众不同的特点导入，充分调动学生的阅读兴趣，从而为学生在本课中进行有趣生动的绘本阅读打下良好的基础。

2. 共读绘本，合作探究。

我们所使用的绘本是中山市教研室促进融合绘本教育所推荐的书籍。绘本故事富有童趣、插画精美、内涵丰富，符合小学阶段学生思维特点，能够激发学生的阅读兴趣，激活想象并留有足够的空间让学生思考。因此，在本课中进行融合教育绘本阅读，充分利用绘本故事节点，加入片段演绎，让学生代入绘本中的角色，体会人物当下的感受，引发思考，培养同理心，让学生认识尊重与接纳的他人的重要性。此外，这种教学模式还能培养学生阅读绘本的能力。

3. 游戏体验，亲身感受。

在心理健康教育课堂中采用游戏体验方法，可以使课堂教学更丰富多彩，促进教师与学生之间的沟通互动，增进学生之间的友谊，更重要的是能够让学生亲身体验失明的感觉，大大有利于培养学生的同理心，引导学生尊重失明儿童，更好地达到教学效率及教学目标。游戏体验还增加帮助前后体验的对比，让学生亲身认识接纳与帮助的作用，激发学生接纳帮助失明儿童的欲望。活动采取自愿原则参加，4人体验盲人，4人协助，其余学生认真观察对比。

4. 签订承诺，激发欲望。

　　作为心理教师，不仅要让学生在课堂活动中获得应有情感体验，更要激发学生采取行动的欲望，推进达到行为目标。教学中设定了宣读与签订承诺书环节，该环节具有内隐性与暗示性的特点，让学生更容易接受失明儿童朋友的角色，也可内隐性地强化该角色，把"要我怎样做"转化为"我要怎样做"，有利于激发学生尊重接纳失明儿童，帮助失明儿童等行为的产生。

【教学资源准备】

绘本《"怪"男孩和他的无字书》、PPT演示文稿、承诺书、眼罩、椅子

【教学过程设计】

| 教学环节 | 教师活动 | 学生活动 | 设计意图 |
|---|---|---|---|
| 二、共读绘本，合作探究 | 4. 阶段一：初识"怪"男孩<br>（1）"怪"男孩之怪<br>提问：新朋友"怪"男孩常常一个人待在梨树下，如果是你，你觉得这是一种怎样的感觉呢？<br>（2）镇上小孩们的好奇<br>* 提示：指出绘本中梨花、白猫咪、蚂蚁路、无字书及小孩们的表情、动作的特征及象征意义。 | （1）共读绘本P1-11。<br>（2）代入角色，谈谈感受。<br>（3分钟） | 阅读绘本故事直观感受绘本插画的表达，让学生感受绘本阅读的魅力，激发阅读兴趣。 |
| | 5. 阶段二：议论"怪"男孩，偷拿无字书<br>* 提示：指出绘本中夜晚场景的色彩变化，构图渲染的氛围及人物的表情、动作。<br>学生演绎绘本片段。（4名学生演绎）<br>小剧场反馈提问：<br>（1）饰演镇上小孩的你们对待"怪"男孩的态度是怎样的？演完后，你的感受是怎样的？<br>（2）饰演"怪"男孩的你感受是怎样的？<br>（3）作为观众的其他同学你们看了这段剧场，有什么感受？ | （1）共读绘本P13-25。<br>（2）学生演绎绘本片段（10分钟） | 让学生代入角色，体会怪男孩的心境，培养学生同理心，认识尊重他人的重要性。 |
| | 6. 阶段三："怪"的真相<br>（1）锁定绘本p26-27页，细细品读，停留3秒。（全图色调灰暗，宁静的夜晚，洁白的月色撒向"怪"男孩的背面，显得分外凄凉，"怪"男孩低头抱着白猫咪，互相依偎。）<br>提问：此刻，如果你是小浪，你会怎样做？<br>（2）绘本p32-33真相展现后停留5秒。提问：读到这里，你觉得这位与众不同的朋友给你的感觉是怎样的？与一开始有什么不同？<br>* 提示：指出绘本插画的动态表达，如散落的无字书、慌张的"怪男孩"。 | （1）阅读绘本P26-33。<br>（2）对比一开始的感觉，说一说变化。<br>（4分钟） | 让学生沉浸在故事渲染的氛围中，感受"怪"男孩的忧伤，培养同理心；代入小浪角色思考，认识尊重接纳与帮助的重要性。 |

续表

| 教学环节 | 教师活动 | 学生活动 | 设计意图 |
|---|---|---|---|
| 二、共读绘本，合作探究 | 7. 游戏体验"你是我的眼"<br>＊注意安全，防摔倒<br>（1）四名同学自愿参与。<br>（2）用眼罩蒙上眼睛。（询问感受）在讲台前原地转5圈。<br>（3）绕班级走一圈后并找到自己的位置坐下。<br>（4）请四名同学当蒙眼同学的眼睛在完成任务。<br>提问：没人帮助下完成任务感觉是怎样的？<br>有人帮助时你的感觉有何不同？<br>协助的同学，你的感受是怎样的？<br>观察的同学，让你最深刻的一幕是什么？为什么？ | （1）学生游戏体验。<br>（2）参与者及观众分享感受。<br>（5分钟） | 了解体验失明儿童生活，通过对比，了解接纳帮助失明儿童的重要性，感受助人之乐。 |
| | 8. 阶段四：归还无字书，接纳新朋友<br>（1）看不到，但能听得到和闻得到<br>（2）无字书——盲文书<br>提问：绘本中最让你触动的画面是哪个，为什么？<br>＊提示：指出人物表情、动作变化，表现出双方逐渐接纳的过程。 | （1）阅读绘本P34-47。<br>（2）找出最触动的话并分享感受。<br>（4分钟） | 让学生感受绘本故事中接纳的温暖和互助的力量。 |

【教学流程图】（略）

【教学总结与反思】

《与众不同的朋友——尊重与接纳》一课是学生走进失明儿童世界，了解失明儿童生活困难及心境，激发学生尊重、接纳及帮助失明儿童的一次融合教育绘本的心理健康活动课堂。从实施过程看，在教师的引导下，学生认真阅读教育绘本并积极代入角色思考，将绘本拆分四个部分进行阶段性阅读，抓住绘本故事剧情及情感变化关键节点，使学生在富含教育意义而有趣的故事中领悟尊重差异与接纳的重要性。课后与学生进行交流，学生们拿起纸质版绘本再次翻阅，对本次主题课表示十分感动，很同情失明儿童，还特别提及如果遇到他们会帮助他们。同时，本课虽从实际效果上达到了一定的目标效果，然而针对目标行为的产生方面，在课堂上难以显现。其次，同理心并不是一次心理课就能够培养起来，需要长时间的渗透沉淀。因此在课堂当中，除了适当的引导还应该留有足够的时间给学生思考，充分发挥学生的主观能动性。总的来说，这节融合教育绘本的心理健康课，能让学生了解体会到失明儿童的困难，激发了他们尊重、接纳和帮助失明儿童的欲望，倍感欣喜。但作为新手心理教师的我还有很多需要改进的地方，日后还要多向同行学习，这样才能不断成长和进步。

# 第四节　中山市融合教育教研的成效与展望

## 一、成效

近年来，中山市特殊教育指导中心切实发挥教研职能，通过组织和引领本地区融合教育教研工作的开展，探索出了一套符合中山融合教育发展的教研模式，在中心、参与的高校专家、融合学校的共同努力下，教研活动取得了一系列研究成果，有效地指导了融合教育教学实践，涌现出了一批各具特色的融合教育学校，提升了中山市融合教育的整体研究水平，为中山市融合教育工作的开展提供了有力支撑。

融合教育教师在教学设计中对随班就读学生设置了个别化的教学目标，在课堂教学中对教学环节进行了安排与调整；融合教育教师运用绘本、影视等手段在班会课上进行融合教育宣导，营造包容、接纳随班就读学生的班级氛围；融合教育教师运用行为矫正原理等支持策略对随班就读学生进行行为管理，帮助学生养成良好的行为习惯等。在教研活动的引领下，部分融合教育学校逐渐建立了"一校一特色"的融合教育工作模式，一批融合教育学校在市内、省内的示范性效应不断凸显。石岐中心小学借助绘本题材开设融合教育主题课程，普及融合教育相关理念以及促进普通学生与特殊学生学会学习、学会相处，建立平等、接纳的班级氛围和校园氛围，并结合每个学生的特点及教育需要，落实学校"人人有机会、人人能发展"的教育理念，为全面开展融合教育行动打好坚实的基础；坦洲镇同胜小学以资源教室的有效利用为切入点，建立融合教育工作模式；东区竹苑小学做有温度的教育，以渐进的方式推动融合；港口镇民主小学参悟传统文化中的"和文化"，将"和文化"与融合教育有机地结合起来，承认儿童的多样性与差异性，努力做到"和而不同"，在协调差异、兼顾互利，尊重差异的前提下，构建"和而不同，绽放精彩"的教学理念，并在此基础上申报了中山市的立项课题《"和文化"背景下融合教育的实践研究》；沙溪中学依托影视教育特色，积极探索开发和应用相关影视资源，努力营造关爱随班就读学生的浓厚氛围，依托资源教室多渠道组织教师参加随班就读技能培训，为随班就读孩子发光放热搭建平台，努力让他们和普通孩子一样享受公平而有质量的教育；开发区香晖园小学将视角放在特殊需要学生身上，以"微课程"为切入口，让教师、家长、学生认识、关注、关爱这一群体，从情感上接纳，从思想上认同，从行动上接受、关爱特殊学生，并从而达到融合教育目的，进一步丰富、丰满"关怀教育"理论，从资源教室的心理辅导课程开始，逐渐向普通教室的核心课程过渡，该校《"关怀教育"理念下以"微课程"推进融合教育的研究》顺利获得中山市课题立项并扎实开展；几年来学校接纳随班就读学生30余人，获得了家长的一致认可，学校也作为广东省开展随班就读学校的唯一代表参加了教育部组织的全国2018年特殊教育改革发展专题研讨班的交流活动。

在此基础上，中山市的融合教育工作在全国和全省的影响力不断提升。2018—2020年，中山市特殊教育指导中心及中山市的多所融合教育学校连续三年承接了广东省资源教师培训的跟岗学习课程的任务。在2019年粤港澳融合教育论坛征文评选活动获奖的71篇论文中，中山市有11篇论文获奖。2019年11月，"特殊教育指导中心建设及融合教育学校发展研讨会暨中山市特殊教育学校办学30年成果展"举行，来自全国各地的300多位高校专家、一线实践者齐聚中山，共话融合教育教研活动，引起良好反响。

## 二、展望

2019年10月教育部发布的《加强新时代教育科学研究工作的意见》指出"教育科学研究是教育事业的重要组成部分，对教育改革发展具有重要的支撑、驱动和引领作用。"2020年6月发布的《教育部关于加强残疾儿童少年义务教育阶段随班就读工作的指导意见》要求"各级教研部门要定期组织随班就读教师开展专题教研活动，通过公开课或优质课评选、优秀成果培育推广、专题讲座等多种方式，有效支持随班就读教师专业发展，不断提高随班就读教师工作水平"。因此，特教中心需要进一步思考如何有效发挥自身的教研职能，推进融合教育教研工作的开展。

1. 发挥好桥梁作用，注重协同效应，借势借力推进区域融合教育教研工作

一是发挥好桥梁作用，继续借助高校、科研机构专家团队的理论资源帮助中山市融合教育教师拓展研究视野，提升专业素养，为融合教育的发展提供理论保障与精神食粮。二是注重协同效应，在外部协同本地区教研管理部门合力、共同开展本地区的融合教育教研活动，在中心的内部工作中注重教研活动和其他活动的协同，围绕同一主题规划、安排各项活动，发挥合力。

2. 发挥好园丁作用，培育本地区融合教育成果，实现特教中心与融合学校的共同成长

教育教学成果的培养，既有利于提升本地区融合教育工作的水平，又能够切实激励融合教育学校、参与融合教育工作的一线教师的积极性与主动性。因此，特教中心应发挥好园丁作用，主动规划和培养本地区的融合教育成果，发挥好在教科研工作上的引领优势，努力通过课题等形式打造普特一体的教学科研共同体，

指导普校（幼儿园）开展融合教育教科研工作，培养融合教育教学成果，实现特教中心与融合学校的共同成长。在此基础上，鼓励各融合教育学校总结融合教育工作发展经验，形成具有本校特色的工作模式，参与各级别的融合教育示范校的创建和评选工作，进而实现带动示范作用。

3. 发挥好平台作用，创新活动形式、深化活动主题、拓展活动范围

灵活采取线上、线下的活动方式，注重现代信息技术与融合教育工作的融合发展；丰富各项常规活动的组织形式，探索组织融合教育教师基本功大赛等技能类评比活动，促进教师们理念与实践"两手抓、两手都要硬"。在区域融合教育教研活动中发挥好优秀资源教师的力量，通过各类活动为其提供发挥作用的平台，继续拓展、深化教研活动主题，从外围环境营造、支持策略构建更多走向课程和教学的调整。拓展活动范围，在组织好本地区教研活动的基础上，加强与其他地区融合教育教研工作的交流。

融合教育教研工作，对本地区融合教育的发展具有重要的支撑、驱动和引领作用，特教中心应切实发挥好教研职能，引领好本地区融合教育教研工作的开展。

# 第七章 融合教育宣导

## 第一节 融合教育宣导概述

融合教育自 20 世纪 70 年代以来逐渐成为全球特殊教育领域讨论最热烈的议题，随着融合教育的推进，特殊儿童的安置形式也发生了重大的改变。20 世纪 50 年代以来，回归主流成为特殊教育的指导思想，"最少受教育环境"的原则以及相应的"瀑布式特殊教育安置"体系突破了普特分离的二元安置体系，特殊儿童通过一系列安置环境的变换，走向了主流社会。2004 年美国只有 4% 的特殊学生被安置在隔离制特殊教育机构（特殊教育学校和特殊班），2016 年欧盟 28 个成员国特殊儿童融合教育平均入学率为 98.19%[1]。我国在 20 世纪 80 年代形成了"以特殊教育学校为骨干、大量附设特殊班与随班就读为主体的特殊教育发展格局"，1994 年颁布的《关于随班就读工作的试行办法》，确定了随班就读成为我国特殊教育的基本举措。2014 年和 2017 年的两期特殊教育提升计划及 2017 年修订的《残疾人教育条例》，要求将融合教育作为残疾儿童的主要教育方式。根据教育部 2018 年公布的数据，以融合教育形式（包括随班就读、普通学校中的特教班）接受义务教育的残疾学生共 304273 人，占所有在校残疾学生人数的 52.57%。融合教育已经成为特殊儿童教育安置的主要形式[2]。

### 一、融合教育宣导的定义

融合教育的推进过程中，宣导起着重要的作用。宣导意为疏通、引导，最早来源于《吕氏春秋·仲夏季·古乐》：民气郁阏而滞著，筋骨瑟缩不达，故作舞以宣导之。

1 邓猛，杜林.西方特殊教育范式的变迁及我国特殊教育学校功能转型的思考 [J].中国特殊教育，2019(03)：3-10.
2 邓猛，赵泓.新时期我国融合教育现状和发展趋势 [J].残疾人研究，2019(01)：12-18.

融合教育宣导是指为了推行融合教育，提升普通学校教职员工以及学生家长对特殊教育需要学生的多元认知以及个别差异的接纳态度而举办的各种活动。其意义在于改变一般人对特殊教育需要人士的刻板印象或者因不了解而产生的恐惧与误解，促进两者间平等关系的建立。

## 二、融合教育宣导的政策基础

### （一）联合国的相关政策

由于生理、法律和社会方面的障碍，残疾人往往不能和正常人一样平等地享受政治、经济、社会和文化等权利。

1976 年，为唤起社会对残疾人的关注，联合国大会宣布 1981 年为"国际残疾人年"，并确定了"全面参与和平等"的主题。

1982 年 12 月，第 37 届联大通过了《关于残疾人的世界行动纲领》，宣布 1983 年至 1992 年为"联合国残疾人十年"，同时呼吁世界各国及国际组织积极开展活动，增进人们对残疾人的理解和尊重，改善残疾人的生活状况，使他们享有参与社会的平等机会。这一行动纲领要求政府当局有责任加强公众教育，并负起残疾人公民权益与义的宣传，使其不受制于宣传对象的生理条件、语言、文化、教育程度、地理距离及其他因素等，普及到包括残疾人在内的各阶层人口。其中第 27 条指出：社会对残疾人的态度可能是残疾人参与社会和取得平等权益的最大障碍，我们看待残疾人，应该着重看残疾人所具备的能力，而不是他们的残疾；第 30 条指出：应该寻求大众宣传媒介的合作，针对公众及残疾人本身进行宣传，以促进对残疾人权益的理解，避免加深传统陈腐观念及偏见。也就是说，相关宣导应以残疾人为本位，向大众提出他们所面临的问题，建议他们如何解决这些问题的方法，并鼓励相关新闻媒体从业人员，在广播、电视、电影、摄影和印刷品中对残疾人和其面临的问题有正确的描写和报道。残疾人宣导的概念在这个纲领中正式被提出，并期望所有会员国能以正面的方式提供社会大众关于残疾人的相关资讯、报道，也提倡尊重残疾人的自我权利，给予平等的机会使其可以自我发声、自我倡议。

1992 年 10 月 12 日至 13 日，第 47 届联大举行了自联合国成立以来首次关于残疾人问题的特别会议。大会通过决议，主要内容包括：①请所有会员国和有关组织加强努力，为改善残疾人的状况采取持续而有效的措施；②宣布其后每年 12 月 3 日为"国际残疾人日"；③敦促各国政府以及全国性、地区性和国际性组织在执行"国际残疾人日"决议中进行充分合作。

2006 年 12 月 13 日联合国通过《残疾人权利公约》，要求缔约国必须改变大众对残疾人的负面刻板印象和偏见，提高整个社会，包括家庭，对残疾人的认识，促进对残疾人权利和尊严的尊重；在生活的各个方面消除对残疾人的定见、偏见和有害做法，包括基于性别和年龄的定见、偏见和有害做法；提高对残疾人的能力和贡献的认识。为此目的采取的措施包括：①发起和持续进行有效的宣传运动，提高公众认识，以便培养接受残疾人权利的态度、促进积极看待残疾人，提高社会对残疾人的了解；促进承认残疾人的技能、才华和能力以及他们对工作场所和劳动力市场的贡献的认知；②在各级教育系统中培养尊重残疾人权利的态度，包括从小在所有儿童中培养这种态度；③鼓励所有媒体机构以符合本公约宗旨的方式报道残疾人；④推行了解残疾人和残疾人权利的培训方案。这是联合国首次明文规定要求缔约国逐步落实大部分的条款。至此，联合国对残疾人的宣导已经逐步走向成熟，从一开始的观念推广到规范政策的制定，涵盖对象也从一般社会大众延伸至各阶段内受教育的学生，尤其注重对学生阶段的培养。有了明确的规范，各国也将相关理念融入教育法则，通过教育的力量从小提升人们对残疾人的尊重以及接纳态度。

### （二）国内的相关政策

我国在特殊教育相关规范和政策上跟随联合国所制定的公约的脚步，要求各级教育主管部门落实联合国公约的相关规定，营造更完善的无障碍环境。

1994 年 7 月 21 日原国家教委印发《关于开展残疾儿童少年随班就读工作的试行办法》要求：学校应当对残疾学生加强思想品德教育，培养其良好的行为习惯，使其逐步树立自尊、自爱、自强、自立精神。同时要加强对普通学生的思想教育，以逐步形成普通学生互相关心、互相帮助的良好校风和班风。

2016 年印发的《国务院关于印发"十三五"加快残疾人小康进程规划纲要的通知》要求：营造良好的扶残助残社会环境，结合培育和践行社会主义核心价值观，进一步加强和改进残疾人事业宣传工作。充分利用报刊、广播、电视和互联网等媒体，鼓励支持残疾人组织借助微博、微信和移动客户端及有关移动新媒体，大力弘扬人道主义思想、扶残助残的中华民族传统美德和残疾人"平等、参与、共享、融合"的现代文明理念，营造理解、尊重、关心、帮助残疾人的社会环境。加强对残疾儿童家长的指导支持，为残疾儿童成长提供良好的家庭环境。

2017 年 7 月教育部等七部门印发的《第二期特殊教育提升计划》提出：营造关心和支持特殊教育的氛围，各地要广泛宣传实施特殊教育提升计划的重要意义，宣传特殊教育改革发展成就和优秀残疾人典型事迹，引导学生和家长充分认识特殊教育对促进残疾人成长成才和终身发展的重要作用；动员社会各界采用多种方式扶残助学，提供志愿服务，形成关心和支持特殊教育的良好氛围。

2020 年 6 月《教育部关于加强残疾儿童少年义务教育阶段随班就读指导工作的意见》第 10 条关于"加强校园文化建设"的具体内容如下：接收随班就读学生的普通学校要在做好无障碍环境建设基础上，最大限度创设促进残疾学生与普通学生相互融合的校园文化环境，严禁任何基于残疾的教育歧视，积极倡导尊重生命、包容接纳、平等友爱、互帮互助的良好校风班风，把生命多样化观念、融合发展理念，办成学校鲜明的特色。对随班就读学生，班主任和任课教师要加大关爱帮扶力度，并建立学生之间的同伴互助制度，在品学兼优的学生轮流给予关心帮助的基础上，鼓励全班学生通过"一对一""多对一"等方式结对帮扶。鼓励通过征文、演讲、主题班会、微视频等形式展示关爱帮扶优秀事迹，大力弘扬扶残济困、互帮互助等中华民族传统美德。在课堂教学中，教师要安排好随班就读残疾学生与普通学生的交流互动，创设有利于残疾学生和普通学生共同学习成长的良好课堂环境。第 16 条"强化家校共育"要求：加强宣传引导，积极争取普通学生家长的理解和支持。注重发挥康复、医学、特殊教育等专业人员和社区、社会相关团体的作用，让学校、家庭、社会形成教育合力，共同为残疾学生成长创造良好的教育环境。

### 三、融合教育宣导的理论基础

融合教育宣导活动在实践层面有着丰富的探索，但目前关于融合教育宣导理论研究的成果不多，关于残疾人污名化的理论和态度说服理论则为融合教育宣导实践工作提供了一定的指导。

#### （一）融合教育宣导与残疾人污名理论

污名（stigma）是"社会对受污者贬低性、侮辱性的标签"，反映了人们对某一个体或者群体持有的偏见、贬低和歧视，是一种消极的刻板印象。残疾人由于身心发展上的各种缺陷，极易诱发普通公众对他们产生污名，在他们"受损的身份"上形成负面的刻板印象，并引发相应的情绪反应[1]。污名化是将负面特征刻板化、标签化的动态过程，这个过程使拥有贬抑的属性和特质的个人容易遭受歧视和不公正对待，并产生自我贬损的心理[2]。污名化可分为两种：一是公众污名化，是指普通公众对残疾群体的消极刻板印象以及相应的贬低、排斥行为二是自我污名化，是指残疾群体对公众污名的内化产生的自我贬值，自尊感低的问题。其中，

---

1　关文军，颜廷睿，邓猛 . 社会建构论视阈下残疾污名的形成及消解 [J]. 中国特殊教育 .2017(10)：12-18.
2　秦红霞 . 污名化视角下的特殊儿童融合教育问题研究 [J]. 常州工学院学报（社科版），2017，35(02)：113-116+120.

公众污名化所产生的歧视行为是自我污名化的重要因素，因此，降低公众污名是去污名化的重要步骤。

关文军等从社会建构理论视角出发，对残疾污名的形成过程进行了分析。他们认为残疾污名的形成是一个长期、循环的历史建构过程。对残疾人的污名化始于公众对残疾身体扭曲理解后的分类和排斥，将语言和符号暴力随后以选择性、修饰性的"叙事逻辑"将关于残疾的负面认知寄寓到各种社会制度中，成为公众理所当然的认知和规范，进而"合理化"对残疾人的排斥和权利剥夺。被污名化的残疾人由于缺失表达诉求的能力和途径，因此，很难做出积极回应，只能持续妥协于各种"被剥夺""被贬抑"的体验和认知内化中，最终完成污名建构的循环[1]。

污名对特殊学生的影响广泛存在于教育、就业、医疗康复中，对特殊学生而言，不同的学生所面对的污名有着本质的差别。污名有三个类别：一是身体方面：是指对各种身体缺陷的憎恨和厌恶；二是性格方面的缺陷：被认为具有性格缺失，例如精神疾病等；三是种族污名即通过血统或者信仰差异来对种族与宗教进行污名，并羞辱其中的成员。特殊学生所受到的污名的种类主要以身体方面和性格方面的缺失为主。污名导致的直接后果就是教育排斥，主要体现在观念排斥、机会排斥和参与排斥三个方面。例如 Ghanizadeh 等人调查了教师对注意缺陷多动障碍（Attention Deficit Hyperactivity Disorder，ADHD）学生的融合教育态度，结果发现，77.5% 的教师认为 ADHD 儿童应该在特殊教育学校接受教育，而不是在普通教育学校[2]；刘艳虹等针对北京市残疾儿童受教育状况的调查显示，低龄残疾儿童的学前教育、义务教育和 15 岁以上残疾儿童的中、高等教育入学率均相对较低，且残疾儿童教育内部发展不均衡[3]；关文军针对融合教育学校残疾学生课堂参与的调查也表明，多数残疾学生课堂参与的样态是"被动的有限参与"，且教师很少为残疾学生的学习提供必要支持[4]。

由于污名化影响到特殊学生的基本人权，因此，世界各地开展去污名化的活动，通过对污名形成和原因和影响的研究，Corrigan Shapiro 提出改善公众污名化的三大策略：一是对抗法，让个体能觉察现实生活中污名现象，增加自己对污

1　关文军，颜廷睿，邓猛．社会建构论视阈下残疾污名的形成及消解 [J]. 中国特殊教育 .2017(10)：12-18.

2　Ghanizadeh A., Bahredar M. J., Moeini S R. Knowledge and attitudes towards attention deficit hyperactivity disorder among elementary school teachers[J]. Patient Education & Counseling，2006，63(1-2)：84-88.

3　刘艳虹，吴曼曼，邹酬云，等 . 北京市残疾人教育状况的调查研究 [J]. 残疾人研究，2016(03)：71-78.

4　关文军 . 融合教育学校残疾学生课堂参与的特点及教师提供的支持研究 [J]. 中国特殊教育 .2017(12)：3-10.

名化的觉察度；二是教育宣导法，通过宣传引导，让大众了解特殊人群的相关知识，从而修正其不正确的刻板印象；三是接触法，通过普通人群与特殊人群的接触，在活动的过程中，拉近双方的距离，减少污名化问题。这三种方法中，第一种对象是受污名者，后两种主要针对普通大众。

### （二）融合教育宣导与态度说服理论

态度（attitude）一词源于拉丁语中的 Aptus，含有"合适"和"适应"的意思，它是指人们对某一事物或观念所持有的正面或反面的认识上的评价、情感上的感受和行动上的倾向。态度主要由三种成分组成：①认知成分。认知成分由个体对某个事物的各个属性的信念所构成，包含人物对事物了解情况、认知程度和看法、知觉与讯息，通常描述个人对态度对象的认知。例如由于残疾人的身心障碍或缺陷，非残疾人往往容易对其产生"行为怪异""低能""晦气"甚至"危险源"等消极刻板印象。②情感成分。情感成分是个体对某个事物的感情或情绪性反应，包括：尊重与轻视、喜欢与厌恶、同情与排斥等正面或负面的感觉，通常会与认知成分一起作用而形成人们对态度对象的正面或负面评价。例如人们由于对残疾人的认知偏差，会进一步诱发出"恐怖""排斥"以及"贬低"等情绪反应。③行为成分。行为成分是个体对某事物或某项活动做出特定反应的倾向。即当个人对态度对象必须有所行动表现时，其可观察或知觉的行为反应，是一种反应或行动前的准备状态。以对残疾人为例，其反映在行动中就是非残疾人对残疾人的排斥和隔离、尽量回避与其近距离接触和交往。

态度的重要特征之一是态度的三个组成部分倾向于保持一致，这意味着某个成分的变化将导致其他成分产生变化。任何一种态度都可能会在某个成分多一点，某个成分少一点，从而显现出不同的行为表现，这称之为态度的改变或态度变迁。要使大众改变对特殊人群的刻板印象便要善于利用态度改变的机制，在实践中，有时候直接影响或改变大众对特殊人群的排斥行为非常困难，为此，可以先改变大众的认知成分，让大众对特殊人群的属性有一定的了解，或者先改变大众对特殊人群的情感成分，然后由于态度的一致性，大众会对特殊群体产生积极的态度。

态度的改变包括两层含义：一是指态度强度的改变，二是指态度方向的改变。这两者是彼此关联和互相影响的，霍夫兰德和詹尼斯于1959年提出了一个关于态度改变的说服模式，该模式将态度改变的过程分为四个相互联系的部分。第一部分是外部刺激，它包括传递者（或者叫信息源）、传播和情境三个要素。第二部分是目标，说服对象对信息的接收并不是被动的，他们对信息传递者的说服有时很容易接受，有时则采取抵制态度，这在很大程度上取决于说服对象的主观条件。第三部分是中介过程，它是指说服对象在外部劝说和内部因素交互作用下态度发生变化的心理机制，具体包括信息学习、感情迁移、相符机制、反驳等方面。第四部分是劝说结果。劝说结果不外乎两种：一种是改变原有态度，接受信息传递者的劝说；另一种是对劝说予以抵制，维持原有态度。也就是说，说服模式包括"谁说""向谁说""怎么说，说什么"这三个部分，这些是影响说服效果的重要因素。

信息的传播者即由"谁说"，来源越可信，态度越可能改变。如果传播者所受的教育、专业训练、经验、社会背景与年龄等因素在信息接收者心目中成为某方面的权威，或其外表、人格特质与表情让人值得信赖、具有吸引力，那这些会让传递的信息更加可信。一般的融合教育宣导活动也采用这样的技巧，如运用特殊人群中的名人现身说法，或者请艺人代言等方式，用来提高社会大众对传递信息的信赖、兴趣，并拉近彼此的距离，达到宣导的效果。

"向谁说"是指信息接收者。一般会经历注意、理解、接受三个过程，信息接收者的人格特质会与其他因素互动产生不同的效果，以决定态度将如何改变。因此，要测量一个人的说服感受程度，应综合观察其对各种不同主题以及不同说服方式的反应。在进行宣导活动时，要考虑接受者对信息的感受过程、选择与其学习程度、个人经验相关的宣导素材，降低其个人情绪、注意力所带来的干扰程度，方能达到较佳的效果。

怎么说和说什么，信息本身的立场、内容、组织、呈现方式以及所使用的媒介等都会影响说服的有效性，接收者更容易接受与其目前态度立场差异较小的讯息。另外，相对于复杂的信息来说，简单的信息更容易被接收，与个人相关性越高的信息更容易被接收，所以有技巧的呈现提倡论点的短缺点比例可提高讯息的可信度。运用在融合教育宣导时，可以采用阶段性不同的安排，初始使用书面宣传报告，可建立普通学生和教师对于特殊学生概念的认识和了解；当其具备一定的知识概念时再安排实际的接触，如参观特校，担任特殊学生的爱心伙伴等，提升与个人的相关度，增强说服的效果。政府单位可以用电视、网络、报纸杂志等媒介进行宣导，建立大众人群对特殊人群的概念。

综上所述，由于污名化的影响，人们对残疾群体存在很多认识上的偏见，残疾群体对偏见又进行认同和内化，形成了严重的公众和污名和自我污名。因此，需要对污名进行干预，采用说服理论对公众进行说服和对残疾群体进行自我说服。特殊学生是残疾群体的重要组成部分，在融合教育的背景下，需要对普通学生观念和态度进行塑造去除公众污名，对特殊学生进行积极的心理干预改变自我认知去除自我污名，通过融合教育塑造包容、共享的社会文化。

## 四、融合教育宣导的实践意义

融合教育的推进仍面临诸多挑战与质疑，一是普通学校师生及行政人员缺乏接纳的态度，缺少共同提升特殊儿童学习的愿景，常常对特殊教育需要学生产生误解及偏见；二是职前阶段普通师范生缺乏特殊教育相关内容的学习，使得普通教育教师缺乏相应的解决学生情绪、问题行为及个别化教学的特殊教育技能；三是普通学校与特校教师处于隔离状态，专业对话、合作分享较少，使得普通教育与特殊教育教师在课程与教学调整上面临巨大的挑战[1]。这些挑战与质疑让融合教育的发展受到一定的阻力，也让在普校接受融合教育的特殊学生受到了一定的伤害。

融合教育虽然能够帮助特殊儿童学习与社会行为发展，但是如果没有完善的措施，对于特殊儿童反而会带来负面的影响。台湾学者吴武典指出：许多对障碍者的刻板印象，皆因对于障碍者缺乏正确的了解，应该在学校课程及大众传播媒体中，多设计了解与关怀障碍者的教材或节目。邓猛教授也提出建议，认为必须加强融合教育宣导活动，以提升学校师生、家长对特殊学生的认知与接纳，真正落实无障碍环境的建立。因此在融合教育实践中，如何实施融合教育宣导成为一项重要的课题。

### 案例 1：奇奇的故事

奇奇于 2002 年被诊断为中重度自闭症，两岁开始在中山某医院接受康复教育，从幼儿园开始一直在普通教育系统接受教育。刚入幼儿园时，因为到处乱跑遭到了幼儿园管理者的排斥，但是班上的老师主动提出可以让他适应后一段时间后再做决定，于是在幼儿园一直待到七岁，延迟一年进入小学读书。

入读小学后，奇奇一开始不愿意在教室里学习，后来妈妈发现是因为学不会，孩子自尊心强，所以不愿意进入教室。妈妈想起小时候奇奇喜欢写字，因此买了一些字帖让他来临摹，没想到一页几十个字很枯燥的临摹奇奇居然可以坚持下来，从此，奇奇走上了书法和绘画这条路。在培训班里，他学会了写毛笔字，排队去洗笔，不乱甩笔等规则，在小学的课堂上也能坐住了，回到家里还会拿出课本给妈妈读在学校学会的东西。

在二年级的时候，班级的同学会模仿奇奇的一些行为，班主任觉得有必要和同学们沟通，和奇奇妈妈商量以后，在奇奇不在场的情况下，

---

1　魏燕荣，陈全银，杨银.“教师专业学习社群”视角下融合教育教师的专业发展 [J]. 现代特殊教育，2017(08)：59-62+69.

利用班会课跟同学们一起讨论自闭症是怎么样的一种症状。老师引用了一些名人的案例，说奇奇虽然有自闭症，但是也有自己的特长，同学们如果帮助他发挥自己的特长，他也会成为一个非常有用的人，问同学们愿不愿意帮他。在那节课上，同学们说了很多奇奇的优点，大家觉得，只要大家一起帮助他，他就能成为一个有用的人，甚至是一个名人呢。从这节班会课以后，班上的氛围就变了，大家都愿意接纳和帮助奇奇，有的同学回家后告诉家长，家长也了解了自闭症这种障碍，教导孩子要尊重和友善。在这样的氛围中，奇奇的小学生涯顺利地度过了。

通过这节班会课，奇奇的妈妈知道了宣导的重要性，在到新环境之前，她都会积极地和学校、班主任沟通，主动告知奇奇的情况，以及为了接受融合教育家庭和孩子做出的努力，并且开展这样一节宣导课。奇奇的融合教育之路越来越顺畅，现在，他已经是中山市沙溪理工学校职高三年级的学生了，目前他的生活可以完全自理，并在有支持的环境下从事简单的工作。

随着融合教育的推进，特殊教育相关政策的落实，越来越多的地区和学校开始开展普特融合的宣导活动。广州市海珠区利用少先队队会活动促进普特融合；海门市特殊教育中心定期开展双向的普特融合活动，利用电台访谈、电视专题节目宣传特殊教育；宁波市特殊教育中心学校利用教研活动，定期开展普特融合同课异构活动；泉州市特殊教育学校整合校内外资源，先后创建中小学社会实践基地、青少年学生校外活动中心和"海丝"文化游学基地，搭建了普特融合平台，给普特学生创造了一个平等、和谐的融合环境等。全国很多地区都立足于特殊教育学校或者特教中心，开展宣导活动。

国内外相关研究结果表明，在尊重特殊教育需要学生的前提下，通过各种宣导活动的实施与推进，可以帮助普通学生认识特殊教育需要学生，消除他们对特殊教育需要学生的负面印象或者因不了解而产生的恐惧与误解，从而提升普通学生对特殊教育需要学生的接纳度，促进双方更好地交流互动。

# 第二节　中山市融合教育宣导的实践

## 一、中山市融合教育宣导的发展

中山特校从2009年起，在每年的4月2日前后开展世界自闭症日的相关活动，包括自闭症学生绘画作品展、游园活动等。

2011年中山市随班就读工作指导中心成立后,越来越多的随班就读学生家长、所在学校及班级教师前来寻求帮助,其中涉及了自闭症谱系障碍、听障、视障、脑瘫、智障等障碍类型的学生。当时主要存在这样的矛盾:家长认为特殊学生应该在普校接受融合教育,而普校教师认为随班就读学生应该到特殊学校接受教育。这一矛盾源于家长与教师之间的理解差异,为此,中山市系统地开展了有针对性的融合教育宣导工作。

第一个阶段,加强普特学生的交流。在这个阶段,普校师生对各类特殊学生认识不足,不了解各类特殊学生的特点,认为特殊儿童就要到特校去接受教育,并没有意识到社会环境支持不足是特殊需要学生无法接受教育的主要原因。因此,中山市随班就读工作指导中心以4月2日世界自闭症日和12月3日国际残疾人日为契机进行宣导,宣导形式为融合教育理念的培训、特殊学生画展、社区游园活动、特殊学生文艺表演、普特融合运动会等。在这些活动中,普校教师和学生了解到特殊学生和他们一样,有自己的特长,可以跟他们一起学习和参与活动。此外,中山市随班就读工作指导中心开展特殊教育年会,利用年会邀请专家进行融合教育、对特殊学生的认识与教育方法等方面的培训。

**案例2:以特校为基地开展自闭日活动**

2012年4月2日是第5个世界自闭症日,中山市特殊教育学校开展了一系列以"关爱、包容、和谐"为主题的宣导活动,号召大家共同关注自闭症孩子。在世界自闭症日前后,特校教室的走廊上摆满了自闭症学生的书画作品,游乐场周围挂满了他们平时生活、学习、活动的照片,此外,学校还通过校园网站、校园广播等途径进行了为期一周的宣传。4月1日上午,在特校操场上举行了自闭症儿童的亲子游园活动,邀请特校的家委会成员、自闭症孩子的亲友、中山广播电台FM88.8子君同乐会成员以及博爱医院的医生共同参加活动。游园活动包括五彩轮、过呼啦圈桥、爱心拉小车等活动,游园活动结束后,FM88.8子君同乐会成员走进特校教室,跟学生一起互动。当天下午在兴中园开展大型文艺演出。演出开始前,举行了自闭症小知识的有奖竞答环节,吸引了很多市民来参加活动和观看演出。

2014年4月2日是第7个世界自闭症日,中山特校举行了丰富多彩的主题融合活动,意在宣传自闭症儿童教育康复理念、加强普特交流、促进自闭症儿童融入主流社会。当天的宣导活动分为三个部分:自闭症儿童展能融合活动、低龄段自闭症儿童家长专题讲座以及普特融合趣味运动会。上午的展能活动邀请了中山市朗晴小学20名学生及其家长与特校自闭症学生共同参与了3D平衡球电脑游戏竞赛、创意手工秀体验和水果沙拉亲情制作等主要活动。3D 平衡球电脑游戏竞赛活动中，面对面摆放的 5 组 10 台笔记本电脑前分别坐着朗晴小学学生与特校自闭症学生，孩子们近距离接触并体验 3D 平衡球游戏对视觉、本体觉的刺激，在空间变换、力度控制的过程中体验不同材质球体运动中的乐趣（见图7-1）。创意手工秀体验活动中，两校学生共同体验"扭扭棒"在手指间缠绕而变化的丰富形态，将一根根简单的扭扭棒变成了一只只美丽的毛毛虫、蜻蜓与蝴蝶。在水果沙拉制作活动中，两校学生在老师和志愿者的引导下亲手完成水果沙拉的制作，并将自己亲手制作的水果沙拉送给亲爱的父母与老师。水果沙拉制作活动中，朗晴小学的学生不仅将自己的劳动成果和父母分享，更有同学主动走到特校学生中，与他们共享水果的美味，赢得了大家的喝彩。在一个多小时的展能活动中，特校的自闭症孩子与普校学生近距离接触、交流，并在相同的项目中进行了互动和比拼，特校自闭症学生的精彩表现得到了普校学生的一致肯定和赞赏。这次展能活动向大家揭示出一个事实：自闭症儿童在某些领域拥有和常人一样甚至远超常人的能力，自闭症儿童特殊才能的发现、转化与发展是他们教育康复过程中不可忽视的重要环节。

图 7-1  中山特校自闭症学生和朗晴小学同伴同场竞技

下午中山特校培智部全体师生与中山中专、中山广播电视大学的同学们一起进行了普特融合趣味运动会。活动中，特校自闭症学生和全校培智部学生、普校哥哥姐姐们一起快乐参与了二人三足、合力背夹球、木板鞋、五彩轮、迎面接力、摸石过河等需要合作交流来完成的趣味体育游戏。

当天还组织了"关注自闭症签名行动"，向前来参与融合活动的校外人士派发了第 7 个世界自闭症日宣传手册，积极传递"平等、尊重、共享、包容"的理念，提升自闭症亲友关注早期干预、合理干预的理念，活动传递了正能量，取得了积极的效果。特校的自闭症学生在和谐温馨的融合大环境下，度过了快乐幸福的一天。我们希望在融合环境中，不断提高自闭症儿童及所有特殊儿童的学习、生活质量，在未来幸福快乐地过着每一天。

第二个阶段，让普特学生在教育情境中直接互动。普校的教师对融合教育和特殊教育学生有了初步的了解、可以接纳特殊学生在普校读书，但是如何在课堂上关注和支持有特殊教育需要的学生、为其提供适合的教育？因此，中山市特殊教育指导中心组织了共上一节课活动。共上一节课的形式有两种：一是特校学生走进普校课堂，二是普校学生走进特校课堂；内容上包括了综合实践、绘画、陶艺、音乐、体育等课程。在这个过程中，普校学生进一步了解特殊学生的特点，学会如何跟特殊学生相处，特殊学生在和普通学生的互动中进一步提升社交能力等。

### 案例 3：普特学生共上一节课

为了让普通学生学会了解、尊重、接纳特殊学生，也为了让特殊学生在与普通学生的活动中，学会交往、合作，感受到快乐，4 月 14 日下午，中山市特殊教育学校 25 名学生在老师和家长的带领下，来到南朗镇云衢小学，与该校的孩子一起开展了"同一蓝天下"普特融合活动。在参观完学校后，特校学生有序地分为两组，一组学生进行美术融合活动，另一组走进音乐课堂，感受音乐的旋律。在美术融合活动上，普通学生手把手地教特殊孩子捏脸谱、玩乐器，特殊孩子认真学习、勇敢尝试（见图 7-2）；在音乐课上，老师采用同伴合作的形式，让普通孩子和特殊孩子一起表演，同学们手舞足蹈，热情洋溢，一时间，教室里歌声飞扬，乐声荡漾，孩子们笑得开心，玩得热闹，从一开始的由于陌生产生的拘束，到后来的无拘无束。精彩有趣的体验式课堂拉近了孩子们的距离，而精心准备的表演更是让他们建立了纯真的友谊。中山特校梁子健同学吹奏了一曲动听的陶笛，陈燃同学带来葫芦丝演奏，他们的精彩表演获得了在场所有孩子的认可，教室里掌声不绝于耳，与此同时，云衢小学的孩子们同样回赠了唱歌、小品，古筝等精彩的节目，这些都充分展现了他们的精神风貌和青春活力。本次活动为两校师生架构互相交流的"心桥"，同学们共同学习、一起玩耍，普通孩子看到了特殊孩子身上的阳光与潜能，更加了解和接纳特殊学生，特殊孩子得到了尊重与包容，感受到了快乐，同时也提升了自信心。这次温暖的遇见在孩子们的心中播种下一颗爱的种子，等待它们长出一片春天！

图7-2    中山特校学生到南朗云衢小学共上一节课

第三个阶段，通过融合教育课堂教研活动深化普特融合活动。中山市特殊教育指导中心通过开展融合课堂教研活动，组织普特校教师共同备课，探讨如何让特殊学生适应普校课堂、如何让每个学生都能参与课堂、如何设计教学环节、如何在教学中应用一些特殊教育的方法等问题。在这个过程中，普校教师也意识到每个人的学习通道、学习习惯的不同，对于如何帮助特殊学生参与课堂活动有了更深刻的理解，特校教师也进一步了解了普校的教育教学活动。此后，通过中山市融合教育示范校项目，学校参与各项目，成立了融合教育教研团队，定期开展融合教育教研，为特殊教育需要儿童提供多方面的支持。

**案例4：普特校教师融合教育课题教研活动**

受板芙镇湖州小学邀请，中山市特殊教育指导中心带领中山特校四年级10名学生代表与板芙镇湖州小学三（3）班的学生"同上一节课"融合音乐课《顽皮的杜鹃》（见图7-3）。在这节课中，胡老师在课堂上不仅展示了音乐老师的扎实基本功，同时也有技巧地用情景教学、图片提示策略、鼓励强化、角色扮演、游戏法等多种教学方法，让课堂上的每一个学生感受到了音乐的魅力，也学习到了知识。孩子们美妙的歌声、欢乐的笑脸都给在场的老师们留下了深刻的印象。课后，两校学生一起参与绘画社团活动，在课堂和活动中，两校学生手拉手、心连心、相互了解、共同体验、一起成长。在正式上课的前两周，在市特殊教育指导中心的组织下，湖州小学老师与特校老师围绕"如何让特殊需要学生适应普校课堂""如何让每一个学生都能参与到课堂中"等问题进行了多次研讨并修改完善教学设计。

图 7-3 中山特校学生到板芙湖州小学共上一节课

从间接的宣导，到普特学生的直接互动，进而通过融合教育教研不断深化融合教育宣导，中山市的融合教育宣导在立足校园宣导的基础上，形式、内容、对象不断走向丰富。

## 二、中山市融合教育宣导的实施

根据"态度说服理论模式"，"由谁说、向谁说、怎么说和说什么"是影响说服效果的主要因素，中山市特殊教育指导中心在宣导时，围绕宣导对象、宣导内容、宣导形式实施融合教育宣导。

### （一）中山市融合教育宣导的对象

有研究认为，融合教育领导者的个人哲学思想与价值观念会影响自身的决策及融合教育的推行，这些意识形态会以融合原则体现出来[1]。作为学校融合教育工作的领导者，校长及行政的融合教育理念尤为重要。只有学校校长及行政的观念改变了，真正地接纳有特殊教育需要的儿童，才能为他们创建适合的校园环境和学习氛围。因此，针对普通学校校长及行政的融合教育宣导显得尤为重要。

普校教师的信念和价值也是促进融合教育成功与否的关键因素。教师是教育的执行者，承担着普通学生和特殊教育需要学生教学的责任，在教学领域中扮演着对学生深具影响力的角色。大量研究指出，教师的积极态度会提高对残疾儿童

---

1 齐艳，向友余.融合教育背景下的校园文化建设[J].现代特殊教育（高等教育研究），2018(12)：11-12.

的理解和接纳、评价与期望，促进师生交往和提升正常教学活动的质量[1]，另外，教师对于特殊教育需要学生的态度并不是一成不变的，其接纳程度可以通过自身不断地掌握特殊教育专业知识和方法而改变的。班级教师的态度还会影响班上其他学生对特殊学生的态度，当老师接纳并了解特殊教育需要学生，拥有积极、正向的能力，把特殊学生当作班级的一分子，普通学生就会接纳特殊学生，使他们顺利适应普通教育的环境。

普校的学生是推动融合教育的有效资源，是特殊教育需要学生在学校相处最多的人，是特殊教育需要学生平时模仿学习的对象，而普校学生对特殊教育需要学生的理解和接纳是融合教育的基础。研究表明，融合教育的实施可以提升普通学生及特殊教育学生的能力，一方面可以提升特殊教育需要学生的人际交往能力和融入社会的能力，另一方面能够使普通儿童更加深入了解特殊儿童这一群体，学会尊重和理解他人，形成积极的人生观和价值观[2]。但是如果普通学生不了解特殊教育需要学生的个人特征或者怪异的行为表现，就会对特殊学生产生排斥、害怕或刻板印象，对特殊学生造成了二次伤害。因此，通过对普校学生的宣导并有效地提升普通学生对特殊学生的态度也是融合教育成功与否的关键。

普通儿童是普通学校目前主要的服务对象，而普通学生家长作为融合教育中重要的利益相关者，其对融合教育的态度会直接影响子女对特殊同伴的态度，并在很大程度上决定了子女学校是否愿意招收有特殊需要的儿童[3]。因此，需要向普通学生的家长传递新的理念，更新他们的观念，让家长明白，融合教育的最终目的是促进所有孩子的发展，在融合教育的环境中，普通儿童和特殊儿童都能从中获益。特殊教育需要学生的家长则担心子女在班级中受到不公平待遇，不能被妥善照顾。双方对融合教育多少都抱着某种程度的刻板印象，对融合教育的成效存有疑虑。因此，向家长宣导融合教育的理念，让家长理解融合教育给所有学生带来的好处，消除心中的芥蒂才能更好地开展融合教育。

### （二）中山市融合教育宣导的内容

"说什么"也是影响宣导效果的重要因素，研究发现，与自己相关的信息更容易引起被说服者的共鸣，因为，说什么要与被说服者密切结合，中山市融合教育宣导的主要内容如下。

---

1　张欣，张燕，赵斌.我国随班就读工作推进中的困难及对策探析 [J]. 现代特殊教育，2018(18)：14-18.

2　王雁，黄玲玲，王悦，张丽莉.对国内随班就读教师融合教育素养研究的分析与展望 [J].教师教育研究，2018，30(01)：26-32.

3　徐丽丽，赵小云.普通儿童家长对随班就读的接纳度及其转换——基于皖北 H 市的访谈调查 [J].绥化学院学报.2017，37(10)：132-136.

### 1. 融合教育政策宣导

我国 2006 年修订的《义务教育法》规定："普通学校应当接收具有接受普通教育能力的残疾适龄儿童少年随班就读，并为其学习、康复提供帮助"，为残疾儿童接受教育的权利提供了法律保障。新修订的《残疾人教育条例》于 2017 年 5 月 1 日起正式实施，其中着重强调了"残疾人教育应当提高教育质量，积极推动融合教育"，并明确提出普通教育体系不能基于残疾而排斥或限制残疾儿童入校学习，要"优先采取普通教育方式"为残疾儿童提供义务教育[1]。因此，在宣导的过程中，要强调特殊教育需要儿童入读到普通学校是普通中小学应尽的义务和责任，不得以任何理由加以拒绝。

### 2. 特殊学生相关知识技能宣导

目前在普校就读的特殊教育需要学生类别较多，普通学生由于不了解特殊学生的特点，不理解他们的行为，会在接触他们之前存在恐惧、抗拒的消极心理。钮文英认为，要引导普通学生与特殊学生建立友谊，进而支持和协助特殊学生，须建立在了解和接纳的基础上，包括对于特殊学生的各项特质、行为方式、优势及弱项等各方面的了解[2]，因此，宣导过程中要向普通学生介绍各类特殊儿童成因、特点、优势能力以及相处习惯等。我国师范生群体中，具备特殊教育基本知识和技能的人数较少，小学教师中接受特殊教育知识的人更是微乎其微，工作后参加的职前培训也并未涉及融合教育的相关知识，这就造成了普通小学教师对融合教育的态度并不是太乐观，严重影响了融合教育在小学的开展[3]。因此，在普校开展特殊教育相关知识和技能的培训，让普校教师掌握特殊儿童心理发展和教育的相关知识，有能力与特殊教育工作者共同为残疾儿童提供支持和服务。

## （三）中山市融合教育宣导的形式

Towner 归纳了四十七篇相关研究所运用的技术，发现最常被单独或与其他技术结合运用的宣导策略有以下四种：在教育情境中的直接接触、在文学赏析与个人经验的团体讨论与主动参与、障碍模拟／角色扮演、透过媒体与障碍者间接接触。根据这些策略，中山市特殊教育指导中心通过不同的形式来开展宣导活动。

（1）通过宣导条幅在各活动场所呈现相关宣导词如：融合友爱，世界有你——关注世界自闭症日、星心相绘，灿烂梦想——自闭症谱系障碍儿童画展、融合在行动，快乐永相随等内容。

（2）通过宣导海报介绍各类特殊教育需要儿童与普通学生的相似性及差异

1　彭霞光.保障所有残疾儿童的义务教育权利——《残疾人教育条例》解读 [J].中国特殊教育，2017(06)：13-17+62.
2　钮文英.拥抱差异的新典范——融合教育 [M].新北：心理出版社，2008：271
3　孙玉梅.湖北省幼教工作者学前融合教育观念与态度的研究 [D].华中师范大学，2008.

性，特殊教育需要学生的优势和劣势，帮助普通学生消除对特殊教育需要学生的误解和源于不了解产生的神秘感和恐惧感。海报宣导地点为中小学的宣导栏，其主要参与者为中小学生，每年根据自闭症学生的绘画作品来设计宣传海报。例如2019年的宣传海报（见图7-4）都是源于自闭症谱系学生创作的画作。一张用连续密集的符号使用不同颜色的彩笔勾勒出花瓶的样子，象征着美好源自多元；另一张则是将不同颜色的手交织在一起，象征着融合和接纳。两张海报下半部分，通过加注"世界自闭症日"和文字介绍世界自闭症日的相关知识。

图7-4　中山市2019年世界自闭症日宣导海报

（3）通过宣导手册面向家长和教师详细介绍各类有特殊教育需要学生的发展特点，在各阶段遇到的问题和能够提供的支持、国家对特殊教育需要儿童的政策以及各类特殊教育需要儿童的安置建议等。如中山市特殊教育指导中心设计的宣导手册名为《一起陪伴来自星星的你——自闭症谱系障碍儿童教育指引手册》（见图7-5），内容包括谁是自闭症谱系障碍儿童，他们有哪些常见的表现，发现儿童异常后我们可以做什么，目前我国对于自闭症谱系障碍有哪些相关的政策支持，自闭症谱系障碍儿童可以去哪里上学等问题。并在最后附录了0-6岁儿童发展里程碑，其中穿插了自闭症学生的绘画作品，并在作品适合的位置写上不同的宣导话语，如"自闭症谱系儿童作为社会成员，平等地享有在融合环境中接受教育的权利，事实上，在融合教育环境中，他们能更好地学习社会和游戏行为，促进其社会沟通与交往"等。

图7-5　《一起陪伴来自星星的你——自闭症谱系障碍儿童教育指引手册》节选

（4）通过蕴含了融合教育思想或者是以特殊需要儿童为主人公的绘本，以班会课宣导的形式引导普通学生认识特殊教育需要学生，或者在绘本中体会他们的心情，并把绘本作为入班宣导的教材。通过障碍体验等方式，让普通学生体会到特殊教育需要同学所面临的障碍。

（5）通过关于特殊教育宣导影片或者以残疾儿童为主题的影视作品如《阿甘正传》《放牛班的春天》《地球上的星星》《海洋天堂》《不存在的女儿》等，为普通孩子家长、教师提供了丰富的素材和案例，把普通人群带入到他们的生活情境中，产生同理心，更愿意去理解和接纳不一样的生命。

在此基础上，还通过共上一节课、融合运动会、共绘一幅画、绘本共读等活动为普特学生提供直接的互动机会。

**案例5：融合运动会融合活动设计**

1. 网大球

游戏准备：空旷的场地、网2个、大球2个

游戏方法：学生20个人一组围成圆圈，双手抓住网的边缘，后退将网拉开做好准备。助教老师将大球放于网上，每组一个，待老师口哨响后，集体抖网将球向上弹起来，并在规定的时间内，计球弹起的个数，多的一组为获胜。

游戏规则：学生只能通过抖网，将球弹起，其他身体接触均视为无效，并从零计数；中途球若飞出网外，未落在网上，计数从零开始。

游戏要求：学生有序地参与游戏，相互协作，共同完成活动。

2. 毛毛虫赛跑

游戏准备：塑料毛毛虫两条、打气筒一个、空旷的场地

游戏方法：学生5人一组，双腿分开骑坐在毛毛虫上，双手握住把手，老师喊预备的时候，所有学生起立，双手拉住把手；待老师口哨响，所有学生提着毛毛虫集体向前移动，看哪一组最先到达终点，为获胜。

游戏规则：学生必须是骑行姿势，向前移动。

游戏要求：学生必须牢牢地抓住把手，相互配合完成游戏，并注意安全。

3. 盲人行走体验

游戏准备：眼罩若干、空旷的场地

游戏方法：学生两人一组，其中一个同学戴上眼罩，两人协同通过所有障碍到达目的地，体验盲人日常行走的感觉。

游戏规则：扮演盲人的同学，用一只手搭在同伴的肩膀上，跟随完成游戏。

游戏要求：必须是协同到达终点，体验作为盲人的不便之处，进而在今后的生活中，如何积极主动地去接纳和帮助他们。

4. 角色转换

游戏准备：学生5人一组，其中有1个人扮演残疾儿童，其余4人扮演正常人；扮演残疾儿童的学生，无论别人说什么，都只能听，不能说话，更不能有肢体冲突动作，只可以有面部表情的变化；其余4人，按照老师事先给定的纸条内容，同扮演残疾儿童的学生进行交流。依次轮流，小组内同学均体验一次做残疾儿童的感受。

游戏规则：扮演普通儿童的学生只能通过口头语言及手部动作进行交流，不允许有身体的接触。

游戏要求：扮演残疾儿童的学生在认真体验作为残疾儿童时，别人对他的看法及态度，进而反思自己在面对残疾人时，应接纳、包容，并主动予以帮助。

5. 大家乐

游戏准备：空旷的场地、《拍三拍》音乐、音响

游戏方法：学生每20个人一组，手拉手围成圆圈，在老师的口令及示范下，跟随音乐做不同的动作，如慢节奏时有踩脚、脚前点地、转圈走等；快节奏时，老师喊："收"，学生手拉手往圆心集中，老师喊："回"，学生退回到原来的位置，手拉手呈大圆。随着游戏的深入，可以增加游

戏的人数，以及大圆套小圆一起玩；最后进行放松活动。

　　游戏规则：整个活动中，学生始终手拉着手，不松开；

　　游戏要求：学生跟随节奏及老师的口令积极完成游戏。

# 第三节　中山市融合教育宣导成效与反思

## 一、中山市融合教育宣导的成效

### （一）构建了"差异化"的融合教育宣导实践模式

　　发展生态学的主要观点认为，发展的环境和儿童的特质在决定发展的结果的过程中具有同等重要的作用[1]，儿童的发展受到与其有直接或间接关系的生态环境的影响，而这种生态环境是由若干个互相作用的系统组成的。经过几年的实践，中山市特殊教育指导中心立足校园宣导，针对不同的宣导对象，对宣导的形式、内容进行差异化的设计，形成了中山市特殊教育指导中心的宣导工作的模式。这一模式以特殊学生为核心，对家长、同学、老师、社会公众等开展不同内容、不同形式的宣导；组织以展示特殊学生优势能力和才艺专长的宣导活动；围绕特教政策法规、学生的特点及相应的教学策略开展教师宣导；立足学生宣导，通过同上一节课、融合运动会、班会课宣导、国旗下讲话、海报宣导等形式开展活动，力求在所有学生心中播下接纳、包容、支持的种子；以接纳、理解和尊重差异为核心开展社区宣导，提高社会公众的意识。

### （二）营造了良好的融合教育氛围

　　随着中山市融合教育工作的推进，越来越多有特殊教育需要的孩子走进普校接受教育。通过融合教育宣导，越来越多的孩子和学校从融合教育中获益。

　　**案例6：军军的故事**

　　军军目前在中山市技师学院四年级就读，正处于实习阶段。他的一周是这样安排的：周一到周五自己骑车去上班，周六自己乘坐轻轨和地铁到广州青少年宫上课学习，周日自己安排休闲活动（游泳、茶楼喝茶、

---

1　苏雪云，顾泳芬，杨广学.发展生态学视角下的自闭症儿童融合教育支持系统：基于个案分析和现场研究[J].基础教育，2017，14(02)：84-89+95.

骑车等）。除了进入新环境工作时需要有人辅助带他过渡一下，其余生活中的事情上基本上可以自己解决。

军军是在 4 岁的时候确诊为自闭症，学前阶段被几家幼儿园劝退，基本上在康复机构度过；8 岁上小学一年级，刚开始，上课时趁着老师不注意从教室后门溜出去，到厕所玩水，或去没有人的地方玩，班主任看到这种情况，建议家长带他去特校就读。

军军妈妈带他来特校咨询的时候正是 2011 年，中山市随班就读工作指导中心刚刚成立。中心的老师通过评估发现军军的能力并不差，建议继续在普校随班就读，并且可以每周抽取一天的时间来特校上个训课。随后，中山市随班就读工作指导中心、军军所在的小学以及家长一起商议制订了方案，妈妈去学校陪读，上课的时候在教室门外；课间的时候，妈妈作为军军和其他同学沟通的桥梁，教他学会和同学之间的交流和沟通（如下飞行棋、分享零食等）；每周来特校上两节个训课。到军军四年级的时候，除了语文和数学成绩，其他方面他完全可以跟上班级的同学；能跟同学友好相处，听老师的话，课堂上遵守纪律，英语和体育成绩处于中上游。因此，他停止了在特校每周的课程，每周六、周日到广州市青少年宫的特教兴趣班学习。在这个兴趣班里，他跟爵士鼓结缘，并爱上了这门乐器。从此，军军认真学习爵士鼓，经常参加演出，这大大增加了他的自信心，让他享受音乐和舞台。军军还喜欢骑车、游泳、跑步等运动项目，这一专长帮他在运动会中为班级增光，也让他在班级更受同学欢迎。另外，在每周去广州上课的途中，他学会了买轻轨票、查看轻轨票的车次、排队上车、换乘地铁等技能。就这样，军军在小学一直坚持下来。

初中阶段，新的环境对于军军来说又是新的挑战。首先，学校不允许陪读；其次，初中学生对各项事情有自己的想法，不是所有同学都能包容和接纳军军；再次，初中的课业给军军造成了很大的压力。所幸班级的老师愿意和家长、中心沟通，一起帮助军军，因此中心的老师和班主任商量，借助班上军军的几个小学同学在学校生活中帮助他。此外，军军每周又安排了两天的时间去广州青少年宫参加特教艺术家画画班的学习。经过三年的初中生涯，军军的中考成绩刚好可以考上中山市技师学院的烹饪专业。

四年的职高生活虽然也出现了一些问题，但军军都平稳地度过了。在实习中，军军妈妈作为军军的就业辅导员教会了他配送鲜花和下午茶。在此过程中军军学会了使用手机导航、乘坐公交车、使用共享单车等。

目前的军军虽然还没有正式工作，但经过这么多年的融合，各项能力都得很好的发展。

和军军一样在融合教育中受益的还有就读于某理工学校的涛涛、就读某中学的丞丞、正在读小学的宏宏等。在这些特殊孩子成长的过程中，家长通过培养小伙伴等方式为他们营造了支持的微环境；班级教师将差异转化为教学资源，在班上营造良好的融合氛围，让普通孩子和特殊孩子共同成长,如南朗云衢小学四2班、港口民主小学五3班在2018年、2019年分别以融合教育为特色申报了中山市的特色班集体；一批融合学校在中山市特殊教育指导中心的引领下，积极、主动地开展融合教育宣导，在整个学校营造良好的校风。在此基础上，通过家长及相关部门如中山市青少官、中山市残联等部门的努力，为孩子提供了支持性的社区融合环境。

## 二、中山市融合教育宣导的反思

### （一）让融合教育宣导常态化、机制化

在当前，融合教育宣导是一项仍然需要长期、持续、深入开展的工作，通过融合教育宣导在普通学校普及融合教育理念，为特殊学生营造良好的融合教育氛围。在前期工作的基础上，特教中心应进一步借助教育行政部门的力量，结合特定的节日等，让普通学校的融合教育宣导工作成为一项常态化、机制化的工作。

### （二）让融合教育宣导课题化

如何进一步提升融合教育宣导工作的质量？一是需要考虑不同宣导对象的特点，设计符合其心理发展水平的宣导内容和宣导形式，二是需要通过量化和质性的研究手段等收集宣导对象的变化情况和反馈。这需要特教中心将融合宣导课题化，通过课题研究引导普通学校共同来提高融合教育宣导活动的质量。

### （三）让融合教育宣导课程化

特教中心应立足校园宣导，根据障碍类型和宣导对象，和普通学校共同开发出合适的融合教育宣导课程，形成宣导活动设计手册，为校园融合教育宣导提供指引，并指导教师在日常的教学情境中有机地融入融合教育理念，提升普通学生对特殊学生的接纳度。

# 第八章　中山市普通学校融合教育的实践探索

## 第一节　学校融合教育实践

　　普通学校是融合教育推进的主阵地，而中山市的普通学校则形成了主动拥抱融合教育的发展趋势。在中山市特殊教育指导中心的引领下，部分融合学校参与了中山市融合教育质量提升的课题研究，在融合教育全面推动实施的基础上，从课题研究的角度出发，有的学校从资源教室的心理辅导课程开始，逐渐向普通教室的核心课程过渡；有的学校从校园"和"文化着手，做有温度的教育，以渐进的方式推动融合；有的学校从学生行为干预着手，建立学校行为管理机制。通过课题研究集中于融合教育的某个领域进行突破，带动融合教育工作的整体发展，提炼出了各所学校的融合教育工作实践特色，从而带动了中山市融合教育工作整体发展。以下呈现中山市部分融合学校的实践案例，以期呈现中山市融合教育学校的一些共性的发展模式。

### 一、中山市火炬开发区香晖园小学以"悉心关怀"为核心的融合教育实践[1]

　　中山市火炬高技术产业开发区香晖园小学创建于 2011 年 9 月 1 日，占地面积 38277.40 平方米，截至 2021 年共有 2075 名学生、41 个教学班、136 位教职员工。学校环境优美，是一所充满人文关怀的学校。学校的融合教育以细致入微的"悉心关怀"为核心，以尊重人、发展人为根本，关注学生的特殊需要，努力创造每个学生都能快乐成长的空间。学校现有随班就读学生 23 人（其中持有残疾证的 5 人，持有三甲以上医院鉴定说明的 18 人），承担送教上门服务学生 2 人。几年来，香小人努力创造有利于师生成长的融合教育资源和精神、物质环境，构

---

[1]　本案例由中山火炬高技术产业开发区香晖园小学陈肖影、苏艳波、王绮撰写。

建有利于师生全面发展的平台，建设了一支融合教育的团队，丰富和深化了融合教育的校园文化内涵。通过构建促进融合校园建设的长效机制，形成了我校融合教育的发展模式，彰显了学校的德育教育特色。

### （一）完善融合教育发展机制，保障融合教育长效发展

#### 1. 建立融合教育发展的长效机制

学校把随班就读工作纳入学校五年发展规划，依据教育部等七部门的《第二期特殊教育提升计划（2017—2020年）》等文件要求制定学校随班就读教育发展规划，完善了《香晖园小学随班就读学生应急处理机制》《香晖园小学随班就读教育教学制度》《香晖园小学随班就读学生档案管理制度》《香晖园小学随班就读学生学籍管理制度》等制度。

#### 2. 完善融合教育师资团队建设机制

学校以行政牵头，心理教师为核心骨干，科级组长、班主任、家长代表和开发区医院心理科梁平飞医生团队、中山市第三人民医院周强医生为骨干组员，全体教职工与中山市特殊教育指导中心参与的融合教育团队。我校全体教职员工都是学校随班就读教育的参与者，骨干队伍更是学校随班就读工作的核心力量。目前，学校专职心理教师2人，兼职心理老师4人；除此之外，获得心理教师A证的有6人，B证的有18人，C证的有43人；三级心理咨询师1人，二级心理咨询师2人，成立了"心语坊"心理、随班就读学生教育阵地。专职心理教师享受班主任待遇，教师参加随班就读学生教育、辅导工作都计入工作量，保障教师的待遇问题。"心语坊"制订随班就读教育工作的实施、检查与评价，档案管理、轮班值勤、学生转介等方面的规程与教育管理工作的实施，做到制度健全，管理暖心，分工明确，工作细心。

#### 3. 完善融合教育硬件环境建设与投入机制

学校十分重视随班就读教育阵地的规范建设，几年来，在市区教育部门的支持下，学校随班就读资源中心从40多平方米的小屋拓展到现在五间400多平方米的活动场地。在各区域的命名问题上，我们充分关注学生的心理感受，以"五心"来命名。资源教室阵地的总名称为心语坊，里面有知心阁——接待和测评室，开心阁——感统训练区，晴心阁——融合教育团体游戏室，舒心阁——特殊需要学生学习区，静心阁——谈心区。五心乐园里，学校尽最大努力为孩子们打造了一个温馨的家。

### （二）完善融合教育特色课程建设，培育"幸福"少年

#### 1. 五心课程，温暖的关怀

每学期初，我们学校都会进行一次特殊学生筛查统计，经班主任上报、医疗

机构专业测评、中山市特教指导中心综合意见后，资源教师最终筛选出特别需跟进的个案。根据学生的特点，分成了不同的成长小组，每周一至周四下午第三节课，分别由四位专兼职随班就读老师跟进，为他们开设随班就读教育特色课程，形成了香晖园小学独具特色的五心乐园课程。知心课程——特质儿童教育单个辅导课，每周资源教师与班主任沟通约课，为孩子量身定制属于他们的教育教学课程；开心课程——康复训练区，为特殊需要学生提供感觉统合等方面的康复训练；晴心课程——团体游戏主题活动课，开展全校融合教育宣导课程，让接纳与关怀根植于香小每一个学生心中；舒心课程——学业支持课，为自闭症学生以及其他有特殊学习需要的学生进行学业辅导；静心课程——父母成长，沟通之道主题课，资源教师定期约见班主任、学科教师开展特质学生支持教育交流活动，让教育管理更规范。与此同时，根据学生表现及时与家长沟通，让家校无缝连接。"心语坊"致力于学生个体每个年龄段的健康发展，尽量为孩子提供适时心理支持和帮助。

### 2. 融入日常教学，开展特色活动

（1）在班级管理与课堂教学中促进融合。针对班级中的特殊学生调整班级管理制度及教学方案，做好"三三四"要求：学习"三优先"，优先安排座位，便于教师关心；优先安排任务，提高学习兴趣；优先安排面批，及时反馈纠正。个别辅导"三落实"：落实助学伙伴，发挥同伴互助；落实辅导时间，确保练习强度；落实辅导内容，避免流于形式。课堂教学"四兼顾"：兼顾复习导入，共同准备；兼顾传授新知，目标分层；兼顾巩固练习，异步评价；兼顾课后作业，分类布置。在中山市特教中心的引领下，我们每位老师都逐渐掌握了随班就读教育的工作方法，师生之间、生生之间的融合度更高了，日常课堂更加和谐。

（2）在心理课堂教学中更加促进融合。香晖园小学全校一至六年级均开设心理健康教育课，由四位专、兼职心理老师开课，每两周一课时。在无配套教材的情况下，自主开展校园适应、接纳与关爱、人际交往、情绪调节、学业责任感、感恩、个性发展和拥抱青春等系列主题教育活动课程，促进了文化教学和心理健康教育的融合。

（3）在普、特教育交流活动中走向融合。我校联合中山市特殊教育学校，每学期至少开展一次"普特融合"活动，让普校的孩子在和特校学生的互动学习中，学会感恩，懂得关爱、关心特殊学生。特校的孩子们走进了普校的课堂：竹笛课、美术课、书法课、科学种植课、体育课……也许他们说得不够流利，做得不够快速，手脚不够灵活，跳得不够高，但是，普校的孩子们都在热烈地加油，热情地鼓掌，一张张同样阳光的笑脸共同谱写一曲普特融合的教育之歌。

### （三）开展融合教育微课程研究，引领融合教育深入发展

关怀理念认为关怀与被关怀是人类的基本需要。"在人生的每一个阶段，我

们都需要被他人关心,随时需要被理解、接受和认同。同样,我们也需要关心他人",人与人之间如果没有关心和被关心,人类就无法延续。关怀是一切成功教育的基石,也是"以人为本"这一现代教育观的具体体现。接纳、平等对待特殊需要学生,让这些孩子在普校幸福地学习和生活,是"关怀教育"理念落地的具体途径。我们以"微课程"为切入口,申报了中山市立项课题《"关怀教育"理念下以微课程推进学校融合教育的研究》,通过课题研究指导实践工作,让教师、家长、学生认识、关注、关爱这一群体,从情感上接纳,从思想上认同,从行动上接受、关爱特殊学生,从而推进融合教育的发展。

1."融合教育微课—班主任篇"

班主任工作是学校教育工作的重要组成部分,班主任的教育观念,教育意识,教育行为直接影响着融合教育的落实情况。我们从接纳认同－行为识别－实操指导等开发一系列适合班主任使用的"融合教育微课"资源,并通过在线学习、交流沟通、实施反馈等路径,提高班主任对特殊需要儿童教育水平。

2."融合教育微课—学科教师篇"

特殊需要学生在学科学习中会遇到很多需要支持的问题,这需要学科老师了解特殊需要学生的具体需要,了解他们的习惯和特点,教师理念的更新,教育艺术的提升。我们从"融合教育微课"入手,依次从接纳认同—行为识别—课堂建议等三板块进行培训,可以方便、快捷地更新教师对特殊教育的观念,提升教师对特殊教育的教育教学水平。

3."融合教育微课—家长篇"

家庭是儿童成长的第一课堂,父母对孩子的人格影响,行为性格,学业提升等起着至关重要的作用,因此,融合教育要深入家庭,让家长与我们一起学习与成长。面对普校生家长,主要是接纳与认同引导;面对特殊需要儿童家长,主要是指导家长如何帮助孩子生活与学习。我们从两类家长入手,开发"认同—识别—实操"三板块的微课程进行引导,让家长从心里接纳这些特殊的小孩子,身体力行地去维护、关爱他们。

4."融合教育微课—学生篇"

特殊需要学生在学校里接触最多的就是同伴,同伴的影响是巨大的,所以融合教育微课开发要关注对普校学生对特殊需要同学的接纳与帮助。如何帮?帮到什么程度?对特殊同学行为的理解等是微课开发的主要内容,建立在理解基础上的认同才是真正的接纳。我们通过微课的学习、班会课的引导,生活中各种活动,营造氛围,树立榜样,表彰先进,不断提高学生间的融合度。

### （四）推进区域融合教育工作协同发展

中山火炬开发区共有9间公办小学，3间公办中学，5间民办学校，每间学校有随班就读学生8～15人。为更好地推动区内特教工作均衡发展，香晖园小学的老师整理了自己的摸索经验，带动区内其他学校负责特教工作的教师共同成长。2018年，开发区成立了以我校融合教育专职教师为主要班底的"开发区随班就读特教小组"，设立了以香晖园小学融合教育资源教室为主要研究基地，并组建了专门的"特教交流群"，让各校的特教教师之间保持密切交流，共同学习研究，对各间学校的随班就读学生给予更多的关怀和指导，让区域工作蓬勃发展。在此基础上，香晖园小学还承担了开发区送教上门教师小组的具体工作，组织区内各校的心理老师或兼职特教教师开展送教上门工作。

展望未来，在各级政府的重视和支持下，在全体教师的共同努力下，我们相信，香晖园小学融合教育工作会取得更美好的发展，让我们不忘初心，砥砺前行！

## 二、中山市东区竹苑小学"一体两翼"的融合教育实践[1]

中山市东区竹苑小学是一所普通小学，截至2020-2021学年有26个班、1309名学生，其中28名随班就读学生分布在6个年级15个班，障碍类型包括了自闭症、注意缺陷与多动症、读写障碍、肢体残疾、脑瘫等。这些学生给老师的教学管理提出了新的课题，比如班级管理中如何安排座位，随班就读学生突然间的情绪爆发，以及如何让普通学生与随班就读学生和谐共处，随班就读学生上课无法服从课堂管理、听不懂指令，以及班级家长陪读带来的相关问题等。为了更好地帮助特殊孩子适应学校环境，探讨如何更好地为他们创建支持环境满足其发展需要显得尤为必要。同时考虑到融合教育理念的普及率低，大众对于特殊需要儿童还存在误解，本校以"阶段式"推进融合教育的工作理念为指导，主张分阶段、分步骤地推进融合教育，从准备阶段、探索阶段、深化阶段、到拓展阶段逐步形成了"一体两翼"的融合教育模式，即以课程和个案为主体，以创建融合校园氛围和提供资源保障为两翼。

### （一）学校阶段式推进融合教育的实践过程

#### 1. 准备阶段

首先通过问卷调查了解教师和家长对于融合教育和特殊需要儿童的看法和理念，以及在面对特殊需要儿童时需要得到哪些知识和技能方面的帮助，以便了解

---

1　本案例由中山市东区竹苑小学刘颖、范柳娟撰写。本案例在2021年广东省融合教育优质资源征集活动中获评"优秀区域融合教育实施方案（二等）"。

教师和家长在开展融合教育方面的需求。其次，聘请专家开展融合教育理念宣讲，针对老师和家长在问卷调查中出现的对于融合教育和特殊儿童出现的消极思想进行针对性的宣讲。同时在校园文化方面也进行了渗透，比如在自闭症宣传日张贴海报，了解自闭症相关知识，开展如何与自闭症孩子交朋友的心理健康教育课程，开展大型手拉手活动，同时还给教师赠送相关专业书籍进行学习和分享。再者，购买服务，引进专业的特教教师，通过收集特殊儿童的资料，进行评估，推荐诊断，以便于了解其障碍类型，并进行分类，为后期个别化教学提供依据。最后，筹建资源教室，配备相应的器材和教具，为融合教育提供场地支持和保障。

2. 探索阶段

探索阶段主要是开展了一些尝试，组建团队，开展培训，聘请专家，提高教师融合素养。首先，开展多方研讨会，学校校长、德育行政、心理教师、特教督导、社工、家长、班主任代表、学科教师代表进行多方会谈，探讨会遇到的困难及解决策略。其次，针对全校教师，开展融合素养专题培训与现场答疑，给教师提供更多的知识和技能上的准备，提高其融合教育素养，同时针对骨干教师开展业务技能培训。再者，组建融合教育团队，形成了德育行政、班主任团队、心理老师、资源教师、社工为主的融合教育团队，明确了责任分工；同时外聘了特殊教育专家、特教督导、心理医生为整个团队保驾护航。最后，利用资源教室组建资源班，开展一对一教学，定制专属课程表，针对资源班的特殊需要儿童制订成长计划，坚持每课一反馈，每周一总结，每月一计划，分小步骤，帮助特殊需要儿童进步。同时资源教师定期跟班主任反馈，给班主任提供支持和建议。

至此，融合教育如火如荼地展开，学校随班就读儿童得到了前所未有的关注。

3. 深化阶段

随着融合教育的推进，一系列问题也出现了。普通教师压力感倍增，特殊儿童因过分关注带来了新的问题，教师课堂教学带来新的困扰。尽管学校融合氛围变得更包容，教师对随班就读学生也更包容，部分学生也开展了个别化教学，但进步和改善程度不大，融合教育遇到了新的瓶颈。为此采取了以下策略：

（1）针对过分关注带来的问题和教师课堂教学问题，可以邀请特教专家入班观察，观察教师的教学行为及随班就读学生的学习行为，让教师明白随班就读学生的哪些行为可以给予关注，哪些行为应该忽略，同时思考如何调整教学策略以更好地应对。

（2）开展个案研究，资源教师、心理教师、社工开展了案例研讨，从心理角度和家庭角度出发尝试给出新的视角，发现有一些个案的父母在教养方式上对孩子的接纳上还不够，社工要进行家访与跟进。同时一部分个案由于长期的训练带来的情绪问题，心理教师通过沙盘帮助其宣泄情绪。部分困难个案，学校领导带队，心理老师、社工、班主任、资源教师开展家访，从而更好地了解和帮助随班就读学生。

（3）引入个案行为记录表（见表8-1），又叫AB记录法，A、B代表两种教师希望学生改善的行为，例如A代表吐口水，B代表离开座位。科任老师每上完一节课根据该学生是否在这堂课上出现这样的行为从1~3分进行打分。根据下面表格记录学生每天每节课的表现得分，表现好得分高，且采用代币法，积分换礼物。同时可以通过该表分析该生在哪个时间段表现比较好，在哪些课堂上表现比较好。当某一行为已经消退之后，逐一换成教师希望改善的其他行为。

表8-1　个案行为记录表

| 时间 | 周一 | 课程/教师 | 周二 | 课程/教师 | … | … | 周五 | 课程/教师 |
|---|---|---|---|---|---|---|---|---|
| 早读 | A123 | | A123 | | A123 | | A123 | |
| | B123 | | B123 | | B123 | | B123 | |
| 第一节 | A123 | | A123 | | A123 | | A123 | |
| | B123 | | B123 | | B123 | | B123 | |
| 第二节 | A123 | | A123 | | A123 | | A123 | |
| | B123 | | B123 | | B123 | | B123 | |
| …… | A123 | | A123 | | A123 | | A123 | |
| | B123 | | B123 | | B123 | | B123 | |
| 第六节 | A123 | | A123 | | A123 | | A123 | |
| | B123 | | B123 | | B123 | | B123 | |
| 课间 | | | | | | | | |
| 总分 | | | | | | | | |

（4）创建"帮扶"性质的融合班级。为了最大限度地帮助随班就读学生适应学校常规，同时发挥普通学生的主观能动性，在有随班就读学生的班级设立"帮扶小组"来帮助班级有特殊需要的孩子，学生自愿报名，轮流值日，分工负责。同时成立"救火队"，发生危机事件时能够立即启动，分工合作，负责处理和上报紧急事件。资源教师和心理老师针对这部分学生进行日常行为培训，以及突发事件的演练。同时班主任在班级里开展融合班会，号召同学们接纳和帮助随班就读儿童。在这种支持环境下，随班就读儿童取得了很大的进步。

（5）建设校本融合课程。针对低中高三个年段开展相应的融合教育课程，并进行主题赛课，专家听课评课，反复打磨和修改课程设计，最终形成了针对低中高三个年段的普通学生的主题融合课程。通过这些课程帮助普通学生认识特殊需要学生，认识到世界的多元，培养责任感和同理心，让他们更好地帮助和支持特殊需要学生。

（6）开展主题宣导活动。在每年的世界自闭症日这天开展相应的主题活动，班主任利用综合实践课进行宣导，同学们通过课程体验、绘本故事、视频等更多地了解自闭症儿童，同时通过创作画作来表达对自闭症儿童的关爱和帮助。

### 4. 拓展阶段

经过深入发展探索，融合教育开始生根发芽。为了进一步将融合教育的理念深入人心，我们提出了"以书为浸润，在活动中渗透"的方式渗透融合教育，对随班就读学生进行特长培养，潜能发展，同时也开始探索普通家长和特殊需要学生家长的协同联动。

（1）"以书浸润"创建融合书香校园。为了更好地渗透融合教育理念，学校购买大量融合教育相关主题的书籍，包含教师专业书籍和学生绘本。学生绘本既包含帮助普通学生了解特殊需要学生的绘本，如《轮椅上的姐姐》；也包含特殊需要孩子阅读的绘本，如《我可以克服阅读障碍》《我的名字不叫笨蛋》等。同时设立家长流动图书馆，购买大量适合特殊需要孩子家长阅读、帮助普通家长了解特殊需要孩子和家庭的书籍。至此，形成了全员阅读，教师、家长、学生三位一体的融合书香校园氛围。

（2）培养特长，发展潜能。根据随班就读儿童的兴趣特点，组织儿童参与相应的社团课和兴趣小组。部分随班就读儿童参加了乒乓球学习、艺术表演、篮球训练队、机器人、绘画等项目，通过兴趣小组的训练，帮助他们在学校找到归属感和自信心。

（3）融合亲子实践活动。为了打破壁垒，架起普通学生家长和随班就读学生家长之间的友谊桥梁，实现协同联动，由德育行政牵头，家委组织开展融合亲子实践活动和乡土文化融合体验活动。融合亲子实践活动由学校行政、心理老师、社工、普通学生家庭和随班就读孩子家庭共同参加。在活动中不仅实现了普通孩子与随班就读孩子的融合，普通家长和随班就读儿童家长也筑起了友谊的桥梁，也让学校领导层走进随班就读孩子的家庭，了解他们。活动打破了原有的壁垒，实现了全方位的融合。

### （二）"阶段式"融合教育模式成果

形成了"一体两翼"的融合教育学校经营模式，即以课程和个案为主体，以创建融合校园文化氛围和提供资源保障为两翼。

### 1. 课程和个案

（1）形成了丰富的融合教育课程体系，包含针对普通学生低中高三个年段的融合校本课程。针对随班就读学生的个别化教学课程，主要指资源教师开展的一对一的训练课。社团课，指随班就读儿童根据自己的兴趣和特长加入相应的社团和兴趣小组。

（2）形成了深度多维的个案研讨机制，根据不同的问题类型，在个案方面分工合作，社工开展家庭服务，心理老师开展心理辅导，班主任负责常规训练。

### 2. 融合校园氛围

（1）形成了潜移默化的融合校园文化氛围。在宣传日张贴海报，同时制作班级板报，开展心理漫画比赛和绘本展，设立特殊儿童教育相关的图书角，于无形中给学生以耳濡目染的启示。

（2）形成了帮扶性质的融合班级。基本实现科任教师对随班就读学生的课业低要求，班级有帮扶小组、救火队，同学们积极报名，轮流值日，以帮助特殊需要同伴为荣。

### 3. 资源保障

形成了全方位的保障资源，主要包括经费保障、社会保障和专业保障。推进融合教育需要持续的经费投入，从建设资源教室、购买特殊教育服务、聘请资源教师、专家讲座等都离不开经费的投入。因为学校的融合教育已初具规模，市级和区级单位也相当重视，给予了较大的经费投入，获得了经费保障。同时与市特教中心、区教育事务中心、特殊儿童康复机构建立了长期合作的关系，因而获得了较多的社会支持和社会保障。同时也形成了包含德育行政、班主任、资源教师、心理教师、社工、外聘专家组成的融合教育团队，尤其是以资源教师、心理教师、社工、外聘专家四位一体的专业团队，为融合教育开展形成了专业保障。

## （三）"阶段式"融合教育模式的不足与展望

### 1. 不足

（1）个别化课程和随班就读课程的衔接，如何能够让特殊需要儿童在随班就读课程中也能完成一些难度小的任务，让他们在普通课堂上有事情可做，如何帮助普通教师搭建支架成了我们需要攻克的难点。

（2）每个特殊儿童个体都不一样，不可能用同一种模式去对待，需要不断地加强业务方面的培训和学习，对普通教师来说既是挑战也是机遇。

（3）特殊需要儿童方面的课题研究能力还比较薄弱，需要加强这方面课题的深入研究。

**2. 展望**

（1）进一步加强普通教师的融合素养能力培训，同时提升资源教师的专业能力。

（2）加强资源教师与普通教师的合作，尤其是课程方面的衔接。

（3）开展融合教育家长沙龙，为特殊需要孩子的家庭提供心理上的共情和支持。

## 三、中山市东区水云轩小学"全员参与、以人育人"的融合教育实践 [1]

中山市东区水云轩小学是一所 2015 年创办的城区公办小学，截至 2020—2021 学年，学校共有 48 个教学班、2419 名学生，近三年来随班就读学生人数分别为 17 人、24 人、39 人，包括了自闭症谱系、注意缺陷多动症、智力障碍、学习障碍、情绪行为障碍等类型。自建校开始，学校在原有心理健康教育专业团队的基础上，引入校外特殊训练专业人员，现有心理教师 2 名、特教老师 1 名，驻校社工 1 名，送教上门教师（校医）1 名；在此基础上，学校充分利用市、区的各类资源，逐年增加特殊教育专项经费的投入，积极创建资源教室等，开展系列融合教育课程，帮助全校师生不断地更新教学理念、增强融合教育理念，致力于为包括特殊学生在内的每一个学生提供公平而有质量的教育，达到了春风化雨浸融合、润物无声齐育人的融合教育目的。

为推进学校融合教育工作发展，帮助特殊学生在学校更好地成长，我校以校长为总负责人，在心理健康科组牵头下完善融合教育工作管理架构，逐步构建了"全员参与，以人育人"的融合教育模式（见图 8-1），从而在学校创设和营造尊重、接纳的优质人文环境。

### （一）建立"全员参与、以人育人"的团队

#### 1. 专业团队，提供保障

学校融合教育团队的建设及完善非一朝一夕之事，仅仅依托心理老师、特教教师、驻校社工及送教上门老师是远远无法满足实际需要的，学校在充分发挥这一专业团队的基础之上，采取了"强专业，拓范围"的人员保障策略：一是帮助有随班就读学生的班主任提升融合教育专业育人能力，二是积极组织全体班主任和有意向的老师参加市心理教育培训。目前获得国家三级心理咨询师资格、广东省心理健康教育 C 证以上等心理证件的教师约占全校教师人数达 80%，通过这一

---

1　本案例由中山市东区水云轩小学黄文灿、苏伶娴、吴耿、王淼、陈玫婷撰写。本案例在 2021 年广东省融合教育优质资源征集活动中获评"优秀区域融合教育实施方案（一等）"。

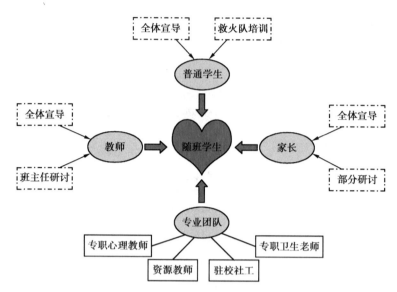

图 8-1　中山市东区水云轩小学"全员参与、以人育人"的融合教育模式

策略为学校融合教育工作提供了师资保障。

**2. 融合宣导，普及理念**

师生及家长对融合教育的理解将直接影响学校融合教育的实施，因此，需要多层面开展融合宣导，根植融合教育理念，才能为融合教育打开一条道路。我校主动选择建立融合教育资源中心，以此为契机，开展融合宣导普及课程，在"让学校成为师生快乐成长的家园"的理念下，把融合宣导普及理念根植于教师、学生、家长心中，促进在学校就学的特殊学生的全面发展，落实为每一个学生发展的理念，更深层次推进随班就读工作。

（1）教师宣导。学校的特教教师是特殊教育和普通教育的桥梁，负责对特殊学生进行个别辅导、补救教学，并为全校教师和家长提供咨询和支援服务。随着学生数量的逐年增多，特教师资短缺的局面越发严重。但同时，学校的每一位教师其实都是特殊学生的潜在的支持者，为此学校通过中山市特殊教育指导中心邀请了邓猛教授等专家入校为全体教师进行培训并开展相关的指导，同时多次组织随班学生班主任的专项培训。

（2）学生宣导。同伴互助是融合教育中的重要内容。学校1-6年级开设特色心理课程，借助融合宣导短片等形式，合理分配教学资源，针对不同班级，结合不同的学情，开展个性化融合宣导课。同时，每班推荐一名心理委员，以点带面，全面了解班级学情需要，课余时间对心理委员进行额外培训，组成融合教育救火队，关注同学动态，了解学生变化情况，发现问题及时向老师反馈。针对发现的问题，心理老师和班主任每周开设个训课2-3次，有效地解决问题，充分落实融合教育。为了使理论与实践相结合，更好地促进宣导工作良性发展，学校定期还邀请特殊训练专业机构的老师对全校心理委员开展更专业的融合宣导，努力为随班就读的学生争取同伴的支持和帮助。

（3）家长宣导。家长是融合教育里重要的资源，他们是融合教育的助推者，也可能成为阻碍者。在融合教育背景下，家长资源既包括随班生家长资源，也包括普生家长资源，在推进融合教育过程中，既要争取特殊学生家长的支持，也要得到普生家长的理解。因此，学校在开学初经初步观察评估筛选，召开随班生家长研讨会，请优秀的随班生家长介绍其教育经验，消除顾虑、科学正视、引起重视，知道对孩子的训练介入越早越好，家长越用心越有效。其次，普生的家长的接纳和支持，在某种程度上决定学校融合教育能走多远、多好。所以在全校家长会上，校长分别以《让身边的人幸福起来》《唯有根深才能叶茂》为主题讲话，渗透关爱每一个生命的理念，渗透融合教育的想法。学校也会邀约个别"异见"家长进行沟通，求同存异。再者，在开学初对校内有个别需要陪读的学生家长开展陪读技能培训，以更好地发挥陪读作用。

### （二）提供以资源教室为支撑的个性化支持

在普通班级等校园融合环境大氛围逐步形成的同时，学校加大了对随班学生的支持力度，依托资源教室从以下五个方面开展：

#### 1. 依托资源教室提供个性支持

（1）甄选资源学生。除了有相关医院评估或残疾证明可直接进入资源教室上课外，对于一些疑似有需要的学生，学校通过以下方式甄选：专业追踪，通过班主任、家长观察，填写转介情况表，再由专业团队讨论，进行相应的量表分析、按学生的问题表现分类，并安排独立专业老师跟进。针对"特殊学生"的特殊需要，结合学情，由特教教师进行个案上课，观察了解，切实做到教育的均衡和平等。访谈班主任，通过班主任和授课教师的反馈，全面了解原因和学习成绩、家庭教养态度、对学生的教育期望。除此之外还要约谈家长，家庭教育是教育的基础，家长的教育理念，教育样态，折射出学生的行为内因，通过约谈家长等形式可更全面地收集相关信息。为保证资源班学生的训练效果，需得到家长授权与配合。家长提供医疗部门评估报告，签订家长知情同意书，同意其孩子成为进入资源教室学生接受相关专业学习。

（2）评估分析。进入资源班上课的孩子，除了有医院的诊断证明，也要进行初步评估，以此确定学生能力与训练方向，为其制订适合的个性化课程。评估主要采用两种方式：正式评估，即到医院做相关诊断，如韦氏智力测验、自闭症或多动症相关诊断；非正式评估包括观察、晤谈、检核表（班主任或家长填写）、个案的随堂测验与定期评量。

（3）制订个别化教育方案（IEP）。学校通过前期的评估，根据特教老师的经验初定特殊学生的 IEP，然后召开 IEP 会议。出席会议的人员有该资源学生的家长、任课老师、特教老师、特殊培训督导、心理老师、学校主管领导。在 IEP 会议后，心理老师会跟进家长和老师们的落实情况，且都能积极按计划配合，并取得一定的成效。

（4）课程安排。按照家长、老师的要求，尽量不影响特殊学生主要科目的课堂学习时间，为其制订资源教室课。根据特殊学生的实际情况与需要，结合其个别化教育计划，确定课程形式和内容。课程形式包括一对一授课、特殊生小组课、融合小组课、课堂辅助等。课程内容包括：常规训练，如课堂纪律、课堂礼仪、安坐，增强常规意识；专注力训练，从记忆、排序、逻辑和手眼协调四个维度进行训练，让孩子集中精力干一件事，延长专注力时间，改善听课质量；理解力训练，通过阅读文章讲出时间、人物、地点和事件，提高文章的理解能力；体能训练，包括平衡训练、站姿训练、力量训练，锻炼平衡、增强身体的耐力、促进大脑的发展；认知能力训练，基础认知以及生活常识的训练，提高认知；社交训练，以游戏的方式，增强与人交往的欲望，以及提高遵守规则的意识；言语训练，口肌训练和构音训练，提高发音的清晰度；学业辅导，数学的基础知识、语文的生字词练习，巩固基础。

（5）效果评估。对于学生的训练效果需要有具体的量化评估，就像普通学生测验考试。但考虑到特殊学生的特殊性，所以根据其个别化教育方案的教育目标制订了 5 种评估方式、5 种评估结果。在评估的基础上了解训练效果，从而对特殊学生下一阶段的个性化教学内容进行调整。如一年级自闭症学生佳佳，对于目光对视和回应名字这两项的反应较弱，针对这两点，设定了社交训练的两个目标：目光训练时，在喜欢的游戏当中，关注老师 10 秒（成功率 60%）；听见名字时，回应"哎"，转向呼唤者（成功率 60%）。经过 15 周的训练，该个案在喜欢的游戏当中，能关注老师 5 秒，听见名字时，能回应"哎"。

（6）每天一反馈，每周一小结，每月一总结。对于特殊学生，在全面了解其基本情况基础上，学校每学期开学前会针对学生的特点，综合考虑学科知识、生活辅导、社会适应和基本的康复训练等内容，制订不同的个训方案，做到一人一案。同时，学校分别建立了特殊学生学校老师群和家长群，每天图文并茂地反馈训练内容与效果。每周小结整体情况，学校存档。每月做总结，特教教师向学校主管行政汇报工作，以便及时了解学生动态。

## 2. 依托特色社团发掘潜能、展现才华

每个孩子身上都有其潜藏的天赋。为了挖掘孩子们的天赋，学校除了在资源

教室开展常规训练课程外，还利用奥尔夫音乐的趣味性及治疗性，创新性地开设了特色音乐训练社团，并设定每周两次固定的社团时间对全体资源班学生进行小组授课。该音乐训练老师是学校特别聘请的校外专业老师，保证了训练疗效。通过一年来的音乐特色社团训练，孩子们由开始的躁动不安，到最后能用不同乐器合奏出完整的曲子。学校创造表演的舞台，使孩子有更多展示才华的机会。据部分参加社团孩子的家长反映，其孩子最喜欢来这里上社团，每次来都很高兴。有些孩子在教室里上课不能专注，但每次到了社团时间时，都是第一个来，除了协助老师摆好凳子，还能在连续一个小时的课里全情投入。这些已在一定程度上达到开办该社团的目标。

### （三）正视不足，臻于至善

融合教育东风正当时，通过全体师生、家长的努力，水云轩小学在融合教育工作的开展上有了长期的积累与沉淀，成绩斐然；但展望未来，为进一步提升学校的融合教育工作质量，需要从以下方面进一步着力：

（1）硬件资源教室在融合教育中起到了至关重要的硬件作用，所以，学校计划在新校区的建设中，不断完善资源教室的功能，为随班就读学生的辅导提供更合适的环境和设施。

（2）人员：融合教育理念在全校师生和家长的普及还需加强，因此，需要加大力量开展融合宣导，做到融合全覆盖。借助专业力量，对融合教育的参与者进行培训，指导参与者学习应对问题行为的有效方法。

（3）课程：课程与教学是学校落实立德树人根本任务的主要载体，融合教育的推进需要师资培训的课程建设，需要探索特殊学生普通课程的调整和特殊课程的建设工作。

生命是多样、平等的，每个生命应被珍视，每个生命都有绽放自我的权利。春风化雨浸融合，润物无声齐育人，各美其美、美美与共是我们对生命的敬畏，更是不懈的教育追求，水云轩小学将继续探寻符合学校实际的融合教育发展之路。

## 四、中山市石岐中心小学为特殊学生幸福成长赋能的融合教育实践[1]

中山市石岐中心小学成立于1941年，学校秉承"以人为本，打造适合学生的教育"的办学理念，致力于让每个学生的优势得到最大限度发展；2011年学校

---

1 本案例由中山市石岐中心小学王丽、杨静宇、黄平、张婷婷撰写。本案例在2021年广东省融合教育优质资源征集活动中获评"优秀区域融合教育实施方案（三等）"。

成为中山市首批随班就读试点学校之一，随班就读学生类型包括自闭症谱系、注意缺陷及多动症以及情绪行为问题，其中自闭症谱系随班就读学生最多。在适合教育理念的引领下，全校 36 个教学班根据学生发展特点，形成各具特色的班级文化，比如自闭症学生小 C 所在的四 4 班就形成了"我运动 我快乐"的足球特色班级。班主任教师联动家长和学校，共同为随班就读学生幸福成长赋能。

### （一）打造适合学生的教育，为孩子幸福人生奠定基石

#### 1. "适合教育"校园文化接纳随班就读学生

学校坚持"以人为本 打造适合学生教育"办学理念，尊崇每个学生的天性，遵循教育规律和儿童发展规律，营造一个以学生为本、有高度的积极期望与高度包容性的学习环境。在这个环境中，学生的品性得以培育，灵性得以启迪，个性得以彰显，为幸福人生奠基。这样的校园文化与融合教育理念下的随班就读工作不谋而合。融合教育理念下的随班就读表现为尊重儿童的差异，允许随班就读学生就近入学，并安置在适合的自然班中。每年 9 月新生入学时，学校将随班就读学生按照比例安置在有丰富融合教育经验的班主任班级中，并及时配备心理教师（兼职资源教师）组成普教与特教一起参与的教师团队。妥善地安置随班就读学生，并配备普特结合的教师团队服务，是学校尊重随班就读学生差异的第一步。

#### 2. 改造校园物理环境服务随班就读学生

适合的校园物理环境不仅增加了随班就读学生校园生活的便利性，也增加了普通学生校园生活幸福感。学校的灯光改造工程、窗帘改造工程有效保护了学生视力（普通学生的视力问题以及视觉障碍随班就读学生）；厕所加装一个坐便器可解决腿脚不便学生的如厕烦恼（个别普通学生因为意外骨折以及随班就读小儿麻痹症学生需要坐便器）；楼层上张贴轮椅服务电话还能方便腿脚不便学生上下楼梯；智慧教室改造中带有录课和直播课程功能，随班就读学生以及学习后进生回家后可以选择继续重复观看学校的课程，保证所有学生学习同步与进步。

#### 3. 开发校本课程满足随班就读学生成长需要

校本课程（school-based curriculum）即以学校为本位、由学校自己确定的课程，它与国家课程、地方课程相对应。如果说国家课程和地方课程是国家意志的体现，那么校本课程则是学校教师根据学生学情自主研发的发展性课程、补偿性课程。学校鼓励教师基于自己的专长以及学生个性发展自主开发、实践校本课程。针对有随班就读学生的班级，学校心理教师开设《不可思议的朋友》系列课程，引导普通学生正确认识、理解并接纳随班就读学生，学习相处技巧，营造全接纳

的班级氛围。这一课程依据"学校课程＋融合教育"融合文化实践理念，按照学生认知发展规律，以"我们中有特殊同伴""我们能相互理解接纳""我们能共处共赢"三个模块循序渐进构建了校本课程框架（见表8-2）。

表8-2　中山市石岐中心小学《不可思议的朋友》课程框架图

| 模块 | 课程名称 | 课程目标 |
|---|---|---|
| 模块一：<br>"我们中有特殊同伴" | 《不可思议的朋友》 | 1. 了解和认识自闭症儿童的行为表现。<br>2. 理解并认同自闭症儿童不是坏小孩。<br>3. 学习与自闭症儿童相处的方法。 |
| | 《海伦的大世界》 | 1. 了解视觉障碍儿童的世界，认识眼睛的重要性。<br>2. 去除视觉障碍儿童是"瞎子"的污名。<br>3. 学会保护眼睛。 |
| | 《我有一个妹妹》 | 1. 了解听力有困难的儿童面临的麻烦。<br>2. 去除"聋子"污名。<br>3. 学习与听力有困难的人相处。 |
| | 《本色王子》 | 1. 了解并认识唐氏综合征儿童的行为表现。<br>2. 去除对唐氏综合征儿童的污名。<br>3. 学会欣赏唐氏综合征儿童。 |
| | 《超级哥哥》 | 1. 了解并认识智力发育迟缓儿童的行为表现。<br>2. 去除对智力发育迟缓儿童的污名。<br>3. 理解并认同智力发育迟缓儿童不是坏小孩。 |
| 模块二：<br>"我们能相互理解接纳" | 《小男孩爱德华》 | 1. 了解"捣蛋"行为发生的情境和原因。<br>2. 理解并接纳特殊儿童不合时宜的行为。 |
| | 《玛丽莲 大鲸鱼》 | 1. 了解儿童的体型（外貌）烦恼。<br>2. 接纳各种各样的体型、外貌。做到不嘲笑，不自卑。 |
| 模块三：<br>"我们能共处共赢" | 《嘴巴不是用来伤人的》 | 1. 感受与识别语言带来的温暖与寒冷。<br>2. 学会说文明的话，用嘴巴寻求帮助以及说实话。 |
| | 《手不是用来打人的》 | 1. 区别手的正确用途和错误用途。<br>2. 学会用手表达友好、帮助人、照顾自己。 |
| | 《搬过来 搬过去》 | 1. 了解个体之间的差异。<br>2. 接纳并欣赏个体间差异。<br>3. 调整适应差异并创造精彩。 |

**4. 丰富的社团活动补充随班就读学生个性发展**

美国心理学家加德纳提出"多元智能"理论，该理论认为智能是多元的，每个人身上至少存在七项智能，即语言智能、数理逻辑智能、音乐智能、空间智能、身体运动智能、人际交往智能、自我认识智能。学生可能在某一方面表现尤为突出，另一方面则表现欠佳。语言智能以及数理逻辑智能突出的学生在应试教育模式下更有优势，其他智能优势的学生则获得与其能力发展不匹配的学业成就。素质教育理念则强调学生发展多样性。

学校以丰富多彩、积极向上的校园文化活动为载体，尊重学生的身心特点，精心设计和组织开展内容丰富、形式多样、吸引力强、调动学生主动参与的校园文化活动。在"适合教育"理念的引领下，学校开展面向全体学生的36个社团活动，满足具有不同智能类型学生的发展。除此之外，心理教师（兼职资源教师）为随班就读学生开展一对一或一对三的个体训练活动。即随班就读学生可以参加为自己量身定制的个训活动，又同时参加自己擅长的社团活动。以六2班的小X同学（随班就读学生、自闭症儿童）为例，他每周二参加一次情商辅导，周五参加一次电脑机器人社团。丰富的社团活动促使学生自我决定、自我选择、自我发展。随班就读学生既能参加补偿性社团活动又能参加发展性社团活动，社团活动是促使其发展的有力补充。

### （二）彰显班级文化特色，随班就读学生一个都不能少

"班级是学校最小的细胞。每一个学生都是独立的生命个体，这就要求我们根据学生的个性和特点来建设班集体。不同个性的学生集中在一个班集体里，必然也会形成有别于其他班级的特点，所以我们就想到了特色班集体的建设"。班级特色文化建设彰显学生个性发展，包括普通学生和随班就读学生在内的每一位学生一个都不能少。随班就读学生所在班级的班主任老师都秉承学校"人人有机会，人人能发展，人人能成才"的育人理念，不断以学校活动为依托，给学生多种尝试机会，在塑造理解、包容的班级氛围基础上逐渐形成特色班级文化。

#### 1. 发现随班就读学生优势，塑造其正面形象

小C身材高大魁梧，力气很大，很在意老师和同学对他的评价，乐理知识丰富。在班里仅有一两个朋友，有时会当众脱裤子暴露生殖器。

张老师结合学校拔河比赛的契机，利用他的身材优势将其安置在队伍最重要的位置。在比赛之前张老师特意叮嘱啦啦队成员大喊小C的名字，为他加油鼓劲。四4班同学不负众望，取得了第一名的好成绩。张老师及时引导其他同学认识到小C在这次比赛中的贡献以及他的努力与付出，最后同学们一致选小C代表班级去领奖，小C为此自豪了很久，班级同学也认识到他的积极作用。

#### 2. 组建互助小组，随班就读学生与普通学生共同滋养

黄老师是随班就读学生小W（多动症儿童）所在的六3班班主任。他组织同

学们轮流与小 W 做同桌，并记录帮扶表。比如普通孩子提醒小 W 写作业，小 W 帮助普通孩子搬桌椅等。每次到了学校集体活动结束后的等待时间，为了防止小 W 因为无聊而在校园随意走动，黄老师鼓励临近的几个学生与他一起玩找东西的游戏，比如手掌里握住一块小石子，让他来猜石子在哪个手里。在互助小组成立之初，普通学生对随班就读学生的帮助更多。但几年坚持下来，班里其他同学的同理心更强，接受差异性的能力更强，更懂得感恩，这些都是随班就读学生对普通孩子的滋养。

### 3. 打造特色班级文化，随班就读学生为班级争光

小 C（自闭症儿童）所在的四 4 班在班主任张老师的带领下形成了"我运动我快乐"的足球特色班。张老师不断以学校活动为依托，给学生多种尝试机会，最终发现了班级同学的运动特长，逐步形成足球特色班级文化并在学校各类活动中屡获佳绩。

最初的拔河比赛中，张老师引领同学们发现了小 C 体重优势，同学们越来越愿意邀请小 C 参加体育活动。经过一段时间的磨合，同学们一致推举小 C 做守门员。同学们自发组织足球队，利用休息时间不断练习足球。同学们在练习足球的过程中发展了合作能力、磨炼了意志、强壮了体魄。恰好学校组织足球比赛，四 4 班获得了足球比赛亚军、足球接力比赛第二名。经过足球比赛的锤炼，班级同学更加团结一致，陆续在学校英语比赛、经典诵读大赛中屡获佳绩，这些活动中都能看到小 C 的身影。随班就读学生找到适合的机会和活动也能为班级争光。

### 4. 家校形成合力，为随班就读学生幸福成长赋能

适合教育，就是尊重孩子的成长和发展规律的教育，通过正面积极的引导，帮助孩子形成真、善、美、勇、智的品格，为幸福的人生奠定基石。我们认为包含普通学生和随班就读学生在内的每一位学生都有追求幸福校园生活的权利、能力，学校教育要为其幸福人生做准备。随班就读工作开展之初受到了很多的挑战，部分家长和教师不理解随班就读学生安置到普通学校的原因，视其为麻烦和负担，认为随班就读学生"只要不打扰别人，不在校园闲逛，不出安全事故就万事大吉了"，这样的观念仅停留在"适应校园生活"层面。近 10 年的随班就读工作坚持下来，学校、家长、教师不断摸索红棉经验，随班就读学生在适应校园生活基础上，也可以活出精彩、幸福成长。家校形成合力，为随班就读学生幸福成长赋能。

（1）家校密切联系，形成教育合力。

担任随班就读班级的班主任在家校沟通合作方面探索出了经验。很多家长担心教师或者同学对随班就读孩子有偏见，所以对于孩子的实际情况绝口不提（尽管他们已经有医疗机构的鉴定）。班主任老师在班级管理过程中慢慢发现随班就读学生的异常，家长才遮遮掩掩地提一点。针对家长的不信任和顾虑，随班就读

班主任教师及时、主动和家长联系，在表达理解的同时给予力所能及的专业指导和生活指导。

四4班的张老师及时家访，深入了解学生家里情况，并理解、肯定其父母养育时的艰辛和付出的努力；六3班的黄老师结合自己多年的教育教学经验对家长进行专业指导，比如针对小W同学重复问问题的刻板行为，黄老师和家长在家和学校形成统一要求：同样的问题先是重复3次就不能再问了，一段时间后减少到重复问2次就停止，最后到问一次就可以了，直至其重复问问题的刻板行为逐步消退；班主任还要充当好调解角色，及时向学校反映随班就读学生诉求，必要时和其他家长解释澄清学生情况，努力营造包容的班级氛围。

（2）功能性行为支持代替行为矫正，满足随班就读学生幸福成长的需要。

自闭症学生在融合班级里经常会有些不合时宜的行为，影响其他同学甚至阻碍班级管理。然而行为有对错，行为背后的动机和需求没有好坏之分。随班就读学生和普通学生都有满足其发展需求的权利。教师需要引导学生发掘行为背后的动机，用合理的行为代替不合理的行为进而满足发展的需要。

自闭症学生小C进入4年级以后出现了3次在教室里脱裤子露生殖器的行为。前面2次是在教室上课，经过心理辅导教师及时干预后，小C没有再出现这样的行为。大概4个月后，小C在体育课上脱裤子，有女孩子看见并尖叫。心理辅导教师就其在公开场合脱裤子行为予以功能性行为支持。首先，心理辅导教师给小C看几张图片（有一张是穿着比基尼的女明星），问其对哪种图片记忆最深、有什么感受。小C觉得女明星图片很恶心，穿得那么少。其次，心理辅导老师抓住教育契机引导小C同理班里其他同学看到他脱裤子后的感受。然后，心理教师进一步发掘小C脱裤子行为背后的动机。原来是小C觉得课程有点无聊，老师没有注意到自己（与前面2次脱裤子的原因一致）。最后，心理辅导教师引导小C思考除了脱裤子可以打发无聊以外（小C已经认识到脱裤子行为是大家不喜欢的），其他什么行为可以打发无聊又能不影响别人。小C想到了可以画画、可以和老师请假去洗手间（在洗手间里小便脱裤子就没有人觉得恶心）。随后，心理辅导老师肯定了其在控制自己脱裤子行为方面作出了努力，两次脱裤子行为间隔4个月，说明他有很努力控制自己，自己想到了2种其他的方法打发无聊，说明他愿意变得更好。听到老师的肯定后，小C红了眼眶。目前过了3个月，小C没有再出现脱裤子行为。

追求有趣、新鲜和刺激是每个人基本的心理需求，需求本身没有好坏之分，但恶作剧、挑衅别人等追求有趣的行为显然不当。心理辅导教师并没有过分关注或纠正其错误行为，而是引导其用具有相同功能又被大众接受的行为来满足其发展需求。随班就读学生的需要被尊重、被看见，他的行为也越来越得到集体的认可，集体归属感更强。以功能性行为支持替代行为矫正帮助随班就读学生顺利渡过校园适应，心理辅导教师将这一系列方法与班级其他教师和家长交流，家校使用同样的方法塑造其行为，收到了良好的教育效果。

（3）调动同伴互助，助力其幸福成长。

短期焦点解决疗法认为每个人身上已有的资源和待开发的资源足以满足其发展的需要。随班就读学生自身资源就如同一座冰山，海平面上面的冰山是已有的资源和优势，海平面下面（看不见的部分）是待开发的资源和优势。虽然随班就读学生在发展的过程中会遇到形形色色的难题，但是很多难题可以借助以往的成功经验加以迁移解决，从而增强其自信心，进而衍生出更多的资源和优势。要引导随班就读学生在难题中寻找例外，发掘其成长的动力。

小 W 重复问问题的刻板行为次数减少到 1 次以后，黄老师便开始用相同的方法改变其他的刻板行为，比如不断拍别人来打招呼的行为。黄老师首先鼓励小 W 有能力用摆手打招呼而不是拍人家打招呼，"你能做到只问 1 次问题，老师相信你就有能力做到摆手打招呼"。小 W 受到鼓励后表示愿意尝试改变。在接下来的一个星期中，同桌反映小 W 还是会拍自己打招呼，老师引导该生观察这样的行为发生了多少次，是否有例外出现（没有拍自己的情况）。一周后，同桌兴冲冲地报告，他发现自己主动和小 W 说话或打招呼时，小 W 就不会拍自己，如果他忙着自己的事没有及时理小 W 时，他就会拍自己直到自己理他为止。教师及时表扬同桌的敏锐洞察力，并引导他有所作为改变小 W 拍自己的行为。他反思道可以主动理他，即便自己再忙也要及时告诉小 W"我在忙，我看到你想和我玩了，但是我要忙完才能理你，你先自己做事"。经过一个月以后，教师再也没有收到小 W 拍人打招呼的投诉。

小 W 通过友善的同学、包容的班级氛围、有专业知识指导的班主任这样的资源帮助其顺利改掉又一个刻板行为。班主任教师用发现例外的思维引导学生发现小 W 的例外现象（本应该出现的某个刻板行为，却没有出现的情况）从而发掘随班就读学生成长点。黄老师及时将"发现资源"和"寻找例外"的短期焦点解决理念与技术和家长沟通后，家长在家里也用这样的方法教育小 W。家校密切合作，助力随班就读孩子幸福成长。

中山市石岐中心小学随班就读工作开展近 10 年，受到了上级部门及随班就读学生家长的好评。"以人为本，打造适合学生的教育"的办学理念影响了包括随班就读学生在内的每一位学生。融合班级教师坚持"一个都不能少"，结合班级同学个性营造特色班集体，彰显每一位学生特长和优势。随班就读学生的班主任联合心理辅导教师、家长形成教育合力，用专业的知识技能、理解包容的态度为随班就读学生幸福成长护航。

## 第二节　融合教育班级建设实践

在普通学校，融合班级是特殊学生成长的最主要环境，对特殊学生的成长具有直接的影响。通过融合教育班级的建设，不仅为特殊学生提供最直接的支持，更为普通学生的成长、班级教师的专业发展提供了新的契机，从而创设出普特学生、教师共同受益的融合教育实践路径。以下呈现中山市融合教育班级建设的实践案例，以期呈现中山市融合教育班级建设的一些共性的发展模式。

### 一、中山市南朗镇云衢小学融合教育班级建设实践[1]

随着融合教育的推进，越来越多的特殊学生进入普通学校就读，但由于"随班就读"专业支持体系不完善、社会观念与教育体制的滞后，带来了"随班就坐""随班就混"等现象。对于普通学校的老师特别是班主任而言，怎样才能让这些特殊的孩子融入班集体，努力让每个孩子享有公平而有质量的教育？

在本班，有一位智力发育迟缓的孩子受到班级学生的排斥，为了帮助这个孩子融入班集体中，班主任联合科任老师和家长们，将特殊孩子与普通孩子的差异转化成教育资源，创建融合的班级文化，开展许多班级融合的主题活动，为智障学生提供充足支持，促进其同伴关系的发展和"真正"的融合，从"为了一个"到"成长每一个"，共建了融合班集体——"蜗牛班"，并获评 2018 年度中山市特色班集体。

#### （一）突出主体：一个都不能少

开学初，班里进行数学"一帮一"活动。有个男生脱口而出地喊："老师，小荷是傻的！"有的学生沉默了，还有的在暗自偷笑。我生气地批评了学生，面对同伴的不幸，这个集体是如此麻木与冷漠，但学生并没有因为我的批评对小荷的态度有什么改变，也没有人愿意和小荷一组。当大多数都认为"不能输在起跑线"时，谁又愿慢下来，用善良和勤劳去关心帮助特殊的同学？班级里依然风平浪静，而小荷也好像习惯了一个人的世界。孔子在《论语》中就提出"有教无类"教育思想，每个学生、每个孩子就是一个独特的个体，都值得尊重，每一个生命都有追求美好幸福生活的愿望，为每个学生提供合适的教育是学校应尽的义务。怎样让小荷更好地融入班级，得到同伴的接纳？我认真分析：小荷由于智力方面的局限，学习能力不能与正常的学生相比，语言发展落后，与人交往能力欠缺，与同伴交往

---

1　本案例由中山市南朗镇云衢小学杨素卿、阮连凤、谭庆愉撰写。本案例在 2021 年广东省融合教育优质资源征集活动中获评"优秀区域融合教育主题活动案例（三等）"。

表现出退缩的特点，也极少与班上同学互动，故需要有爱心，懂包容、有责任感的同伴来帮助她。而我们班独生子女很多，通常家里几个大人都待候着，因此以自我为中心的意识特别强，包容、责任心也缺乏训练。小荷与普通孩子的差异性，谁说又不是一种重要的教育资源？普通学生通过帮助小荷，培养善良、尊重、包容、有责任担当的健康人格，而小荷通过大家的帮助，从而更好地融入班集体。

### （二）构建载体：达成育人目标

#### 1. 提炼"我们"的班级精神

班名是班级精神灵魂的象征，要建设良好的班风，起班名就显得非常重要。为了引导孩子们以融合班级为目标起班名，我做了一些前期的工作：①组织学生一天的体验活动，用六年级的语、数、英，三门的教材对学生们进行教学、提问、小测，下课了不能与别人交流，只能自个儿做事。体验结束后让学生说亲身感受与体验，让学生产生对小荷的同理心，并趁热打铁，对学生进行生命教育，学生似乎开始对小荷产生同情。②当学校每个班都在谋划特色班的班名时，我先不急着在班会课上让学生起班名，而是让学生提前一个星期在小组中讨论，并提出要求：班名要符合我们班的情况，富有班级精神，引领我们班向"真、善、美"发展，在周一的班会课上每个小组进行汇报，评选出我们冠军班名。③组织班干部，并对他们在小组中起的班名进行摸底，并作出指引，学生在我的"忽悠"下以融合为主题的班级精神，就水到渠成了。这三件事情完成后，在班会上的汇报中，许多小组都一致认为：我们班小荷是最弱小的，我们要用爱心与关心去帮助她进步，于是，就产生了许多以融合为主题的班名："爱心班""友爱班""携手班"等，而班长子雯同学则提议叫"蜗牛班"得票最高：象征着我们班级这43只小蜗牛们"岂曰无衣，与子同袍"，大家一起坚持不懈，有耐心地攀登目标。大家还群策群力设计班徽，制定了班歌、班规、班训、口号等。通过起班名，友爱、包容的因子在班级中蔓延，我发现许多乖巧的学生也开始积极与小荷交往。

#### 2. 建设"我们"的班级环境

儿童在适当且长时间的外部环境刺激中，才会进行内隐学习，从而产生情感态度以及思想上的变化并最终改变自身的行为，因此，班级环境的布置不能草率。为了使教室的每一面墙壁都会说话，营造平等与尊重，包容与接纳的氛围，教室里我们张贴宣传融合与平等标语，教室后面有三大板块：①"善行墙"，是大家最喜欢驻足的地方，这是专为他人的善行点赞的地方。②"小蜗牛绘世界"板块，是每周电影欣赏活动后大家的绘画作品，宣扬着尊重、平等、包容的精神。③"赏荷园"板块，专为小荷搭建的展示平台：手工社团的作品，贴画、做家务相片，助学团队的分工与时间表，记录着小荷的点滴进步和大家对她的关心与帮助。

### 3. 开展"我们"的育人活动

活动是班级德育工作的重要途径，活动中有价值的体验和收获更容易在学生的记忆中留下痕迹，成为生命的一部分。因此，建设融合班集体，老师要积极开展融合建构人格的活动，协助小荷参与学校及班级活动。

（1）借助学校平台，提升学生互动能力。借助一年一度校运会开幕式的入场式训练、校运会中的趣味运动会的参与、每年的中年级课外综合实践活动左步村，以及在分组活动中完成小组的调查报告，都增加了小荷与同学们的合作，学生们就像大哥哥，大姐姐一样照顾着小荷，教导着小荷。每周的社团活动是小荷与其他班的同学交流合作的机会，我发现她爱做折纸，于是我让班里报了手工社团的同学带着她参加活动，鼓励她与别人沟通。

（2）借助班级活动，促进学生自主发展。引进电影文化，感化学生。如"阿甘正传""地球上的星星"，"何必有我"，"星星的孩子"让孩子们品他人的故事，感恩自己的幸运，学会去尊重和理解折翼的天使。开展助学活动，增进交流机会。学生们开始关心班里学习落后的同学，而小荷，大家更是争着来当她的助学小伙伴，因为小荷是最需要大家的帮助的同学。因此，大家还为小荷安排"多对一"的结对帮扶：阳光小伙伴，识字小伙伴，计算小伙伴。开展"小故事大收获"的比赛，提供展示平台。书写我与同学的故事，主题是：帮助和欣赏。在比赛中，有许多学生竟发现了小荷的许多优点：做事认真、安静、折纸漂亮，字体工整，上学不迟到等，这次活动也让小荷有了更多的自信。开展 "小蜗牛奉善行"点赞活动，让关爱延续。为关爱帮扶他人，有爱心，会感恩的同学点赞，每周评选出点赞最多的3位同学为"蜗牛班"的"蜗牛正气星"，并进行颁奖。小荷开始有了自己的几个玩伴，脸上开始有了笑容。

### 4. 创设"我们"的多元评价

评价是为了发展，并非甄别与选拔。试图以分数去衡量评判每一个学生的发展也是不科学和不公平的做法，特别是对于智障的孩子。对小荷的综合素质评价，我根据《关于加强残疾儿童少年义务教育阶段随班就读工作的指导意见》：将思想品德、学业水平、身心健康、艺术素养、社会实践、科学知识以及生活技能掌握情况作为基本内容，并突出对社会适应能力培养、心理生理矫正补偿和劳动技能等方面的综合评价，避免单纯以学科知识作为唯一的评价标准，同时将调整过的知识和能力目标作为评价依据，实施个别化评价。面对班集体，我以"五育融合，立德树人"为发展目标，激励与导向每个孩子以德为先，依托学校培养学生"四气"：正气、志气、朝气、雅气中的正气为切入点，并将开展的每周 "蜗牛正气星"为抓手，建设尊重、包容、接纳的班集体。

### （三）强化共同体：形成教育合力

融合教育倡导的价值观之一是集体合作，强调营造人人参与、共同合作的氛围，因此，强化共同体建设，形成教育合力，会加快融合班集体的成长。

**1. 师生合力构建教学共同体**

小荷在智力上的局限决定了在学习上不能与其他学生同步，但班级里也有一些学习落后的学生，他们同样需要老师和同伴的帮助与关心，因此，为了给学习落后生提供支持，我们老师增加了对她们的关注：在学习准备上实行"二优先"，即优先安排座位，便于老师关心，优先安排面批，及时反馈纠正；在个别辅导"二落实"，即落实助学小伙伴，落实辅导时间与内容；在课堂教学"三兼顾"，即传授新知，目标分层，巩固练习，异步评价，课后作业，分类布置。学习后进生成绩有了明显进步，学习有了自信心。《指导意见》指出：结合每位残疾学生残疾类别和程度的实际情况，合理调整课程教学内容，科学转化教学方式，不断提高对随班就读残疾学生教育的适宜性和有效性。因此，我们语、数、英三位老师为小荷设计了"三单一配"，即课前分层预习单，课堂分层任务单，课后分层作业单，配上一个阳光助学小伙伴，把学习的要求难度降低，小荷的学习也能完成。

**2. 家校合力构建教学共同体**

家校合力是一种家庭教育和学校教育相互配合的双向循环活动，它对促进学生的全面发展有重大的意义，因此共融班级的建设，家长们不能缺席。于是，我们先建了"牛爸牛妈电台"交流群，交流孩子的情绪管理、社会化和健全人格的培养，让家长们意识到要孩子成才，立德树人才是根本，而不是分数，并适时提出：帮助班里有特殊需要的孩子，就是锻炼孩子们包容、尊重、感恩与责任感的最好的时机。得到家长们的支持后，我们邀请了"牛爸牛妈进课堂"，讲故事，演绘本，做手工，教育孩子宽容与爱、合作与平等。

《指导意见》指出：特别是要对特殊孩子加强公共安全教育、生活适应教育、劳动技能教育、心理健康教育和体育艺术教育，帮助其提高自主生活质量和劳动能力。因此，我积极与小荷的家长联系沟通，指导家长怎样辅导小荷的家庭作业，还要家长指导小荷每天完成老师布置的家务劳动，训练她的社会和生活能力，到市场买东西，认识人民币等，为她以后能自主生活做好准备。

**3. 学校、社区合力构建教学共同体**

学校资源教师段老师帮助小荷拟订了 IEP 计划，每周进行语言课及算术课训练。社区的义工姐姐每周都到学校与小荷谈心和玩游戏，并进行语言的训练，通过社会故事，自我管理等方法提升社交互动能力。同时，我也持续与资源室老师和社工沟通小荷的情况。

### （四）收获与反思

（1）怎样让随班就读生享受公平而有质量的教育？我们的老师不仅是满足于对他们的同情与特别的关爱，最重要的是为他们提供充足的支持，提高他们交往的自信心。教师要重视开展实践有效的活动，创设尊重差异、包容、友爱、多元文化的班集体环境，使普通学生从内心和行为上尊重和接纳包容智障学生，才能让他们沐浴在平等、温暖的阳光中，按照自己本来的样子茁壮成长，感受生命的尊严和意义。

（2）随班就读生也是一种重要的教育资源，我们可以利用好特殊学生与普通学生间的差异，进行班级德育活动，让普通学生在隐性课程中成长。

（3）重视智障学生社会技巧训练，提升她们交往自信心，在学习上要发动老师、学生、家长等的力量，对她们提供更多的支持与帮助，并降低对她们的学习要求，让她们产生学习的习得力的信心。

在大家的努力下，本班以"蜗牛班"获中山市特色班称号。在融合班集体建设的探索的路上，与小荷的相遇，让我认识了不一样的自己，让我对老师这份工作变得更感兴趣。从开始的"为了一个"到"成长每一个"，心中倍感教师职业的神圣。

## 二、中山市港口镇民主小学融合教育特色班级建设实践 [1]

随班就读班级的班主任是随班就读工作的具体实践者，是促进随班就读儿童学业及身心全面发展的主心骨，应当如何开展实施班级管理以满足随班就读儿童的成长需求，成为了每个随班就读班级班主任最为关心的话题。随班就读的成效很大程度上取决于班主任对融合教育和随班就读生的认识和了解程度，取决于班主任在班级管理以及班级建设方面的管理智慧和育人艺术。

星哥二年级转进这个班级，是属于自闭症兼智力发育迟缓的学生，还存在严重的语言障碍，几乎与人零沟通，经常不知缘由情绪失控，大喊或者大哭，偶有打人情况。起初，新同学的到来让全班同学感到不适与抵触，排挤和欺负的事件偶有发生，班级的家长得知这一情况，多次向学校提出意见，反映到星哥的行为严重影响班级上课纪律，以及对自身孩子人身安全的担忧。为帮助星哥快速融入班集体中，我们班以学校"包容别人，绽放自己"精神文化为引领，以打造温馨团结、和谐共进的班集体为目标，全力探究与构建普特融合育人模式，以点带面，通过多种途径与方法努力将存在负能逐渐转化成正能，从而促进集体的进步与发展，共建融合班集体——"融墨荷馨班"，获评 2019 年度中山市特色班集体。

---

1　本案例由中山市港口镇民主小学卢玉湘撰写。

## （一）知己知彼，接纳包容

苏霍姆林斯基说："没有也不可能有抽象的学生。"班主任的工作对象是有思维、有个性、有丰富内心情感的活生生的人，了解学生个体和学生群体对随班就读生的教育就显得尤为重要。当然，随班就读的成效也在很大程度上取决于班主任对融合教育和随班就读生的认识和了解程度。那么，班主任作为普教教师，必须得提升随班就读工作相关专业素养，即融合教育素养。

初接手这50人的大班级时，处于三年级的他们，男生聪明好动，女生热心活泼，其中离异家庭有八组，个别男生好斗，情绪容易失控。整体上班集体氛围相当"热闹"，却也符合三年级学生的心理特点。通过观察和调查发现，星哥比同班同学平均年龄大一岁，是个70公斤的大个儿，语言表达能力差，学习意识薄弱，成绩落后，经医院检测和鉴定为自闭症儿童。对于这样一个来自星星的他，对于他在课堂毫无规律地捶胸顿足，哭喊滚爬，我束手无策，对于他几乎零沟通，内心起初是崩溃的。为更好地了解星哥，我开始了自学，通过翻阅书籍《101个自闭症儿童养育秘诀》《自闭症儿童交流性言语研究》《如何帮助自闭症儿童》等书籍，观看自闭症题材的影片《我和托马斯》《雨人》《海洋天堂》等，查阅相关论文，向特殊教育学校的老师们学习、探讨，拜访星哥的父母等一系列的工作，我对自闭症儿童、对星哥有了进一步的了解。一位优秀的班主任，应该要具备"四心"，即"爱心、真心、公心、慧心"，应该要尊重每个生命，用实际行动去接纳、包容、尊重包括特殊学生在内的每一个学生。班主任的言传身教，对班集体建设也起到了至关重要的作用。正是因为对星哥的了解、包容和接纳，我对班级的班主任工作也有了信心和方向，起初的不淡定与担忧也逐渐消失。

## （二）营造氛围，创建特色

### 1. 班级物质文化的优化

有了正确的方向，就要实施班级建设策略。苏霍姆林斯基曾说，只有创造一个教育人的环境，教育才能收到预期的效果。课室的布置是班级文化重要的组成部分，班主任要树立班级经营的理念，善于创造、经营人性化的、温馨的课室环境。通过深入了解，星哥平时在家喜欢利用工具维修一些旧玩意，还喜欢拼多种魔方，一玩就是好几个小时。针对星哥的喜好又结合其他同学的兴趣，我在课室一角开设了"科学角"。下课了，孩子们可以坐在垫子上，共同琢磨魔方，共同研究拼装小风扇、旧电话机等，他们还比速度，一个个小零件成了他们心里的宝贝。星哥常常和同学们手拿工具装上又拆开，拆开又装上，课间也不追逐打闹了，而星哥也悄无声息地融入了班级大家庭，同学们还特别崇拜他。除此之外，班级还建立了生物角，养了小乌龟、小金鱼和绿色盆栽，进行分组管理，各尽其职，既可以培养学生的爱心、耐心和恒心；又可以美化课室，让课室充满家的气息。慢慢地，星哥也注意到小乌龟，常常会兴致勃勃跑来照看乌龟。

### 2. 班级精神文化的塑造

班级精神是班级文化的核心和灵魂。积极的班级精神有利于教育文化发挥作用，能对学生产生内在的激励作用，获得全面、和谐的发展，进而增强班集体的向心力和学生的归属感，形成健康向上的班级文化氛围。结合班级的实际情况，班主任对班训"真心尊重每一个人，用心做好每一件事"进行解读：尊重每一个人，包括家人、老师、同学，甚至是不认识的人等等，或许你并不喜欢某人，或者对某人有意见，但要学会尊重别人，通过合理的方式表达你的感受；用心做好每一件事，不一定每件事都很完美，但一定尽自己所能，此外要发挥班级榜样示范作用，树立典型，树立信心。让每个孩子都懂得欣赏他人，从不同角度去看待问题，鼓励孩子扬长避短，学会包容别人，绽放自己。

### （三）关注心理，课程育人

《中小学心理健康教育指导纲要（2012年修订）》指出：学校应将心理健康教育始终贯穿于教育教学全过程，要将心理健康教育与班主任工作、班团队活动、校园文体活动、社会实践活动有机结合，多种途径开展心理健康教育。班主任作为学生生命中的重要他人，与学生接触最多，对学生的了解也最深。面对现在应试教育的现况，班主任更多地担任了为学生身心健康发展保驾护航的角色，应该更关注学生的身心健康发展。班级心理健康教育活动也是我们班的一大特色，形式丰富多样，如主题班会课、特色课程活动、调查实践法、竞赛夺冠的方式、游戏激趣法、角色扮演等。而且每次活动的主题都根据学生中存在的问题来设置。起初，孩子们对星哥充满了好奇和畏惧，后来有些孩子疏远星哥、有些语言攻击星哥甚至欺负踢打星哥。针对这一问题，我在班级开设了特色课程，结合中小学的语文、道法等课程中关于融合教育文化的相关内容进行教学。以人民教育出版社和江苏教育出版社的小学语文教科书为例，两套教材都有一些残疾人的形象，其中一部分是人们耳熟能详的优秀残疾人，如苏教版第六册的《微笑着面对一切》中的桑兰、第十册《海伦·凯勒》中的海伦·凯勒、《二泉映月》中的阿炳、第十一册《司马迁发愤写〈史记〉》中的司马迁和《轮椅上的霍金》中的霍金；还有一些人们不熟悉的人物，如人教版第六册《检阅》中的博莱克，第八册的《触摸春天》中的安静、《鱼游到纸上》中的无名青年等；人教版《品德与社会》第七册有《走近残疾人》、第十册有《司马迁与〈史记〉》，通过体会残疾人的处境，培养对残疾人的理解、接纳和尊重。除此之外，在学校的组织下，曾多次带领全班同学参加特殊学校的"普特融合体育活动"。一系列的特色班级心理健康教育活动拉近了孩子们与星哥的距离，孩子们懂得关爱他人，呵护弱小，这个班集体处处洋溢着爱与感动。

### （四）移情换位，有效沟通

班主任作为班级教育活动的组织者和协调者，其重要的角色内涵在于协调好各种教育关系，如班主任与学生、任课教师的关系，任课教师与学生，学生与家长的关系等。和谐的人际关系有助于对班集体的认可感与个人潜能的充分发挥，而班主任与学生的沟通效果直接决定着教育活动的效果。现在的学生期待的是师生平等沟通、亦师亦友的师生关系，那么，班主任与学生的沟通应该像对待成人一样给学生以尊重，由单向沟通变双向沟通。对于星哥的看法，班主任们在平时给孩子们更多的表达机会，在聆听和讨论的基础上真正实现有效沟通。

作为班主任，常常收到任课老师关于星哥在课堂上表现的抱怨，频频收到学生家长的投诉。对此，班主任可以通过"移情换位"的方式激发对方的情感，把尊重任课教师和学生家长放在首位，通过换位思考体会双方内心的真实感受并将感受准确地传达给对方。及时了解情况，和任课教师建立良好的沟通，化解学生与老师之间的矛盾，从而让任课老师接纳星哥，把注意力放在星哥的进步或挖掘星哥的天赋上。

"移情换位"可以让家长和教师在倾诉和分享中拉近心理距离，促进彼此的情感和谐。星哥的自理能力、语言表达能力等方面都远不及同班同学，所以学生家长自然对孩子很不放心。班主通过分享学生们在学校的照片和视频，消除普通家长和特殊家长的顾虑，帮助家长们理性地看待问题、换位思考，从而获得家长们的信赖与支持。当班主任能够体谅家长，家长们能够配合班主任工作，那么，所有的矛盾都将迎刃而解。

### （五）传承文化，融合共生

经过班主任和家长的共同努力，星哥有了可喜的进步，基本能与同学建立良好的关系，情绪较稳定，与同学们一同出操、一同跑步，一同做清洁工作。星哥还喜欢上了绘画和书法，其父母对孩子的教育也倾注了极大心血，同时也积极配合学校、班级各类活动。我是语文老师，一向对学生书写方面有很高要求，结合星哥对书法的兴趣爱好，四年来，我引导全班积极开展书法活动。一次偶然的机会，我看到星哥在家练习书法的视频，这让我有了新的特色班级创建思路——以"融墨荷馨班"为主题、以"融合"和"书法"为特色开展创建活动。融，强调内在文化，提炼修身的文化意义，凸显包容与尊重的重要性，实为德育；墨，则强调外在文化，彰显书法艺术，实为美育，以书法鼓励学生端正写字，方正做人。如此由内而外，内外兼修，德美结合，以学校荷花文化为根，打造包容、温暖的班集体。融，则融合，和而不同，接纳尊重；墨，则意韵，翰墨传意，雅而有韵；荷，则莲品，包容别人，绽放自己；馨，则温暖，有爱则暖，馨香育心。这个来自星星的孩子通过有效干预与班级管理策略，四年来，基本融入班集体，班级合唱、拔河赛、跳绳等各种集体比赛他都能合作完成，并能独立完成出色的书法作品。本班多位同学在市级、镇级书法比赛中屡获佳绩，并获得社会一致好评。

融合教育是特殊教育发展的重要趋势，而随班就读则是融合教育在中国教育的具体实践。满足在普通教育环境下学习的残疾儿童的特殊教育需要是融合教育的价值追求之一，也是随班就读的质量要求。接下来，我们将继续在随班就读生的基本文化知识和实用的生活常识进行研究与实践，不断促进班级融合教育质的飞跃。

### 三、中山市东区朗晴小学融合教育班级建设实践 [1]

近年来，越来越多的特殊儿童、到普通学校就读，但这些孩子因智力低下、身体疾病等带来的障碍，普遍存在敏感、玩伴少、学习文化基础知识吃力等困难，在集体中显得"另类"。但他们也需要像其他孩子一样能够融入社会，适应社会；而具备基础劳动的能力成为其中的关键。

教育部关于劳动教育的相关文件要求："要通过劳动教育，提高广大中小学生的劳动素养，促进他们形成良好的劳动习惯和积极的劳动态度。"可见，新时代的劳动教育尤其重要，"劳动"是孩子成长的必修课。劳动创造世界，生活因爱劳动而变得更美丽，班级因爱劳动变得更和谐。本班以劳动特色课程融入班级管理，以劳树德、以劳强体、以劳美育，引导全体同学从小热爱劳动，树立劳动意识，养成劳动习惯，从而带动特殊儿童走向集体、融入集体，培养他们的生活自理能力和社会融合能力，助力其成长。

#### （一）创建劳动特色班级文化，树立"劳动最光荣"的人生价值观

建构劳动教育班本课程，以劳动育人，以劳动课程的开展助力孩子们和班级的精彩成长。据此，通过环境文化、精神文化、制度文化、活动文化、班本特色课程文化、多元评价激励等多方面构建班级的文化特色场。营造一个温情、和谐的育人氛围，促使每一个孩子都能在团队中学习团结互助、享受平等、自由，得到充分的发展。

接班初，我把"爱劳动耀星空，小巧手创生活"为主题的劳动特色课程融入班级文化建设为项目内容，每个小组群策群力，最后通过分享展示，投票，讨论，

---

1　本案例由中山市东区朗晴小学袁喜娥、王娟丽老师提供。本案例在 2021 年广东省融合教育优质资源征集活动中获评"优秀区域融合教育主题活动案例（一等）"。

从班徽、班号、班训、班歌等形成独特劳动特色的班级文化标识。

如在《班规》中"一视同仁互帮助，团结友爱人人夸。"我们明确要求所有同学应平等，以礼待人，不得对任何同学有歧视、嘲笑、挖苦等行为，彼此互相帮助。班歌《劳动最光荣》，孩子们边唱边自编动作，欢快的音乐节奏激发孩子们热爱劳动，培养从小热爱劳动的乐观态度。我相信每一个孩子都能通过劳动实现自己的梦想。

### （二）家校携手同行合力共育，推动特殊儿童融入社会大家庭

劳动实践对儿童美好心灵的塑造有着重要的作用。由于特殊儿童差异极大，在劳动实践过程当中，教师先对他们进行调查了解，然后根据实际情况调整再为她量身定制合适的劳动实践课程。

今年带班的小怡同学是个智力障碍的孩子，无论外表还是内在都给人一种"特殊"的印象，很多同学都不由自主地疏离她。但这孩子特别有礼貌，简单的事情我放手交给她来完成：每天午休时把门前的鞋子摆整齐。我亲自教她摆放的方法，时时鼓励和指导，一个星期后，她也能独立把这事情做好，虽然用的时间会稍长，但她在一天比一天进步！我深信，儿童的进步离不开家长的付出。如果特殊儿童的家长给予大力配合，那么孩子的成长会更快。于是我不仅和社工老师了解小怡在资源教室的学习情况，还会经常与家长联系。通过家访，我了解到孩子的闪光点、家长的态度，再与家长共同明确在家庭生活中有必要教给孩子一些基本的劳动技能，确定孩子的家庭劳动主题任务（见表8-3），让她学习承担家庭中力所能及的家务活，掌握一些简单的劳动方法，慢慢学习基本的劳动技能，懂得父母的辛劳。

表8-3 2017级8班杨X怡家庭劳动课程

| 次数 | 劳动任务 | 星级效果 |
|------|----------|----------|
| 1 | 削水果 | ☆☆☆☆☆ |
| 2 | 洗一洗 | ☆☆☆☆☆ |
| 3 | 整理书桌、柜子 | ☆☆☆☆☆ |
| 4 | 盛饭、摆盘 | ☆☆☆☆☆ |
| 5 | 洗餐具 | ☆☆☆☆☆ |
| 7 | 收拾碗筷 | ☆☆☆☆☆ |
| 8 | 晾衣服 | ☆☆☆☆☆ |
| 9 | 叠被子 | ☆☆☆☆☆ |
| 10 | 煎一个鸡蛋 | ☆☆☆☆☆ |

这两年班级劳动课程的实践，孩子们有了很大的改变："因为劳动最光荣！"小涛在活动结束后，跟老师开心地分享了他的劳动感受；晓彤分享劳动收获时谈到："记得有一次，老师第一次教我们缝平针线，我心里想：就不是用针穿几下吗？这太容易了吧！当我左手拿布右手拿针，把针一穿，不小心针扎进了手指，痛死了。看似简单的事情实践起来也并不容易啊。"还有同学说："劳动让我知道了做事不能半途而废，要敢于尝试。"而特殊儿童小怡妈妈深有感触："自从班级开展家庭劳动任务后，孩子每天都能坚持洗干净手巾；每次吃饭后都能保持桌面干净，离开前动手清理掉在自己位置上的饭菜；周末还能帮助家人扫地、洗碗，现在做事的速度快了，行动也敏捷很多，期待她每天都有进步。"

班级劳动课程实践得到全体家长的认可，他们支持班级的工作，积极配合孩子们开展家庭劳动实践作业，孩子们在家庭劳动实践中明理，不断巩固劳动技能，增进亲情，以此促进家校和谐。

### （三）开展"结对子，一帮一"活动，助力特殊儿童劳动技能的习得

特殊孩子的劳动能力和技巧相对较弱，要想特殊孩子能感受到班级的温暖，就要帮助她养成一定的劳动能力。于是，本人在班级中开展"结对子，一帮一"活动，给每位特殊儿童配置一位有耐心、负责感强的小老师。这种帮扶措施，既减轻了老师照顾不周的问题，又帮助他们解决困难，找到学习的依靠，非常适合认知能力较弱的特殊儿童。

如小怡在放学值日时，刚开始她不知道自己该怎么做，也不会做，于是小组成员让她不需要参加值日。后来我让她负责擦黑板，并让一个有责任心而且有耐心的正常儿童担任她的值日小老师，从洗毛巾、擦黑板、收拾掉落的粉笔，亲自示范，手把手教，除此，小老师还教她学习扫地、拖地等，逐渐，她在值日时间能找到"工作"，效果也越来越好。

作为班主任，在课堂上，活动中敏锐地捕捉特殊儿童的闪光点和微小进步，在学生群体中宣传、表扬，使特殊儿童能在友爱的班级氛围中也找到自己的位置。

### （四）开展特色劳动实践活动，提高特殊儿童综合劳动素养

班级管理离不开活动的组织和开展。为了构建一个积极向上、团结友爱的阳光班集体，我与家长、老师、孩子们积极开展丰富多彩的劳动实践项目，以劳动育人，构建班级特色精神共同体。

#### 1. 班级劳动课程

班级开设的劳动课程一共分为两个板块：一是课堂劳动课程，主要以"小裁缝织梦想"为主题；另一个板块是家庭劳动课程，主要以"小厨师烹幸福""小园丁植希望""小能手传温暖""小工匠创未来"为主题（见表8-4），开展"人

人当爸爸、妈妈的小帮手，争当家务劳动小能手"的活动。在各种各样的劳动实践中，对学生进行情感教育，以培养他们心中有他人的意识；抓住重要日子，如三八节，母亲节，教师节，长辈的生日等机会进行感恩教育；小组值日分工协作，争创劳动优星组；尊重他人，珍惜他人的劳动成果。

表8-4　"八星联盟"中队劳动主题

| 主题 | 项目内容 | 实施模式 |
| --- | --- | --- |
| 主题一 | 小裁缝织梦想 | 课堂教学为主，家庭实践为辅 |
| 主题二 | 小厨师烹幸福 | 小老师教学模式为辅，家庭实践为主 |
| 主题三 | 小园丁植希望 | 小老师教学模式为辅，家庭实践为主 |
| 主题四 | 小能手传温暖 | 小老师教学模式为辅，家庭实践为主 |
| 主题五 | 小工匠创未来 | 小老师教学模式为辅，家庭实践为主 |

### 2. 手缝劳动课程

刚接班时，午休后总是看到教室里散落的眼罩，无人认领，于是就萌发带领孩子们进行缝名字贴的手缝劳动实践的想法，从而制订"小裁缝织梦想，小巧手创生活"的特色手缝劳动主题（见表8-5）。通过系列手缝活动，在体验、分享、操作动手、创作、探究学习过程中，共同体验劳动的艰辛与快乐，形成主动探究、手脑结合、乐于合作和勇于动手创新的学习方式。通过手缝劳动教育和劳动习惯的培养，培养学生的专注力、耐心等品质，提高他们的劳动素养。

表8-5　"小裁缝织梦想，小巧手创生活"的特色手缝劳动主题

| 主题 | 主题内容 | 实施时间 |
| --- | --- | --- |
| 1 | 认识手缝 | 2019.10 |
| 2 | 线打结 | 2019.10 |
| 3 | 缝名字贴 | 2019.11 |
| 4 | 寒假自主作品 | 2020.01 |
| 5 | 疫情下一份特殊的手缝作业 | 2020.03 |
| 6 | 钉纽扣 | 2020.10 |
| 7 | 缝补衣物 | 2020.11 |
| 8 | 缝沙包 | 2021.03 |

### 3. 多元化劳动比赛

班级劳动实践内容结合特殊孩子的特点来开展各类劳动比赛，如：数米粒，训练他们的专注力；分拣各色豆子，训练他们手眼协调能力等；穿针打结、钉纽扣、

针法考察、图案缝补等技能比赛，训练他们的耐心和信心；班级大扫除、清除绿化带，让他们学会分工合作，孩子们用行动，打造一个美丽的校园贡献自己的力量。

劳动比赛过程中有机渗透文明礼仪教育，开展丰富文明礼仪教育形式，让学生逐步养成文明识礼的好习惯，成立礼仪岗和监督岗，对学生进行着装礼仪的示范，举行"戴红领巾""穿衣服"叠衣服"系鞋带""梳头"等劳动技巧比赛，通过劳动习惯的培养引导在日常生活中学习基本的生活技巧，用干净整洁的仪容彰显少先队员的精气神，加强着装礼仪教育。

这学期班级举行手缝技巧比赛，我鼓励特殊儿童勇敢参加。在我们看来是些再简单不过的事，但对他们来说，可不是轻而易举的事，他们做起来常常显得笨手笨脚，力不从心。于是我根据学生的实际能力提出不同的要求，特殊的小怡同学在手缝技巧比赛中，很"幸运"地抽中了"穿针打结"此任务。在挑战过程中，她积极尝试，一次又一次，从大针孔到小针孔的挑战，循序渐进，在克服小困难中慢慢努力，最终获得"银巧手"称号，提升了她的自信心，提高了她的劳动能力。

### （五）建立鼓励性的评估机制，促进特殊儿童身心的健康成长

班级每次劳动实践活动后都会适时进行全面评估，采用自评、生评、师评、家长评等多方评价手段，以便教师及时发现问题，进行总结，及时调整教育方法，而且有利于激发孩子学习信心。对特殊儿童的评价，班级以鼓励肯定为原则，寻找其极微的闪光点，只要有参与就一定得到奖励，夸大他们微小的进步，并及时把这种进步告诉全体同学，让他们体会到学习的快乐和成功感。

重视各学习小团队的评价，淡化学生个人之间的激烈竞争，目的是促进小组之间的探究学习、合作交流、相互帮助、激励。小团队学习更好地推动特殊儿童在学习、技能等各方面得到帮助和提升，从而肯定自身的价值。

在劳动实践中，评价的出发点是促进学习者个人和小组的进步，评价内容主要考查学生是否写出了自己的体验、感悟，是否找出这次劳动实践中的成功之处和存在问题、改进的方法。（见表8-6、表8-7）

表8-6　《劳动实践》自评表

| 评价内容 | 星　级 |
|---|---|
| 积极参与 | ☆☆☆ |
| 听从指挥，遵守纪律 | ☆☆☆ |
| 遇到困难主动积极解决 | ☆☆☆ |
| 分配的任务全部完成 | ☆☆☆ |
| 自我满意度 | ☆☆☆ |

还要努力的方向：

表 8-7　《劳动实践》小组评价表

| 评价内容 | 非常好 | 好 | 合格 | 有待提高 | 能力有限 |
|---|---|---|---|---|---|
| 成员间互相建议、鼓励 | ☆ ☆ ☆ ☆ ☆ | ☆ ☆ ☆ ☆ | ☆ ☆ ☆ | ☆ ☆ | ☆ |
| 工作被分解给各成员，并最终完成 | ☆ ☆ ☆ ☆ ☆ | ☆ ☆ ☆ ☆ | ☆ ☆ ☆ | ☆ ☆ | ☆ |
| 所有成员都参与到项目工作中 | ☆ ☆ ☆ ☆ ☆ | ☆ ☆ ☆ ☆ | ☆ ☆ ☆ | ☆ ☆ | ☆ |

新时代下，以劳动教育融合班级管理，既注重了劳动技能学习，更注重劳动情感的培养，通过"走进劳模的故事""寻访最美劳动者"等活动，劳动教育与德育活动有效相融合，引领每位特殊儿童热爱劳动，在劳动中成长，共同构建劳动特色班集体。

# 展　望

在 2018 年的全国教育大会上，习近平总书记提出要"加快推进教育现代化、建设教育强国、办好人民满意的教育"。近年来，党中央、国务院高度重视教育改革发展，出台了一系列的政策文件加以整体推进。2018 年 11 月和 2019 年 6 月中共中央、国务院先后印发了《关于学前教育深化改革规范发展的若干意见》《关于深化教育教学改革全面提升义务教育质量的意见》，2019 年 6 月国务院办公厅印发了《关于新时代推进普通高中育人方式改革的指导意见》；这三份高规格的文件对基础教育改革发展进行了顶层设计，为新时期基础教育的改革发展描绘了新的蓝图，提供了强大动力，也是新时期办好特殊教育的基本依据。因此，特殊教育需要在这三个文件精神的指导下，围绕"提高质量""促进公平""努力办好人民满意的教育"等重大任务，凝神聚力，实现自身的现代化发展[1]。

目前特殊教育的改革已经进入了深水区，各地区特殊教育工作亟需在完善体系、提升质量、深化融合教育、完善现代化管理机制等方面实现突破，特教中心在目前以及将来的一段时间内，是推动我国融合教育工作高质量发展的不可缺少的专业力量，其运作质量关乎着区域融合教育和特殊工作的开展质量。为进一步提升特教中心的运作质量，以更好地承担特教中心推动特殊教育现代化发展的使命，建议从以下三个方面入手，进一步支持和保障特教中心的高效运作。

## 一、加强对特教中心的专业引领和政策支持

### （一）加强理论研究

在理论研究方面，目前对特教中心的探讨多集中在运作实践的梳理、特教学校转型等方面，还缺乏在实证方面对特教中心运作质量的评价标准、特教中心有效运作的外部支持环境、内部运作机制等方面的研究。

---

1　李天顺. 深化改革，加快发展，努力办好新时期特殊教育 [J]. 现代特殊教育，2020(01)：4-6.

## （二）细化政策指引与支持

首先，完善特教中心的纵向管理网络与横向发展机制。通过理论研究和政策指引，完善特教中心网络、制定特教中心运作规范。一是"建立全纳教育支持体系[1]"，从省、市、县（区）三个层面设立特殊教育或者随班就读指导中心，普通学校则开展资源教室的建设与运作，纵向上完善特教中心的管理网络；在横向上，探索构建区域协调协同的特教中心的合作机制，共同提升本地区特教中心的运作质量。

其次，结合理论研究和各地区的实践经验，加强顶层设计，从职能、定位、运作机制、保障体系等方面入手制定特教中心运作的规范文件或建设标准，为特教中心的运作提供更细致的规范和指引。部分地区已经在此方面做了有益的探索，比如江苏省专门制定了关于特教中心的相关文件。

## （三）强化培训交流

通过专项培训和专业交流，提炼特教中心运作模式。一是在国家、省、市的特殊教育专项培训中加入特教中心相关内容，对特教中心的管理及教科研人员进行培训。二是加强特教中心层面的交流，整理、研讨相关的工作经验。近年来，各地特教中心因地制宜进行了不同的探索，如上海长宁特教中心的基于生涯发展视野的探索[2]、北京海淀特教中心对"特教中心核心纽带作用"的研究[3]、江苏省常熟市特殊教育指导中心"一个中心""两头延伸""三种形式""四项服务"的特殊教育发展模式[4]、浙江省杭州杨绫子学校"一办四中心"的实践[5]等。应通过专业的交流和培训，梳理各地区、各类型特教中心的运作模式，提升各特教中心的运作质量。

## 二、加强对特教中心的行政指导和业务支持

### （一）争取上级教育行政管理部门的行政授权和指导

目前"我国实行的是特殊教育与普通教育相对独立、双轨制的管理体制"，

---

1　邓猛. 全面推进融合教育高质量发展 [J]. 现代特殊教育，2019(11)：1.

2　夏峰，黄美贤. 生涯发展视野下区域随班就读实验探索 [J]. 现代特殊教育，2017(01)：17-19.

3　王红霞，王秀琴，王艳杰，等. 特教中心对促进区域融合教育发展的作用研究——以海淀区特教中心为例 [J]. 中国特殊教育，2017(04)：41-45+52.

4　李泽慧. 关于常熟随班就读工作的思考与解读 [J]. 现代特殊教育，2011(05)：11-13.

5　俞林亚. 融合教育背景下培智学校职能转变的行动研究——以浙江省杭州市杨绫子学校为例 [J]. 中国特殊教育，2014(12)：14-19.

需要通过理顺相关关系、"设立专门人员"来管理随班就读的相关工作[1]。这是特殊教育行政管理工作改革的第一条路径，即特教行政管理专职化、部门化。第二条路径则可以考虑赋予特教中心以"行政管理和指导服务的双重职能并充分授权"[2]。这两种路径都需要教育行政管理部门在现有制度层面作出突破，一是给予特教中心充分的行政授权，发挥其管理与指导职能；二是给予特教中心足够的行政规范和指引，弥补其行政管理能力先天不足的短板。

### （二）需要当地同级其他教育部门的业务支持

从管理架构上，特教中心与当地教育行政部门下属的其他教育部门如教研中心和教师发展中心处在同级的地位。特教中心可借鉴这两个部门专业运作经验以提升教研工作和师资培训的专业性、规范性；依靠这两个部门的支持，将特殊教育内容纳入到当地的教研工作和师资培训中，借势借力，提升区域特教工作质量。

### （三）发挥好本地区特教学校的专业作用

我国是当今世界上唯一一个持续大量建设特殊教育学校，并且在特殊教育学校大量设置融合教育指导中心的国家，同时也是唯一一个将特殊教育学校作为融合教育发展基础的国家。特殊教育学校并非融合教育的对立面，而是融合教育的一部分，它们都是特殊教育体系中相互关联、互为依托的有机组成部分。特殊教育学校有着较为丰富的资源与专业力量，是融合教育的基础与依托骨干，发挥着示范引领的骨干作用[3]。因此，特教中心在推进区域工作中，应充分依靠特校的专业资源开展工作，如专业师资团队开展教育评估、巡回指导、特教宣导等工作，依靠其专业场室资源及课程资源，为融合教育提供资源和服务。

## 三、加强特教中心内部的自身建设

《中国教育现代化2035》聚焦教育发展的突出问题，重点部署了面向教育现代化的十大战略任务，其中第十项任务是教育治理体系和治理能力的现代化。因此，特教中心应从以下两方面入手，推进区域特教治理体系和治理能力的现代化发展。

### （一）做好特教中心内部建设、探索特教中心现代化的实现路径

首先，从理念、制度设计、机制体制建设、治理现代化方面入手，完善特教

1    彭霞光.保障所有残疾儿童的义务教育权利：《残疾人教育条例》解读[J].中国特殊教育，2017(06)：13-17+62.
2    林开仪，陈玉梅.台北市融合教育经验启示[J].现代特殊教育，2017(17)：64-67.
3    邓猛，赵泓.新时期我国融合教育现状和发展趋势[J].残疾人研究，2019(01)：12-18.

中心治理结构，做好中心内部的制度建设、文化建设等，围绕中心自身管理（如中心的组织架构和内设部门或负责成员的具体任务，各项工作开展的形式、规范和流程，中心日常运转的经费来源、拨付及使用等，参与各项工作的教师及相关人员的岗位职责、权利、评估考核、工作量核算、奖惩机制等[1]）、教育教研、师资培训、融合宣导、个案跟进、教育评估、资源教室管理等方面的工作，进一步完善各项工作的制度和运作机制，提升特教中心运作的规范性、有效性，进而提升特教中心自主管理能力、提高特教中心的运作质量，形成充满活力、富有效率、更加开放、有利于高质量发展的特教中心运作的体制机制，进而提炼出具有一定推广价值的特教中心本土化运作模式，探索、研究和丰富特教中心现代化建设和实践路径。

其次，特教中心成员的"现代化"是特教中心现代化的重要保障。成员的专职化是特教中心运作的基础，可考虑在"编制总额内为特教指导（资源）中心明确专职管理人员和教科研人员"[2]，并在此基础上还需要考虑特教中心成员专业发展与职称评聘的问题，保障特教中心成员的专业发展。成员的专业化是特教中心高质量运作的重要保障，围绕特教中心成员、巡回指导教师的特殊教育专业能力、融合教育指导能力和管理能力等方面开展精准的专业培训，从而为特教中心的高质量运作提供保障。

**（二）做好精准的自我定位，为推进本地区特殊教育治理体系和治理能力的现代化提供专业支持**

首先，在区域特教工作中，特教中心应该精准定位：做活动的组织者，通过各项活动开展教研、培训、宣导等工作；做平台的提供者，为特殊学生、家长、相关教师提供展示、交流的平台；做资源的协调者，整合好区域内的资源以服务特殊学生及其教师和家长；做专业的引领者和管理者，管理、指导区域内的特教工作；做体系构建的推动者，推动区域内特教支持体系的不断完善和各项机制的有效运作[3]。

其次，在教育现代化背景下，为推进本地区特殊教育治理体系和治理能力的现代化，特教中心应着重扮演好体系构建推动者的角色。各特教中心应以《教育部关于加强残疾儿童少年义务教育阶段随班就读工作的指导意见》等文件为依据，从政策与制度、专业队伍建设、资源和服务体系三个方面入手，推动破解本地区

1　冯雅静 . 我国县级特殊教育资源中心建设和运作：政策演进、现实困境与对策 [J]. 中国特殊教育，2020(07)：19-23+43.

2　邓猛 . 全面推进融合教育高质量发展 [J]. 现代特殊教育，2019(11)：1.

3　林开仪，汤剑文 . 发挥特教指导中心功能，推进区域融合教育高质量发展——以广东省中山市特殊教育指导中心为例 [J]. 现代特殊教育，2020(03)：14-17.

特殊教育工作机制不健全、支持保障体系不完善、任课及指导教师特教专业水平不高等突出问题，推动区域内特教支持体系的不断完善和各项机制的有效运作。

特教中心在目前以及将来的一段时间内，是各地区推进本地区融合教育发展、提升特教质量的不可缺少的专业力量，因此还需要进一加强特教中心的建设与实践方面的研究和探索，通过完善特教中心治理结构和自主管理能力的提升，推动特教中心进一步走向规范、科学的发展，进而为实现各地区特殊教育的现代化发展提供有力支撑。

# 附 录

# 附录 1

## 中山市特殊教育指导中心工作例会制度

例会是中心议事决策、研讨提升的重要途径。为进一步提升工作效率、聚焦重点工作、加强成员协同、提升专业能力、积累科研成果，特制定本制度。

1. 中心例会分为议事例会与研讨例会。议事例会主要功能是议事决策，研讨例会主要功能是科研讨论。

2. 例会时间。议事例会为每周二上午 8：30-11：30，其中逢每月第一周为月度例会时间，视需要召开临时例会。研讨例会为每周四上午 8：30-11：30。

3. 参会人员。例会全员参与，其中月度例会由中心主任主持。若有请假情况于会议记录表中备注。

4. 例会具体安排。

1) 议事例会：（1）议事环节。①准备。前一周例会确认下一周需审议的议题。议题负责人提前准备好议题的内容，尤其是涉及经费的安排或方案单独成一份、作为会议记录附件提交。②讨论。议题负责人会上作说明，其他同事审议提出建议，在议题文稿中注明修改意见。③决议。需要参会成员出具同意、不同意、待定等意见，待定内容经修改后再上会审议。（2）讨论与汇报环节。①需汇报的工作进度的情况。汇报上周（月）重点工作进展情况（进度、遇到的困难及需要的支持、是否需要调整），本周（月）重点工作规划。②需要讨论的工作方案。③需要布置的事项。④确认下一期例会议题。

2) 研讨例会。①功能。作为中心科研讨论的时间。②环节。主题及内容的准备，负责人汇报，其他成员提出建议，确认下一期例会议题。③内容。论文、课题、案例、汇报材料、课例等专业讨论的内容。④成果整理。议题负责人结合会议内容对相关材料进行汇整。

5. 会议记录。议事环节记录事项、决议；汇报环节记录汇报的事项及进度；讨论环节记录主要意见。由中心成员（除主任外）轮流记录。

附件：中山市特殊教育指导中心会议记录表

中山市特殊教育指导中心

2020 年 9 月

**附件：**

## 中山特殊教育指导中心会议记录表

| 时 间 | | 地点 | | 主 持 | | 记 录 | |
|---|---|---|---|---|---|---|---|
| 会议主题： | | | | | | | |
| 出席人员： | | | | | | | |
| 会议内容： | | | | | | | |

## 附录2

### 中山市特殊教育指导中心巡回指导工作记录

| 工作内容 | □个案跟进　□融合宣导　□教研活动　□师资培训　□资源教室 | | |
|---|---|---|---|
| 工作时间 | 　年　月　日　星期四　□上午　□下午 | | |
| 所属学校及联系人 | _____镇/区　学校_____　联系人_____　电话_____ | | |
| 人员安排 | | | |
| 具体事项 | 序号 | 项目 | 负责人 |
| | 1 | | |
| | 2 | | |
| | 3 | | |
| | 4 | | |
| | 5 | | |
| 工作概要 | 本次工作概要：<br><br>后续跟进工作安排：<br>1. □ 需建立个案跟进　（个案编号_____）<br>2. □ 需定期回访：□1个月　□3个月　□一学期（回访记录另附）<br>3. □ 需转介其他服务<br>4. □ 其他 | | |
| 工作签到确认 | 特教中心（签名）：<br><br>校方（签名、盖章）：<br><br>家长（签名）： | | |

# 附录3

## 普通学校特殊教育需求服务申请表

尊敬的老师：

　　您好！为了更好地推进融合教育工作，贵校如果需要特殊教育方面的服务与支持，请您填写以下表格并交给中山市特殊教育指导中心的教师，之后会有负责人员及时跟进。

| 学校名称 | | | 所在镇区 | |
|---|---|---|---|---|
| 填表人 | | 职务 | 联系电话 | |
| 特殊教育需求学生的概况 | 随班就读学生：<br>□ 有人数：＿＿＿　　□ 无<br>送教上门学生：<br>□ 有人数：＿＿＿　　□ 无 | | 是否有<br>心理教师 | □ 有　人数：＿＿＿＿<br>□ 无 |
| 是否有<br>资源教室 | □ 有，正常使用中<br>□ 有，但是很少使用<br>□ 正在建设中<br>□ 无 | | 是否有资<br>源教师 | □ 有专职资源教师＿＿＿人<br>□ 有兼职资源教师＿＿＿人<br>□ 无 |
| 需求内容 | | | | |
| 融合教育<br>宣导 | 教师宣导形式：<br>□ 特殊教育研讨沙龙<br>□ 普校教师与特教教师共同备课 | 家长宣导形式：<br>□ 家长互助分享沙龙<br>□ 特殊教育知识讲座<br>□ 家长心理团体辅导 | 学生宣导形式：<br>□ 特教教师进入普校课堂上课<br>□ 普校社团走进特校<br>□ 普特学生融合体育活动<br>□ 普特学生融合绘画活动 | |
| 学生<br>个案跟进 | □ 个案的行为问题　　□ 个案的情绪问题　　□ 个案的教育评估<br>□ 个案的康复评估　　□ 送教上门教师指导　□ 个案的家庭教育 | | | |
| 资源教室<br>建设运作 | □ 资源教室规划与建设　　□ 教辅具的采购和使用<br>□ 资源教室的课程编排　　□ 资源教室经费规划与使用 | | | |
| 特殊教育<br>培训 | □ 班主任／科任教师培训　　□ 资源教师培训　　□ 行政人员培训 | | | |
| 存在困难 | | | | |

中山市特殊教育指导中心

0760-88333701 电子邮箱 zstjzx@163.com

# 附录 4

## 中山市特殊需求学生基本资料表

| 学生姓名 | | 性别 | | 年龄 | |
|---|---|---|---|---|---|
| 学校 | | 班级 | | 家庭住址 | |
| 填表人 | | 填表人联系电话 | | 与学生关系 | |
| 学校负责行政联系电话 | | 填表日期 | | 安置方式 | □ 随班就读<br>□ 送教上门 |
| 当前主要困难陈述 | | | | | |
| 曾经采取的有效措施 | | | | | |

（说明：此表由需申请个案跟进服务学生的教师或者家长填写，可根据需要调整大小。请注意保护师生家长信息，本表格仅作特殊教育相关服务使用。）

| 一、诊断评量结果 | | | | |
|---|---|---|---|---|
| | 项目（画线部分请填写具体名称或事项） | 有无完整数据 | | |
| | | 有 | 无 | 其他或待分析 |
| 1. 应备资料 | 1. 残疾证 | ☐ | ☐ | ☐ |
| | 2. 医疗诊断证明（医院名称：＿＿＿＿＿＿） | ☐ | ☐ | ☐ |
| | 3. 早期治疗评估报告（医院名称：＿＿＿＿＿＿） | ☐ | ☐ | ☐ |
| | 4. 其他 | ☐ | ☐ | ☐ |
| | 摘要记录与说明：（若勾选「其他或待分析」，则务必说明。） | | | |
| 2. 正式测验 | 1. 智力测验（名称：＿＿＿＿＿＿） | ☐ | ☐ | ☐ |
| | 2. 适应量表（名称：＿＿＿＿＿＿） | ☐ | ☐ | ☐ |
| | 3. 其他（名称：＿＿＿＿＿＿） | ☐ | ☐ | ☐ |
| | 摘要记录与说明：（若勾选「其他或待分析」，则务必说明。） | | | |
| 3. 非正式测验 | 1. 学前辅导记录＿＿＿＿＿＿＿＿ | ☐ | ☐ | ☐ |
| | 2. 特殊状况处理记录＿＿＿＿＿ | ☐ | ☐ | ☐ |
| | 3. 其他＿＿＿＿＿＿＿＿＿＿＿ | ☐ | ☐ | ☐ |
| | 摘要记录与说明：（若勾选「其他或待分析」，则务必说明。） | | | |

| 二、家庭生活状况 | | | | | | | | | | | | |
|---|---|---|---|---|---|---|---|---|---|---|---|---|
| 1. 父亲 | | 年龄 | | 职业 | | 教育<br>程度 | | 联系<br>方式 | | 户籍 | | |
| 2. 母亲 | | | | | | | | | | | | |
| 3. 学生 | | | 排行 | 兄 | __人 | 姐 | __人 | 弟 | __人 | 妹 | __人 | |
| 4. 家中是否有其他特殊子女 | □无<br>□有特殊兄弟姐妹（如资优或身心障碍）（请说明：_____ ） | | | | | | | | | | | □需再<br>了解 |
| 5. 主要照顾者 | □双亲　□单亲（父/母）　□父母其中一方在外地工作<br>隔代教养：祖父母教育程度　□不识字　□初中以下　□初中以上 | | | | | | | | | | | □需再<br>了解 |
| 6. 父母婚姻关系 | □良好　□普通　□不佳　□其他_____ | | | | | | | | | | | □需再<br>了解 |
| 7. 家人关系 | □良好　□普通　□冷漠　□其他 | | | | | | | | | | | □需再<br>了解 |
| 8. 经济状况 | □一般或良好　□经济困难：（□有低保证　□申请中　□无） | | | | | | | | | | | □需再<br>了解 |
| 9. 经济来源 | □爷爷　□奶奶　□父　□母　□其他 | | | | | | | | | | | □需再<br>了解 |
| 10. 家中惯用语言 | □普通话　□粤语　□其他方言 | | | | | | | | | | | □需再<br>了解 |
| 11. 家庭教养方式 | □权威　□民主　□放任　□忽视 | | | | | | | | | | | □需再<br>了解 |
| 12. 家庭教育功能 | □一般或良好　□照顾者缺乏教养技巧　□放学后没有人监督完成家庭作业　□放学后没有人掌握学生的行动<br>□其他_____ | | | | | | | | | | | □需再<br>了解 |
| 13. 家庭居住环境 | □一般或良好　□充满不良影响（如电动玩具店、赌博行业、帮派组织等） | | | | | | | | | | | □需再<br>了解 |
| 14. 家庭寻求资源的能力 | □优　□中　□弱（说明_____ ） | | | | | | | | | | | □需再<br>了解 |
| 15. 家庭的支持系统资源 | □优　□中　□弱（说明_____ ） | | | | | | | | | | | □需再<br>了解 |
| 16. 家长需求、期望 | | | | | | | | | | | | |
| 17. 家长能配合事项 | | | | | | | | | | | | |
| 18. 其他补充事项 | | | | | | | | | | | | |

# 附录5

## 中山市特殊需要学生入班观察记录表

| 姓名 | | 性别 | | 班级 | | 观察时间 | |
|---|---|---|---|---|---|---|---|
| 观察地点 | | 观察者 | | 科目 | | 有无学习伙伴 | |
| 授课教师 | | 有无陪读 | | | | | |
| 观察过程 | 情绪行为表现 | 出现情境 | 原因分析 | 处理结果 | | | |
| | | | | 采取措施 | 结果 | 建议 | |
| | | | | | | | |
| | | | | | | | |
| | | | | | | | |
| | | | | | | | |
| | | | | | | | |
| | | | | | | | |

# 附录6

## 中山市普通学校资源教室建设申报表

学校（盖章）　　　　　　　　　镇街教育行政部门（盖章）

| 项目名称 | | | | 申请时间 | |
|---|---|---|---|---|---|
| 所属镇街 | | 镇街教育行政部门项目责任人 | | 联系电话 | |
| 所属学校 | | 项目负责人 | | 联系电话 | |
| 建设资金规划 | | 市专项经费/万元 | 镇街配套经费/万元 | | 校级规划经费/万元 |
| | | | | | |
| 项目建设进度 | 项目进展 | 未完成（计划完成时间） | | 已完成（完成时间） | |
| | 建设计划 | | | | |
| | 场地施工 | | | | |
| | 器材购置 | | | | |
| | 器材安装 | | | | |
| | 预计投用 | | | | |
| 申报建设情况说明 | | | | | |

# 附录7

## 中山市特殊教育资源教室检查评估表

学校（盖章） 镇街教育行政部门（盖章） 填报日期 年 月 日

| 项目 | 具体内容 | 考察方式 | 参考赋值 | 自评 | 他评 |
|---|---|---|---|---|---|
| 基本建设（25分） | 进出方便，基础设施符合无障碍标准 | 现场考察 | 2 | | |
| | 区域划分合理 | | 3 | | |
| | 办公教学用具齐全 | | 3 | | |
| | 根据配备目录及学生需要合理购置教育训练设备 | | 10 | | |
| | 图书资料基本满足需求 | | 3 | | |
| | 学生个案材料有专柜 | | 2 | | |
| | 环境布置符合学生需求且实用 | | 2 | | |
| 制度与管理（25分） | 资源教室工作纳入全校工作管理，定期开展工作，有专人负责 | 查看资料 | 5 | | |
| | 管理制度完善：设备与资源管理制度、档案管理制度、资源教室使用制度、值班制度等 | | 5 | | |
| | 资源教室向片区辐射、资源共享 | | 5 | | |
| | 教育训练工作要求及考核制度 | | 5 | | |
| | 学生个案管理制度 | | 5 | | |
| 资源教室课程与教学（30分） | 学生个别化教育计划 | 查看资料 | 5 | | |
| | 教育训练过程资料、家校沟通记录 | | 5 | | |
| | 支持课程设计方案 | | 5 | | |
| | 课例（集体课、小组课、个训课）材料 | | 5 | | |
| | 学生作品及相关材料 | | 5 | | |
| | 特殊学生多元智能发展情况材料 | | 5 | | |
| 学校融合教育整体评价（20分） | 学校融合教育理念 | 听取报告访谈实地查看 | 3 | | |
| | 学校融合教育环境和氛围 | | 3 | | |
| | 融合教育教科研 | | 3 | | |
| | 融合教育教学校本及外出培训 | | 3 | | |
| | 设立专、兼职资源教师 | | 3 | | |
| | 学校支持、保障资源教师开展工作 | | 3 | | |
| | 定期组织特殊教育宣导活动 | | 2 | | |
| | | 评分合计 | | | |

他评意见：

评委： 日期：

# 附录 8

## 中山市特殊教育需要学生入学安置流程图

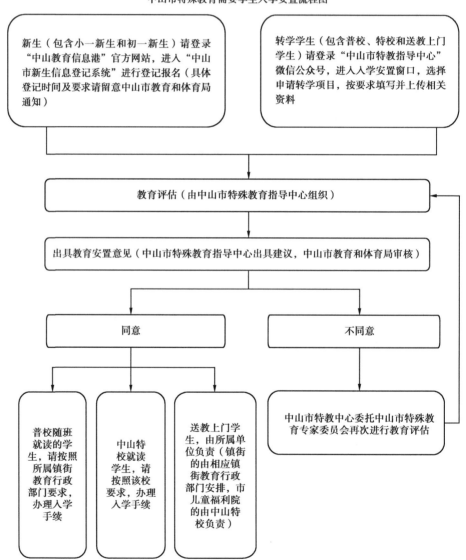

中山市特殊教育需要学生入学安置流程图

# 附录 9

## 中山市特殊教育需要学生评估、转衔服务申请流程图

中山市特殊教育需要学生评估、转衔服务申请流程图

需申请评估服务的特殊教育需求学生，由其监护人登录"中山市特教指导中心"微信公众号，进入服务申请窗口，点击学生评估项目，按指引要求填写并上传相关资料。

↓

教育评估（由中山市特殊教育指导中心组织，具体评估时间电话沟通）

↓

出具教育评估结果（给教师、家长反馈和建议）

幼升小、小升初需申请转衔服务的随班就读学生，由其监护人登录"中山市特教指导中心"微信公众号，进入服务申请窗口，点击申请转衔项目，按要求填写并上传相关资料。

↓

教育评估（由中山市特殊教育指导中心组织，具体时间另行通知）

↓

形成学生评估报告

↓

召开转衔会议（参加人员：相关学校教师、学生家长、市特教中心工作人员、特殊教育专业人员）

↓

后续跟进服务工作（家长和学校可以提出相关服务申请，中山市特教指导中心组织安排）

# 附录 10

## 中山市特殊教育需要学生医疗康复服务申请表

| 学生姓名 | | 出生年月 | |
|---|---|---|---|
| 性别 | | 安置方式 | |
| 所在镇街、所属学校 | | | |
| 基本情况概述 | （该生现阶段身心情况简述、医疗史及诊断、特需说明的情况） | | |
| 需要支持问题 | | 填表人 | |
| 资源教师或送教上门教师 | | 监护人（家人） | |
| 联系方式 | | 联系方式 | |
| 本人作为该生的教育支持服务教师，同意上述对该生的情况描述，同时承诺：<br>1. 配合落实、跟进个案学生的就诊时间，联系告知学生及其家属，为该生接受购买医疗服务提供必要的帮助；<br>2. 结合相关的医疗支持和建议，在日常的教育支持服务中，为所服务的特殊学生提供适当、科学、有计划的教育支持服务。<br><br>　　　　　　　　　　　（签名）<br>　　　　　　　　　年　月　日 | | 本人作为该生监护人（家属），与该生为关系。<br>1. 同意该生申请市特殊学生购买医疗服务；<br>2. 承担享受服务过程中的交通问题；<br>3. 愿意积极配合老师、医生、治疗师的相关工作，结合康复服务建议在家中为子女提供的必要的康复训练、辅具等。<br>4. 愿意配合支持教师师资培训中对康复训练的现场观摩。<br><br>　　　　　　　　　　　（签名）<br>　　　　　　　　　年　月　日 | | |
| 学校负责行政意见 | 情况属实，同意申请。<br><br><br>　　　　　　　　　　　（签名）<br>　　　　　　　　　年　月　日 | | |

# 附录 11

## 中山市特殊教育需要学生医学评估服务申请表

签发日期：　　年　月　日

| 学生姓名 | | 出生年月 | |
|---|---|---|---|
| 监护人姓名 | | 联系方式 | |

| 申请服务内容 |
|---|
| 　　本人作为特殊儿童监护人，已清楚了解市特殊教育指导中心所提供的医学评估补助项目的范围、内容及相关条件。自觉符合条件并需要该项服务，故此提出申请。<br>（其他补充说明）<br><br><br><br><br><br>申请人：<br>　　　　　年　　　月　　　日 |

| □ 评估服务<br><br>□ 其他疾病现况评估<br><br>□ 其他＿＿＿＿＿＿＿ | 中心意见<br><br><br><br><br>（盖章）<br>年　　　月　　　日 |
|---|---|

| 院方意见 |
|---|
| （接诊医生的医学意见或接诊后需进行哪些检测或评估建议。）<br><br><br><br><br><br><br><br><br>接诊医生：<br>　　　　　年　　　月　　　日 |